완벽한 정리! 퍼써

백광훈 편저

[Perfect Summary]

백광훈 형법총론

박영 story

백광훈 형법총론 퍼펙트 써머리 2024년판(초판) 머리말

필자는 수험 관련 강의를 하면서 형법 과목에 대한 요약집을 몇 번 펴낸 적이 있었다. 그 중에서도 마지막 형법 요약집은 '핵마총'(핵심마무리총정리)이었고, 그 마지막 개정작업을 한 것은 대략 5년 전으로 기억이 된다.

그 이후 필자는 몇 년간 준비를 거쳐 '형사소송법 퍼펙트 써머리 2022년판'이라는 전문요약집을 만들어냈다. 그리고 2년간의 준비를 거쳐 '형법총론 퍼펙트 써머리 2024년판'을 펴내게 되었다. 방대한 형법 과목의 특성상 '형법총론 퍼펙트 써머리' 집필작업에 형사소송법보다 더 많은 시간과 노력이 들었다. 특히 올 여름에는 거의 매일 강의를 하고 퇴근하면 책상에 앉아 이 책에 매달렸다.

필자의 에너지는 최근 2년간 형사소송법 퍼펙트 써머리를 교재 삼아 공부하는 수많은 독자들의 강력한 출간 요청에서 비롯된 것이었다. 선생을 움직이는 제자들의 파워란!

이러한 과정을 거쳐 만들어낸 '백광훈 형법총론 퍼펙트 써머리' 초판의 특징은, ① 형법학의 개념 · 조문 · 이론 · 판례의 알기 쉬운 도식화, ② 속도감 있는 내용 전개, ③ 핵심이 확실한 구성, ④ 디테일이 살아있는 요약, ⑤ 이를 통한 빠른 1회독과 고반복 회독의 실현으로 요약할 수 있다.

필자는 정성을 다해 이 책을 썼다. 이제 평가는 현명한 독자들의 몫이다. 부디 본서가 독자들의 형법 수험에서 효과적으로 도움 되는 완벽한 요약집 겸 암기노트로 기능하길 바라는 마음뿐이다. 또한 지면을 빌려, 빠른 시일 내에 형법각론 퍼펙트 써머리도 출간될 것임을 약속드린다.

끝으로 형사소송법 퍼펙트 써머리에 이어 형법총론 퍼펙트 써머리의 제작을 맡아주시고 많은 수고를 해주신 도서출판 박영사의 임직원님들에게 심심한 위로와 감사의 마음을 전한다.

2023년 9월

백광훈

OVERVIEW
구성과 특징

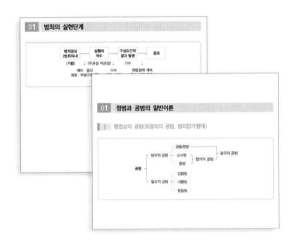

✔ **형법총론의 알기 쉬운 도식화**

형법총론 퍼써에서는 전범위의 직관적 도식화를 시도하여 보다 쉽게 형법총론을 이해할 수 있도록 하였습니다.

✔ **속도감 있는 내용 전개 + 핵심이 확실한 구성 → 스피디한 1회독 → 고반복 학습**

기본서 학습의 중요성은 두말할 필요가 없지만 그 방대한 분량에 힘겨워하는 수험생이 적지 않은 것도 사실입니다. 이에 기본서의 내용을 확 줄임과 동시에, 시험에 자주 출제되는 핵심사항은 밑줄과 형광펜 효과로 강조하여 독자들의 '빠른 1회독'을 돕고자 하였습니다. 우리들의 시험에서 고반복 학습만큼 효과적인 것은 없습니다.

✔ 조문/이론/판례의 디테일이 살아 있는 요약된 무기

기본서의 분량을 단순히 압축하는 것에 치중하다 보면 정작 시험에 나왔을 때 변별력을 가지는 세부내용을 놓치게 됩니다. 이에 본서에서는 조문 정리, 한줄판례, 혼동하기 쉬운 내용의 반복적인 비교 학습을 보다 압축된 형태로 시도하였습니다. '짧지만 디테일이 살아 있는 수험생의 무기!', 이것이 퍼써가 추구하는 방향입니다.

✔ 현실적으로 기능하는 암기노트

기본서 공부를 열심히 하고 이해도 웬만큼 되는 것 같은데 시험에서 점수가 잘 안 나온다면? 그것은 아마도 정리가 부족해서일 것입니다. 외울 건 외워야 합니다. 다만 외우는 건 힘든 일입니다. 이에 퍼써에서는 철저한 기출문제 분석을 통해 만든 필자 특유의 암기용 두문자를 본문에 부각시켜 수록하였습니다.

CONTENTS
차례

PART Ⅲ 형벌론

CHAPTER 01 형벌의 의의와 종류

CHAPTER 02 형의 경중

CHAPTER 03 형의 양정

CHAPTER 04 누 범

CHAPTER 05 집행유예 · 선고유예 · 가석방

CHAPTER 06 형의 시효 · 소멸 · 기간

CHAPTER 07 보안처분

2024 퍼펙트 써머리
백광훈 형법총론

1

Perfect Summary

PART

형법의 일반이론

CHAPTER 01 형법의 기본 개념

의 의	어떠한 행위가 범죄이고 이에 대해 어떠한 형벌과 보안처분을 과할 것인가를 규정한 법규범의 총체 ① 협의의 형법 : '형법'이라는 이름이 붙여진 형법전(형식적 의의의 형법) ② 광의의 형법 : 범죄와 형벌 내지 보안처분을 규정한 모든 법규범(실질적 의의의 형법)		
성 격	공법, 사법법 그리고 실체법으로서의 성격 ① 가설적 규범 : '범죄'를 조건 → 이에 대한 법적 효과로서 형벌을 과함 ② 행위규범 및 재판규범 : 일반 국민에게 행위준칙 제시 & 법관에게 재판의 기준 제시 [경찰채용 1차 23] ③ 의사결정규범 및 평가규범 : 일반인들의 의사를 결정 & 행위를 평가		
기 능	보호적 기능	① 법익의 보호 : 생명, 신체, 재산, 명예, 공공의 안전 등의 법익을 보호하는 기능 ∴ 법익침해 없는 범죄는 不可 [경찰채용 1차 23] ② 사회윤리적 행위가치의 보호 : 행위의 측면에서 보호하여야 할 행위가치를 보호하는 기능(예 살인죄의 '살인하지 말라'는 행위명령) ③ 형법의 보충성 : 형법은 법익보호의 최후 수단, 법익보호기능과 관련		
	보장적 기능	의 의	국가 형벌권의 한계를 명확하게 하여 자의적인 형벌로부터 국민의 자유와 권리를 보장하는 기능
		효 과	① 일반인에 대한 효과 : 형법상의 범죄 이외에는 어떤 행동을 하더라도 처벌되지 않음 → 선량한 국민의 마그나 카르타(Magna Charta) ② 범죄인에 대한 효과 : 형법에 정해진 형벌의 범위 내에서만 처벌 → 범죄인의 마그나 카르타(v. Liszt) ③ 형법의 보호적 기능과 보장적 기능은 반비례관계 [경찰채용 1차 23]
	사회보호적 기능	범죄에 대하여 사회질서를 보호·유지하는 형법의 기능	
	범죄규제적 기능	일정한 범죄에 대하여 일정한 형벌을 과할 것을 밝힘	

CHAPTER 02 죄형법정주의

01 의 의

개 념	법률이 없으면 범죄도 없고 형벌도 없다는 원칙(nullum crimen nulla poena sine lege)
법적 근거	헌법 §12①, §13①, 형법 §1①에 법적 근거 있음 단지 사상적으로만 인정되는 원칙이 아님

02 연혁과 사상적 배경

연혁	1215년 영국의 마그나 카르타(존왕의 대헌장)에서 기원, 프랑스 세계인권선언 등
사상적 배경	계몽주의, 자유주의, 일반예방주의, 심리강제설, 성문법주의 (단, 특별예방주의는 아님)

03 내 용

법률주의	의 의	① 범죄와 형벌은 입법부가 제정한 형식적 의미의 법률로써 정하여야 함 ② 구체적·개별적 위임입법 可 but **전면적·포괄적 위임입법 금지** [국가9급 21] [경찰채용 1차 23] ③ 관습형법 금지
	적용 범위	① 관습법에 의한 형의 가중·처벌 → 허용 × ② 관습법에 의한 범죄성립조각 → 허용 ○ ③ 관습법에 의한 성문형법 규정해석 → 허용 ○ (**보충적 관습법** ○)
소급효금지의 원칙	의 의	형법의 효력을 그 형법이 제정되기 이전의 행위에 소급하여 적용시켜서는 안 됨(헌법 §13①, 형법 §1① : 행위시법주의)(형벌불소급원칙, 사후입법금지원칙)
	적용 범위	① 행위자에게 유리한 경우 : '경한 신법 우선'의 원칙(재판시법주의)에 의하여 소급효금지원칙 적용 ×(§1②·③) ② 보안처분 ㄱ 통설 : 보안처분도 범죄에 대한 제재이며 형벌과 같은 효과를 가지므로 형벌불소급 원칙의 적용대상

소급효금지의 원칙	적용 범위	○ 판례 　ⓐ 소급효금지 : 형벌과 유사한 보안처분인 **사회봉사명령, 수강명령, 전자장치부착명령기간 하한 가중(실질적 불이익 추가)**(대법원 2008.7.24, 2008어4) [법원9급 11, 경찰채용 11], 이미 유죄확정된 사건에 대한 신상정보공개·고지명령 　ⓑ 소급효허용 : 형벌과 다른 성격의 보안처분인 **보호관찰, 전자장치부착명령(기간 연장), 신상정보공개·고지명령, 신상정보공개명령**(대법원 1997.6.13, 97도703) [경찰채용 13] ③ 소송법규정(기본적으로는 소급효금지원칙 적용 ×) 　㉠ 부진정소급입법 : 원칙적 허용, 이를 해결하는 보편타당한 일반원칙은 없음, **아동학대범죄의 피해아동이 성년에 달한 날부터 공소시효 진행된다는 신법**, 형소법상 살인죄(종범 제외)로 사형에 해당하는 범죄의 공소시효 폐지는 부진정소급효 긍정 　㉡ 진정소급입법 : 원칙적 금지, **개인의 신뢰보호보다 중대한 공익상 필요가 있을 때에는 진정소급효 긍정**(5·18특별법 합헌결정) ④ 판례의 변경 : **판례는 법원(法源)이 아니므로 소급효금지원칙 적용 ×**(대법원 1999.9.17, 97도3349) [법원9급 8/11, 법원승진 07/16, 경찰채용 11]
명확성의 원칙	의 의	구성요건과 형사제재(형벌 및 보안처분)를 명확하게 규정해야 함(최소한의 명확성 요구)
	내 용	**구성요건의 명확성** • 일반인이 법률에 의하여 금지된 행위가 무엇인가를 알 수 있어야 함 • 규범적 구성요건요소의 경우 해석자는 법관이지만(규범적 개념 사용 가능 [국가9급 21]), 그 법관에 의하여 해석된 내용의 명확성을 판단하는 자는 일반인임
		형사제재의 명확성 절대적 부정기형 금지, 상대적 부정기형 허용(소년법 §60) 보안처분도 명확성 요구
유추해석금지의 원칙	의 의	법률을 확장·유추하여 유사한 행위까지도 처벌하는 것을 금지
	원 칙	피고인에게 불리한 유추해석 → 금지(피고인에게 불리한 규정의 확대해석 금지, 피고인에게 유리한 규정 – 위법성조각사유·책임조각사유·소추조건·처벌조건 – 의 축소해석 금지)
	예	① 사실혼상의 배우자를 존속살해죄(§250②)의 '배우자'로 해석하는 것 : × ② 강요된 행위(§12)의 '친족' : 사실상 친족도 포함 ③ 피고인에게 유리한 유추해석은 허용되나 어의를 넘는 이러한 해석은 특별한 경우에만 허용 : 범인은닉죄·증거인멸죄의 친족 간 특례규정(§151② 및 §155④)의 친족에는 사실혼상의 배우자는 포함 ×(대법원 2003.12.12, 2003도4533) [국가9급 14, 경찰승진 14], 친족상도례의 배우자에 사실혼상 배우자 포함 ×
적정성의 원칙	의 의	실질적 정의에 부합하는 법률 내지 적정한 법률이 있어야만 범죄도 있고 형벌도 있다(실질적·현대적 의의)
	적정한 법률	입법 자체의 정당성 + 죄형균형의 원칙

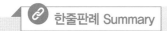

포괄위임입법금지원칙 위반

1. **외국환관리규정**의 '도박 기타 범죄 등 선량한 풍속 및 사회질서에 반하는 행위'(대법원 1998.6.18, 97도2231)
2. 근로기준법에서 임금·퇴직금 청산기일의 연장합의의 한도에 관하여 아무런 제한을 두고 있지 아니함에도 불구하고, 같은 법 **시행령에서 기일연장을 3월 이내로 제한**한 것(대법원 1998.10.15, 98도1759) [경찰채용 23 1차]
3. 약국관리에 필요한 사항을 포괄적으로 위임(헌재 2000.7.20, 99헌가15)
4. 전기통신사업법상 형사처벌 대상을 '공공의 안녕질서 또는 미풍양속을 해하는 내용의 통신'으로 규정하면서 **"공공의 안녕질서 또는 미풍양속을 해하는 것으로 인정되는 통신의 대상은 대통령령으로 정한 것**(헌재 2002.6.27, 99헌마480) [국가9급 23]
5. **주민의 권리제한 또는 의무부과에 관한 사항이나 벌칙에 해당하는 조례를 제정할 경우에는 법률의 위임이 있어야** 하고 그러한 위임 없이 제정된 조례는 효력이 없다(대법원 2007.12.13, 2006추52) [국가9급 23]
6. '식품접객영업자 등 대통령령으로 정하는 영업자'는 '영업의 위생관리와 질서 유지, 국민의 보건위생 증진을 위하여 총리령으로 정하는 사항'을 지켜야 한다고 규정한 구 식품위생법규정(헌재 2016.11.24, 2014헌가6)
7. 중소기업중앙회 임원 선거와 관련하여 '**정관으로 정하는 기간에는**' 선거운동을 위하여 정회원에 대한 **호별방문 등의 행위를 한 경우 이를 처벌**하고, 중소기업중앙회 임원 선거와 관련하여 누구든지 '**정관으로 정하는**' 선전 벽보의 부착 등 외의 행위를 한 경우 이를 처벌하는 중소기업협동조합법의 규정(구성요건을 법률에서 직접 규정하지 아니하고 중앙회의 정관으로 정하도록 위임)(헌재 2016.11.24, 2015헌가29)
8. 의료법 제41조가 "환자의 진료 등에 필요한 당직의료인을 두어야 한다."라고 규정하고 있을 뿐인데도 **시행령 조항은 당직의료인의 수와 자격 등 배치기준을 규정**하고 이를 위반하면 의료법 제90조에 의한 처벌의 대상이 되도록 한 것(대법원 2017.2.16, 2015도16014)

포괄위임입법금지원칙 위반 부정

1. 청소년보호위원회의 청소년유해매체물 결정(헌재 2000.6.29, 99헌가16)
2. 유해화학물질관리법 시행령상 환각물질 규정(대법원 2000.10.27, 2000도4187)
3. 학교환경위생정화구역 안에서 PC방 시설 금지한 학교보건법 시행령(대법원 2007.2.22, 2006도9234)
4. **농업협동조합중앙회를 특가법상 정부관리기업체로** 정한 특가법 시행령(대법원 2007.11.30, 2007도6556)
5. 사행성 간주 게임물에 대하여 경품제공을 금지한 문화관광부 경품취급기준(대법원 2008.12.11, 2006도7642)
6. **게임머니 및 이에 유사한 것을** 게임산업산업진흥법 시행령에서 정함(대법원 2009.4.23, 2008도11017)
7. '게임제공업소의 경품취급기준' 중 사행성 간주 게임물의 개념을 설정하고 이에 해당하는 경우 경품제공 등을 금지한 규정(대법원 2009.3.26, 2007도9182)
8. 새마을금고 여유자금 운용에 관한 구체적 방법을 시행령에 위임(대법원 2010.4.29, 2009도8537)
9. **국가공무원 복무규정에서 정치적 행위를 금지**하면서 "정당 기타 정치단체의 표지로 사용되는 기·완장·복식 등을 제작 또는 배부하거나 이를 착용·착용권유 또는 착용을 방해하는 행위 등 기타 명목 여하를 불문하고 금전 또는 물질로 특정정당 또는 정치단체를 지지 또는 반대하는 것"을 규정한 것(대법원 2014.5.16, 2012도12867)
10. **결혼중개업의 신상정보 제공시기를 만남 이전**으로 정한 결혼중개업법 시행령(대법원 2019.7.25, 2018도7989) [국가9급 23]
11. 게임산업진흥에 관한 법률 제28조제3호에서 게임물 관련 사업자에 대하여 '경품 등의 제공을 통한 사행성 조장'을 원칙적으로 금지하면서 **제공이 허용되는 경품의 종류·지급기준·제공방법 등에 관한 구체적인 내용을 하위법령에 위임**한 것(헌재 2020.12.23, 2017헌바463). [경찰채용 21 2차]

소급효 인정

1. <u>보호관찰</u>은 형벌이 아니라 보안처분의 성격을 갖는 것으로서, 재판 시의 규정에 의하여 보호관찰을 받을 것을 명할 수 있다(대법원 1997.6.13, 97도703). [법원승진 16]

2. 일반적으로 국민이 소급입법을 예상할 수 있었거나 법적 상태가 불확실하고 혼란스러워 보호할 만한 신뢰이익이 적은 경우와 소급입법에 의한 당사자의 손실이 없거나 아주 경미한 경우 그리고 <u>신뢰보호의 요청에 우선하는 심히 중대한 공익상의 사유가 소급입법을 정당화하는 경우</u> 등에는 예외적으로 진정 소급입법이 허용된다(5.18.특별법 합헌결정, 헌재 1999.7.22, 97헌바76)

3. <u>대법원 양형위원회가 설정한 양형기준</u>이 발효하기 전에 공소가 제기된 범죄에 대하여 위 양형기준을 참고하여 형을 양정한 경우, 소급효금지원칙에 위반되지 아니한다(대법원 2009.12.10, 2009도11448). [경찰채용 22 1차]

4. <u>특정 범죄자에 대한 위치추적 전자장치 부착 등에 관한 법률에 의한 전자감시제도</u>는 소급입법금지원칙이 적용되지 않는다(대법원 2010.12.23, 2010도11996). [경찰승진 21]

5. <u>신상정보공개명령제도</u>가 시행된 2010.1.1. 이전에 범한 범죄에도 공개명령 제도를 적용하도록 「아동·청소년의 성보호에 관한 법률」이 2010.7.23. 개정되었다면 소급입법금지원칙에 반하지 않는다(대법원 2011.3.24, 2010도14393). [경찰간부 18]

6. 「도로교통법」제148조의2 제1항 제1호에서 정하고 있는 '「도로교통법」 제44조 제1항을 2회 이상 위반한' 것에 개정된 「도로교통법」이 시행된 2011. 12. 9. 이전에 구 「도로교통법」 제44조 제1항을 위반한 음주운전 전과까지 포함되는 것으로 해석하는 것이 형벌불소급의 원칙에 위배된다고 할 수 없다(대법원 2012.11.29, 2012도10269; 2020.8.20, 2020도7154). [경찰채용 21 2차, 경찰간부 18]

7. 「디엔에이신원확인정보의 이용 및 보호에 관한 법률」이 시행 당시 <u>디엔에이감식시료 채취</u> 대상 범죄로 이미 징역이나 금고 이상의 실형을 선고받아 그 형이 확정되어 수용 중인 사람에게도 적용될 수 있도록 한 위 법률 부칙 제2조 제1항은 소급입법금지원칙에 반하지 않는다(헌재 2014.8.28, 2011헌마28). [변호사 21]

소급효 부정

1. 게임산업진흥에 관한 법률 시행령 제18조의3의 <u>시행일 이전</u>에 행해진 <u>게임머니의 환전</u> 등 행위를 처벌하는 것은 형벌법규의 소급효금지 원칙에 반한다(대법원 2009.4.23, 2008도11017). [경찰채용 11/12, 경찰간부 18]

2. 유치원 인근의 극장영업행위에 대해 구 학교보건법 조항을 적용하여 공소제기하였으나 당해 법률조항이 헌법불합치결정된 경우 <u>헌법불합치결정에 따라 개정된 학교보건법 조항을 소급적용</u>하여 피고인을 처벌하는 것은 헌법에 위배된다(대법원 2009.1.15, 2004도7111).

3. 전자금융거래법 <u>시행일 이전</u>의 동법 제6조 제3항 제1호에 규정된 <u>접근매체 양도·양수의 알선행위</u>를 처벌하는 것은 소급효금지 원칙에 위배된다(대법원 2010.6.10, 2010도4416).

4. 성폭력특례법이 개정되어 실형 선고 시 <u>수강명령</u>을 병과할 수 있게 되었는데, 위 규정은 개정 특례법 시행 전에 성폭력범죄를 범한 사람에 대해서는 적용되지 아니한다(대법원 2013.4.11, 2013도1525).

5. 아동·청소년 대상 성폭력범죄의 경우, '법률 제10260호 아동성보호법' 제38조의2 규정이 시행된 2011.1.1. 이후에 범죄를 저지른 자에 대하여만 고지명령을 선고할 수 있다(대법원 2012.11.15, 2012도10410).

6. 2012.12.18. 법률 제11558호로 개정된 특정 범죄자에 대한 보호관찰 및 전자장치 부착 등에 관한 법률 제9조 제1항 단서에서는 '19세 미만의 사람에 대하여 특정범죄를 저지른 경우에는 <u>부착기간 하한을 같은 항 각 호에 따른 부착기간 하한의 2배로 한다.</u>'고 규정하여 부착기간 하한을 구법보다 가중하고 있는데, 위 규정은 위 법 시행 전에 19세 미만의 사람에 대하여 특정범죄를 저지른 경우에 소급적용되지 않는다(<u>전자장치부착명령에 대한 실질적 불이익 추가</u>는 소급효 부정, 대법원 2013.7.25, 2013도6181).

7. 성폭력범죄의 처벌 등에 관한 특례법에서 <u>13세 미만 또는 장애인에 대한 성폭력범죄에 대한 공소시효 배제조항</u>을 신설한 경우 이 규정은 소급적용되지 않는다(대법원 2015.5.28, 2015도1362).

 **한줄판례 Summary**

명확성원칙 위반

1. 특정범죄가중처벌 등에 관한 법률 제4조 제1항의 '**정부관리기업체**'(헌재 1995.9.28, 93헌바50)
2. 외국환관리규정 소정의 '도박 기타 범죄 등 **선량한 풍속 및 사회질서에 반하는 행위**'(대법원 1998.6.18, 97도2231)
3. '**아동의 덕성을 심히 해할 우려가 있는** 도서, 간행물, 광고물 기타의 내용물의 제작등의 행위'를 금지하고 이를 위반하는 자를 처벌(헌재 2002.2.28, 99헌가8) [경찰채용 16 2차]
4. 전기통신사업법 제53조의 '**공공의 안녕질서 또는 미풍양속을 해하는**' 불온통신(헌재 2002.6.27, 99헌마480)

명확성원칙 위반 부정

1. 수질환경보전법 시행규칙 제3조, [별표2] 중 '**구리(동) 및 그 화합물**'(대법원 2005.1.28, 2002도6931)
2. 구 외국환관리규정 제6-15조의3 제15호가 한국은행 총재의 허가사항으로 규정한 '당해 거주자와 비거주자 간 **채권의 발생 등에 관한 거래와 관련이 없는 지급**'(대법원 2006.5.11, 2006도920)
3. 청소년보호법 제8조 등에 의한 청소년보호위원회 고시에서 규정한 **화상채팅 서비스**에 '**불건전 전화 서비스 등**'이 포함된다고 해석하는 경우(대법원 2006.5.12, 2005도6525) [경찰채용 08/15]
4. 정보통신망법상 사이버스토킹죄의 '**불안감**'(대법원 2008.12.24, 2008도9581) [경찰채용 23 1차]
5. 게임산업진흥에 관한 법률의 '**게임머니환전**'(대법원 2009.4.23, 2008도11017)
6. 지방교육자치에 관한 법률 제22조 제3항에서 "**교육감 선거에 관하여** 이 법에 정한 것을 제외하고는 그 성질에 반하지 않는 범위 안에서 **공직선거법의 시·도지사선거에 관한 규정을 준용한다.**"고 정한 것이 죄형법정주의가 요구하는 명확성의 원칙에 위반된다고 볼 수 없다(대법원 2009.10.29, 2009도5945). [경찰채용 13]
7. 건설산업기본법상 '**이해관계인**'(대법원 2009.9.24, 2007도6185) [경찰채용 13]
8. 뇌물죄에 관한 특가법 시행령의 **임원** 규정과 관련하여 **한국방송공사의 부사장, 본부장**이 뇌물죄의 적용에 있어서 공무원으로 의제되는 한국방송공사의 '임원'에 해당한다(대법원 2009.10.29, 2009도7569).
9. '**사업자등록번호·통관고유부호**'를 물품 수입 시 신고사항으로 정하고 있는 구 관세법 시행령(대법원 2014.1.29, 2013도12939).
10. 옥외집회 및 시위의 경우 관할경찰관서장으로 하여금 '**최소한의 범위**'에서 질서유지선을 설정할 수 있도록 하고, 질서유지선의 효용을 해친 경우 형사처벌하도록 하는 집회 및 시위에 관한 법률(헌재 2016.11.24, 2015헌바218).
11. 국가공무원법 제66조(집단 행위의 금지) 제1항에서 '**공무 외의 일을 위한 집단행위**'로 포괄적이고 광범위하게 규정하는 것(대법원 2017.4.13, 2014두8469) [국가7급 17]
12. 「형법」제125조(폭행, 가혹행위) 중 '경찰에 관한 직무를 행하는 자 또는 이를 보조하는 자가 **그 직무를 행함에 당하여 형사피의자 또는 기타 사람에 대하여 폭행**을 가한 때'와 관련된 부분(헌재 2015.3.26, 2013헌바140) [경찰채용 16 2차]

 한줄판례 Summary

유추해석금지원칙 위반

1. 형법 제225조의 공문서변조나 위조죄의 주체인 공무원 또는 공무소에는 형법 또는 기타 특별법에 의하여 공무원 등으로 의제되는 경우뿐만 아니라 계약 등에 의하여 공무와 관련되는 업무를 일부 대행하는 경우도 포함된다고 해석하는 것은 죄형법정주의 원칙에 반한다(대법원 1996.3.26, 95도3073). [경찰승진 12]
2. 공직선거법 제262조의 '**자수**'를 통상 관용적으로 사용되는 용례에서 갖는 개념 외에 '**범행 발각 전**'이라는 또 다른 개념을 추가하는 것은 유추해석금지원칙에 반한다(대법원 1997.3.20, 96도1167). [경찰채용 22 2차]
3. **컴퓨터 프로그램파일**은 형법 제243조(음화반포 등)에서 규정하고 있는 음란한 문서, 도화, 필름 기타 물건에 해당하지 않는다(대법원 1999.2.24, 98도3140). [경찰승진 15]
4. 저작권법 제98조 제1호의 **복제·공연·방송·전시** 등의 방법에 **배포**행위를 포함시키는 것은 죄형법정주의에 반한다(대법원 1999.3.26, 97도1769). [경찰채용 10]

5. 군형법 제74조 소정의 **군용물분실죄**에 사기를 당하여 **편취당한 것은 포함되지 않는다**(대법원 1999.7.9, 98도1719).

6. 타인에 의하여 **이미 생성된 주민등록번호를 단순히 사용**한 경우 주민등록법 제21조 제2항 제3호의 구성요건(허위의 주민등록번호를 생성하여 사용)을 충족시켰다고 할 수 없다(대법원 2004.2.27, 2003도6535)

7. 자동차를 움직이게 할 의도 없이 다른 목적을 위하여 자동차의 시동을 걸었으나 실수 등으로 인하여 자동차가 움직이게 된 경우에는 '자동차의 운전'에 해당하지 않는다(대법원 2004.4.23, 2004도1109). [경찰간부 14]

8. 향토예비군설치법 제15조 제9항 후문의 **'소집통지서를 수령할 의무가 있는 자'**에 법 제6조의 2 제2항에 규정된 **전달의무자인 세대주 등은 포함되지 아니한다**(대법원 2005.4.15, 2004도7977). [경찰채용 12]

9. 의료인이 진료기록부에 물리치료 횟수 및 약품과 주사투여 횟수를 **실제 시행 횟수보다 과대 기재**하는 등 허위의 진료기록부를 작성한 행위는 구 의료법 제 21조 제1항("의료인은 진료기록부를 비치하여 그 의료행위에 관한 사항과 소견을 **상세히 기록**하고 서명하여야 한다") 위반에 해당하지 않는다(대법원 2005.11.24, 2002도4758).

10. 성폭력특별법상 **특수강도**강제추행죄의 행위주체에는 **준강도범 내지 준강도 미수범**은 포함되지 아니한다(대법원 2006.8.25, 2006도2621).

11. 중개사무소 개설등록을 하지 아니하고 부동산 거래를 중개하면서 **수수료를 약속·요구**하는 행위를 구 부동산중개업법 위반죄(수수료를 받은 행위)로 처벌할 수는 없다(대법원 2006.9.22, 2006도4842; 2011.5.13, 2010도16970).

12. 국가공무원법 제84조에는 공무원의 집단행위 금지규정은 경력직 공무원에 대하여만 적용되고 **특수경력직공무원에 대하여는 적용되지 않는다**(대법원 2006.10.26, 2005도4331).

13. 수표발행인이 **허위의 사고신고**를 하여 수표가 지급거절된 경우 부정수표단속법상 부도수표발행죄(예금잔고 부족 등)에 해당된다고는 할 수 없다(대법원 2006.10.26, 2006도5147).

14. **한국수자원공사 사장**은 **변호사법** 제111조에서 규정하고 있는 '법령에 의하여 **공무원**으로 보는 자'에 해당한다고 볼 수 없다(대법원 2006.11.16, 2006도4549 전원합의체).

15. **제공된 경품을 재매입**하는 행위는 음비법상 '문화관광부 장관이 정하여 고시하는 방법에 의하지 아니하고 **경품을 제공**하는 행위'에 해당하지 않는다(대법원 2007.6.28, 2007도873).

16. 대기환경보전법의 **모페드형 이륜자동차**에는 **50cc 미만의 경량 오토바이**까지 포괄하지 않는다(대법원 2007.6.29, 2006도4582).

17. <u>외국인이 외국에서 북한으로 들어가는 것은 국가보안법상 **탈출죄에 해당되지 않는다**</u>(송두율 교수 사건, 대법원 2008.4.17, 2004도4899 전합).

18. 도로교통법 제43조 '운전면허를 받지 아니하고'라는 법률문언의 의미에 '운전면허를 받았으나 그 후 운전면허의 효력이 정지된 경우'가 당연히 포함된다고 해석할 수 없다(대법원 2011.8.25, 2011도7725). [경찰승진 17]

19. 일반음식점 영업자인 피고인이 주로 술과 안주를 판매함으로써 구 식품위생법상 준수사항을 위반하였다는 내용으로 기소된 사안에서 위 준수사항 중 '주류만을 판매하는 행위'에 안주류와 함께 주로 주류를 판매하는 행위도 포함된다고 해석하는 것은 죄형법정주의에 위배된다(대법원 2012.6.28, 2011도15097). [경찰채용 15 2차]

20. 식품 판매자가 식품을 판매하면서 특정 구매자에게 그 식품이 질병의 치료에 효능이 있다고 설명하고 상담한 행위는 구 식품위생법 제13조 제1항에서 금지하는 '식품에 관하여 의약품과 혼동할 우려가 있는 광고'에 해당한다고 보는 것은 죄형법정주의에 위반된다(대법원 2014.4.30, 2013도15002). [경찰채용 15 2차]

21. **'대가를 약속받고** 접근매체에 대여하는 행위'를 **'대가를 받고** 접근매체를 대여'함으로 인한 같은 법 위반죄로 처벌하는 것은 허용되지 아니한다(대법원 2015.2.26, 2015도354).

22. 국내 특정 지역의 수삼과 다른 지역의 수삼으로 만든 홍삼으로 만든 **홍삼절편의 제품명에 특정 지역의 명칭**을 사용한 행위는 '원산지를 혼동하게 할 우려가 있는 표시를 하는 행위'에 해당하지 아니한다(대법원 2015.4.9, 2014도14191). [경찰승진 17]

23. 성폭력처벌법상 통신매체이용음란죄에서 **통신매체를 이용하지 아니한 채 '직접'** 상대방에게 물건 등을 도달하게 하는 행위까지 포함하여 위 규정으로 처벌할 수 있다고 보는 것은 유추해석금지의 원칙에 위반된다(대법원 2016.3.10, 2015도17847). [국가9급 18]

24. 도로교통법상 **도로가 아닌 곳에서 운전면허 없이 운전**한 행위를 무면허운전으로 처벌하는 것은 유추해석금지원칙에 반한다(대법원 2017.12.28, 2017도17762). [국가9급 22]

25. 알 수 없는 경위로 가상자산을 이체받은 자가 가상자산을 사용·처분한 경우 이를 형사처벌하는 명문의 규정이 없다고 하더라도 **착오송금 시 횡령죄 성립을 긍정한 판례를 유추**하여 신의칙을 근거로 배임죄로 처벌하는 것은 죄형법정주의에 반한다(대법원 2021.12.16, 2020도9789). [경찰채용 22 1차]

유추해석금지원칙 위반 부정

1. 형법 제170조 제2항의 '자기의 소유에 속하는 제166조 또는 **제167조에 기재한 물건**'을 '자기의 소유에 속하는 제166조에 기재한 물건 또는 **자기의 소유에 속하든, 타인의 소유에 속하든 불문하고 제167조에 기재한 물건**'을 의미하는 것이라고 해석하는 것(대법원 1994.12.20, 94모32 전원합의체).

2. 폭처법상 **위험한 물건을 '휴대하여'**라는 말은 소지뿐만 아니라 **널리 이용**한다는 뜻도 포함하고 있다(대법원 2001.2.23, 2001도271). [경찰간부 14]

3. 공직선거법상 '**선거운동과 관련하여**'는 '선거운동을 위하여'보다 광범위하고, 반드시 금품제공이 선거운동의 대가일 필요는 없으며, 선거운동 관련 정보제공의 대가, 선거사무관계자 스카우트 비용 등과 같이 **선거운동과 관련된 것이면 무엇이든 이에 포함**된다(대법원 2005.2.18, 2004도6795; 2005.9.15, 2005도2246; 2006.6.27, 2006도2370; 2010.12.23, 2010도9110).

4. **업무상 알게 된 직속상관의 아이디와 비밀번호를 이용**하여 직속상관이 모르는 사이에 군 내부전산망 등에 접속하여 직속상관의 명의로 군사령관에게 이메일을 보낸 것은 정보통신망법상 정당한 접근권한 없이 정보통신망에 침입하는 행위에 해당한다(대법원 2005.11.25, 2005도870).

5. 노래연습장에서 **손님이 직접 부른 '티켓걸'을 용인**한 행위는 식품위생법령의 입법 취지에 비추어 '유흥종사자를 둔' 경우에 해당한다(대법원 2006.2.24, 2005도9114).

6. 정보통신망법상 정보통신망에 의하여 처리되는 타인의 정보를 침해하는 행위의 '타인'에는 생존하는 개인뿐만 아니라 **이미 사망한 자도 포함**된다(대법원 2007.6.14, 2007도2162). [경찰채용 08/09, 경찰간부 14]

7. **음란사이트 링크도 음란부호 전시**에 해당한다(대법원 2008.2.1, 2007도8286).

8. 자신의 뇌물수수 혐의에 대한 결백을 주장하기 위하여 제3자로부터 사건 관련자들이 주고받은 이메일 출력물을 교부받아 징계위원회에 제출한 행위를 '정보통신망에 의하여 처리·보관 또는 전송되는 타인의 비밀'인 이메일의 내용을 누설하는 행위에 해당한다(대법원 2008.4.24, 2006도8644). [경찰채용 15 2차]

9. 총포·도검·화약류 등 단속법 시행령의 쏘아 올리는 **꽃불류의 '사용'**에는 쏘아 올리는 꽃불류의 '**설치행위**'도 포함한다(대법원 2010.5.13, 2009도13332).

10. 구 형의 실효 등에 관한 법률 제6조 제3항에 규정한 '**범죄경력자료 등의 취득**'행위는 수사자료표를 관리하거나 직무상 이에 의한 범죄경력조회를 하는 사람으로부터 '직접' 취득하는 경우로 한정되지 않는다(대법원 2010.11.11, 2010도8265).

11. 화물자동차운수사업법의 처벌대상이 되는 '자가용화물자동차를 유상으로 화물운송용에 제공하거나 임대하는 행위'란 자가용화물자동차를 '**유상으로 화물운송용에 제공하는 행위**'와 '**임대하는 행위**'를 의미한다고 보아야 한다(대법원 2011.4.14, 2008도6693).

12. '약국 개설자가 아니면 의약품을 판매하거나 판매 목적으로 취득할 수 없다.'고 규정한 구 약사법 제44조 제1항의 '**판매**'에 무상으로 의약품을 양도하는 '**수여**'를 포함시키는 해석은 죄형법정주의에 위배되지 아니한다(2011.10.13, 2011도6287). [경찰채용 12/13, 경찰승진 2017]

13. 게임산업진흥에 관한 법률 제32조 제1항 제7호의 '환전'의 의미를 '게임결과물을 수령하고 돈을 교부하는 행위'뿐만 아니라 '**게임결과물을 교부하고 돈을 수령하는 행위**'도 포함되는 것으로 해석하는 것은 유추해석이라 할 수 없다(대법원 2012.12.13, 2012도11505). [경찰채용 23 1차]

14. 공공기관의 운영에 관한 법률 제53조가 공공기관의 임직원으로서 공무원이 아닌 사람은 형법 제129조의 적용에서는 이를 공무원으로 본다고 규정하고, 동법 제4조 제1항에서 **구체적인 공공기관은 기획재정부장관이 지정**할 수 있도록 규정한 것은 죄형법정주의에 위반되지 아니한다(대법원 2013.6.13, 2013도1685). [국가 7급 17]

15. 군형법상 상관모욕죄의 객체인 '**상관**'에는 대통령이 포함된다(대법원 2013.12.12, 2013도4555).

16. 아동복지법에 의해 처벌되는 '**아동의 신체에 손상을 주는 학대행위**'에 상해의 정도에 이르지 않더라도 그에 준하는 정도로 신체에 부정적인 변화를 가져오는 것도 포함된다(대법원 2016.5.12, 2015도6781).

17. **음란물 영상의 토렌트 파일**은 정보통신망법상 '**음란한 영상을 배포하거나 공공연하게 전시하는 내용의 정보**'에 해당한다(대법원 2019.7.25, 2019도5283).

18. 주점에 **여성용 원피스**를 비치해 두고 여성종업원들로 하여금 그곳을 찾아온 **남자 손님 3명에게 이를 제공하여 갈아입게 한 다음 접객행위**를 하도록 하는 방법은 풍속영업규제법상 음란행위를 알선한 것에 해당한다(대법원 2020.4.29, 2017도16995).
19. 법정소동죄 등을 규정한 형법 제138조에서의 **'법원의 재판'에 헌법재판소의 심판이 포함**된다고 해석하는 것은 유추해석이 아니다(대법원 2021.8.26, 2020도12017). [경찰간부 22]

🔗 한줄판례 Summary

적정성원칙 위반

1. 특가법상 도주운전(치사)죄의 형을 살인죄보다 더 무겁게 한 것(사형, 무기, 10년 이상의 징역)(대법원 1992. 4.28, 90헌바24) [경찰승진 14]
2. 특가법상 마약 단순매수·소지죄를 사형·무기·10년 이상으로 처벌하는 것(대법원 2003.11.27, 2002헌바24)
3. 군형법상 상관살해죄의 절대적 법정형인 사형(헌재 2007.11.29, 2006헌가13)
4. **특가법상 상습절도·상습장물죄의 형**(헌재 2015.2.26, 2014헌가16 등)
5. **폭처법상 흉기휴대 폭행·협박·손괴죄의 형**(헌재 2015.9.24, 2015헌가3 등)
6. **밀수입 예비행위를 본죄에 준하여 처벌**하도록 규정한 특가법 조항(헌재 2019.2.28, 2016헌가13).
7. 도로교통법상 **음주운전 2회 이상 가중처벌**(헌재 2021.11.25, 2019헌바446)

적정성원칙 위반 부정

1. 교통사고로 치상케 한 후 도주한 사고운전자에 대한 법정형을 1년 이상의 유기징역형으로 규정한 특정범죄 가중처벌 등에 관한 법률 제5조의3 제1항 제2호(헌재 1998.3.26, 97헌바83)
2. 특정강력범죄의 처벌에 관한 특례법 제3조 중 "특정강력범죄로 형을 받아 그 집행을 종료하거나 면제받은 후 3년 이내에 다시 '성폭력범죄의 처벌 및 피해자보호 등에 관한 법률' 제9조 제1항, 제6조 제1항, 형법 제297조 소정의 죄를 범한 때에는 그 죄에 정한 형의 장기 및 단기의 2배까지 가중한다."라는 부분(대법원 2009.5.14, 2009도1947; 2009.5.14, 2009전도5)
3. 국가보안법에서 금지하는 행위를 수행하는 내용의 정보의 유통을 금지하는 것(대법원 2009.5.14, 2009도329)
4. '특정 성폭력범죄자에 대한 위치추적 전자장치 부착에 관한 법률'에 의한 전자감시제도(대법원 2009.9.10, 2009도6061; 2009.9.10, 2009전도13)
5. 특가법상 소위 누범절도 규정(대법원 2009.11.12, 2009도9249)
6. 형법 제332조에서 절도죄의 상습범을 가중처벌하는 것(대법원 2016.10.27, 2016헌바31)

CHAPTER
03

형법의 적용범위

01 시간적 적용범위

Ⅰ 행위시법주의와 재판시법주의

의 의	행위에 대해 어느 때의 형법이 적용되는가의 문제 행위시법주의 원칙, 재판시법주의 예외
행위시법주의 (원칙)	**제1조【범죄의 성립과 처벌】①** 범죄의 성립과 처벌은 행위시의 법률에 따른다. ① '행위시' : **범죄행위 종료시** ② 실행행위의 **도중에 법률의 변경**이 있는 경우 **행위시법인 신법**을 적용(§1①) ③ 범죄 후 법률의 변경이 있더라도 형이 중하게 변경되는 경우나 형의 변경이 없는 경우에는 형법 제1조 제1항에 따라 행위시법 적용(대법원 2015.10.29, 2015도5355) [국가9급 17] ④ 법령의 개정에도 구법(행위시법)을 적용한다는 **경과규정이 있으면 구법 적용**(대법원 2022.12.22, 2020도16420 전원합의체)
재판시법주의 (＝ 경한 신법 우선의 원칙) (예외)	**제1조【범죄의 성립과 처벌】②** 범죄 후 법률이 변경되어 그 행위가 범죄를 구성하지 아니하게 되거나 형이 구법(舊法)보다 가벼워진 경우에는 신법(新法)에 따른다. **③** 재판이 확정된 후 법률이 변경되어 그 행위가 범죄를 구성하지 아니하게 된 경우에는 형의 집행을 면제한다. [검찰 13] ① 범죄 후(§1②) : **범죄행위 종료 후**(결과발생 후 아님) ② 법률의 변경(§1②) : 형벌에 영향을 미치는 총체적 법률상태 고려 　㉠ 제1조 제2항의 법률의 변경에 해당하는 경우 　　ⓐ **형벌법규 자체**의 변경 　　ⓑ 형벌법규로부터 **수권 내지 위임을 받은 법령**의 변경 　　　- **대통령령, 총리령, 부령의 변경** 　　　- **고시 등 행정규칙, 행정명령, 조례 등에 구성요건의 일부를 수권 내지 위임**한 경우 고시 등 규정의 변경 　　ⓒ 형사법적 관점의 변화를 주된 근거로 하는 법령의 변경 : 해당 형벌법규 자체 또는 그로부터 수권 내지 위임을 받은 법령이 아닌 다른 법령의 변경 ＋ 해당 형벌법규에 따른 **범죄의 성립 및 처벌과 직접적으로 관련된 형사법적 관점의 변화를 주된 근거로 하는 법령**의 변경인 경우

<table>
<tr>
<td rowspan="1">재판시법주의
(= 경한 신법
우선의 원칙)
(예외)</td>
<td>

ⓛ 제1조 제2항의 법률의 변경에 해당하지 않는 경우(구법 적용)

　　ⓐ 형벌법규와 수권 내지 위임관계에 있지 않고 형사법적 관점의 변화와 관련이
　　　　없는 법령의 변경

　　　　－ 보호법익과 입법취지를 달리하는 **민사적·행정적 규율**의 변경

　　　　－ 형사처벌에 관한 규범적 가치판단의 요소가 배제된 **극히 기술적인 규율**의 변경

　　ⓑ **협의의 한시법의 유효기간의 경과** : 스스로 유효기간을 구체적인 일자나 기간으
　　　　로 특정한 효력의 상실을 예정하고 있던 법령이 그 유효기간을 경과한 경우

③ 범죄를 구성하지 아니한 경우(§1②) : **면소판결**(범죄 후의 법령개폐로 형이 폐지되었을
　　때, 형소법 §326 4.) ≠ *cf.* 폐지 또는 실효된 형벌 관련 법령이 당초부터 **위헌**·무효인 경우 :
　　무죄판결(대법원 1992.5.8, 91도2825; 2004.9.24, 2004도3532; 2010.12.16, 2010도5986
　　전원합의체)(헌법불합치결정도 同, 대법원 2020.6.4, 2018도17454) [국가7급 14]

④ 형이 구법보다 가벼워진 경우(§1②)

　　㉠ 형 : **법정형**(가장 중한 종류의 형 기준)

　　㉡ 행위시법과 재판시법 사이에 중간시법이 있는 경우 : **그 가운데 가장 경한 법률** 적용
　　　　(대법원 1962.5.17, 61형상76) [경찰승진 13]

　　㉢ 범죄 후 법률 개정으로 형이 가벼워진 경우 공소시효기간의 기준 : **신법의 법정형**(대
　　　　법원 2008.12.11, 2008도4376) [국가7급 12, 경찰간부 11]

　　㉣ 형을 종전보다 가볍게 형벌법규를 개정하면서 **부칙**으로 구법 시행시 범죄에 대하여
　　　　구법을 적용하도록 **경과규정**을 둔 경우 : **구법** 적용(대법원 2022.12.22, 2020도
　　　　16420) [국가9급 17]

⑤ 재판확정 후 법률의 변경(§1③)

　　㉠ 범죄를 구성하지 아니하게 된 경우 : **형의 집행을 면제**(§1③)

　　㉡ 형이 구법보다 가벼워진 경우 : §1③의 예외조항에서 규정하지 않으므로 §1①에 의
　　　　하여 구법의 형을 그대로 집행

</td>
</tr>
</table>

🔗 한줄판례 Summary

1. 행위시 **양벌규정**에는 법인에 대한 면책규정이 없었으나 법률 개정으로 **면책규정이 추가**된 경우, 법원은 형법
제1조 제2항에 따라 피고인에게 **개정된 양벌규정을 적용**해야 한다(대법원 2012.5.9, 2011도11264).

2. **애초에 죄가 되지 아니하던 행위**를 구성요건의 신설로 포괄일죄의 처벌대상으로 삼는 경우에는 신설된 포괄
일죄 처벌법규가 시행되기 이전의 행위에 대하여 신설된 법규를 적용하여 처벌할 수 없다(상습강제추행 처벌
규정 신설 전에 강제추행을 한 경우 상습강제추행죄 적용 불가, 대법원 2016.1.28, 2015도15669). [경찰채용
22 1차]

3. 범죄의 성립과 처벌에 관하여 규정한 **형벌법규 자체 또는 그로부터 수권 내지 위임을 받은 법령의 변경에 따
라 범죄를 구성하지 아니하게 되거나 형이 가벼워진 경우**에는, 종전 법령이 범죄로 정하여 처벌한 것이 부당
하였다거나 과형이 과중하였다는 **반성적 고려에 따라 변경된 것인지 여부를 따지지 않고** 원칙적으로 형법 제1
조 제2항(과 형사소송법 제326조 제4호)이 적용된다(대법원 2022.12.22, 2020도16420 전원합의체). [국가
9급 23]

4. 해당 형벌법규와 수권 내지 위임관계에 있지 않고 보호목적과 입법취지를 달리하는 **민사적·행정적 규율의
변경**이나, 형사처벌에 관한 규범적 가치판단의 요소가 배제된 **극히 기술적인 규율의 변경** 등에 따라 간접적인
영향을 받는 것에 불과한 경우는 형법 제1조 제2항(과 형사소송법 제326조 제4호)에서 말하는 법령의 변경에
해당한다고 볼 수 없다(대법원 2022.12.22, 2020도16420 전원합의체).

한시법	유효기간을 정해놓은 법률(협의, 광의의 한시법 개념도 있음)
백지형법	구성요건을 다른 법률·명령(보충규범)으로 보충해야 할 공백을 가진 형벌법규
추급효	부정설(多)	경한 신법 우선의 원칙(§1②의 신법주의)에 의해 면소판결
	긍정설(少)	법의 실효성을 중시(§1①의 구법주의)하여 유죄판결
	판례	제1조 제2항의 법률의 변경이 아니므로 그대로 처벌(긍정설, 대법원 2022. 12.22, 2020도16420)

02 장소적 적용범위

✓ 조문정리

제2조【내국범】본법은 대한민국 영역 내에서 죄를 범한 내국인과 외국인에게 적용한다.

제3조【내국인의 국외범】본법은 대한민국 영역 외에서 죄를 범한 내국인에게 적용한다.

제4조【국외에 있는 내국선박 등에서 외국인이 범한 죄】본법은 대한민국 영역 외에 있는 대한민국의 선박 또는 항공기 내에서 죄를 범한 외국인에게 적용한다.

제5조【외국인의 국외범】본법은 대한민국 영역 외에서 다음에 기재한 죄를 범한 외국인에게 적용한다.
1. 내란의 죄
2. 외환의 죄
3. 국기에 관한 죄
4. 통화에 관한 죄
5. 유가증권, 우표와 인지에 관한 죄
6. 문서에 관한 죄 중 제225조 내지 제230조

7. 인장에 관한 죄 중 제238조

제6조【대한민국과 대한민국국민에 대한 국외범】본법은 대한민국 영역 외에서 대한민국 또는 대한민국 국민에 대하여 전조에 기재한 이외의 죄를 범한 외국인에게 적용한다. 단, 행위지의 법률에 의하여 범죄를 구성하지 아니하거나 소추 또는 형의 집행을 면제할 경우에는 예외로 한다.

제7조【외국에서 받은 형의 집행】죄를 지어 외국에서 형의 전부 또는 일부가 집행된 사람에 대해서는 그 집행된 형의 전부 또는 일부를 선고하는 형에 산입한다. [전문개정 2016.12.20.]

제296조의2【세계주의】제287조부터 제292조까지 및 제294조는 대한민국 영역 밖에서 죄를 범한 외국인에게도 적용한다.
[본조신설 2013.4.5.]

Ⅰ 속지주의의 원칙

속지주의 (영토주의)	형법 §2 ① 영역의 범위 : 영토·영해·영공, 北韓도 포함(判) ② 범죄지 : 실행행위지·결과발생지 중 어느 것이라도 대한민국의 영역 안에서 발생했으면 충분 [국가9급 14/15], 공모지도 범죄지에 포함
기국주의	§4, 외국인 대상

한줄판례 Summary

범죄지

1. **부분범행지**(알선수재의 수재)도 범죄지(대법원 2000.4.21, 99도3403) [법원9급 09, 경찰채용 14]
2. **공모지**도 범죄지(대법원 1998.11.27, 98도2734) [법원승진 11]

Ⅱ 속인주의의 가미 : 적극적 속인주의, 국적주의

내국인	형법 §3, 범행 당시 대한민국의 국적을 가진 자

한줄판례 Summary

1. **미국문화원에서 죄를 범한 내국인**에게도 제3조 적용(대법원 1986.6.24, 86도403)
2. **외국에서 도박한 한국인**도 처벌(대법원 2001.9.25, 99도3337: 2004.4.23, 2002도2518) [법원9급 09, 경 14]
3. 내국인의 대한민국 영역 외에서의 **무면허 의료행위**는 의료법 위반 구성요건에 해당 ×(대법원 2020.4.29, 2019도19130).

Ⅲ 보호주의의 예외 : 국가보호주의(§5, §6) / 개인보호주의·현실주의(§6)

한줄판례 Summary

1. 중국 국민이 중국에서 **대한민국 국적 주식회사의 인장을 위조**한 경우 우리나라의 재판권이 없다(대법원 2002.11.26, 2002도4929). [경찰채용 14]
2. 외국인이 중국 북경시에 소재한 **대한민국 영사관 내에서 여권발급신청서를 위조**한 경우 재판권이 없다(대법원 2006.9.22, 2006도5010).
3. **독일인이 독일 내에서** 북한의 지령을 받아 베를린 주재 북한이익대표부를 방문하고 북한공작원을 만난 행위는 우리 형법이 적용되지 않는다(대법원 2008.4.17, 2004도4899). [경찰채용 20 1차]
4. 형법 제6조의 '대한민국 또는 대한민국 국민에 대하여 죄를 범한 때'란 **대한민국 또는 대한민국 국민의 법익이 직접적으로 침해되는 결과**를 야기하는 죄를 범한 경우를 의미한다(대법원 2011.8.25, 2011도6507).
5. 캐나다 시민권자인 피고인이 캐나다에서 **위조사문서를 행사**한 경우 우리나라에 재판권이 없다(대법원 2011.8.25, 2011도6507).
6. 형법 제6조 단서의 **행위지 법률**에 의하여 범죄를 구성하는지는 **엄격한 증명**에 의하여 **검사**가 이를 증명하여야 한다(대법원 2011.8.25, 2011도6507).
7. 내국 법인의 대표자인 외국인이 내국 법인이 외국에 설립한 특수목적법인에 위탁해 둔 자금을 정해진 목적과 용도 외에 임의로 사용한 데 따른 **횡령죄의 피해자는 당해 금전을 위탁한 내국 법인**이므로 그 외국인에 대해서도 우리 형법이 적용된다(형법 §6)(대법원 2017.3.22, 2016도17465).

Ⅳ 세계주의의 예외 : 약취·유인 및 인신매매의 죄(§296의2)

Ⅴ 외국에서 집행된 형의 산입 : 외국에서 집행된 형의 전부 또는 일부를 우리 나라에서 선고하는 형에 반드시 산입($7)

> **한줄판례 Summary**
>
> 1. 외국에서 몰수 선고 시 우리 법원은 추징 가능하다(대법원 1977.5.24, 77도629).
> 2. 피고인 등이 일본국에서 형의 집행을 받았다고 해서 피고인 등에게 형을 선고한 것이 형법 제7조에 위배된다고 할 수 없다(대법원 1979.4.10, 78도831).
> 3. 외국에서 이미 몰수 집행 시 우리는 추징 불가하다(대법원 1979.4.10, 78도831).
> 4. 형사사건으로 외국 법원에 기소되었다가 무죄판결을 받은 사람은, 설령 그가 무죄판결을 받기까지 상당 기간 미결구금되었더라도 이를 유죄판결에 의하여 형이 실제로 집행된 것으로 볼 수는 없으므로, '외국에서 형의 전부 또는 일부가 집행된 사람'에 해당한다고 볼 수 없고, 그 **미결구금 기간**은 형법 제7조에 의한 산입의 대상이 될 수 없다(대법원 2017.8.24, 2017도5977 전원합의체).

03 인적 적용범위

국내법상의 예외	① 대통령 : 대통령은 내란·외환의 죄를 범한 경우를 제외하고는 재직 중 형사상의 소추를 받지 아니함(헌법 §84)(공소시효정지사유) ② 국회의원 : 국회에서 직무상 행한 발언과 표결에 관하여 국회 외에서 책임을 지지 아니함(헌법 §45)(면책특권 : 인적 처벌조각사유, 공소권 없음)
국제법상의 예외	① 치외법권자 : 외국의 원수, 외교관, 그 가족 및 내국인이 아닌 종자(비엔나협약)면책특권 : 인적 처벌조각사유, 재판권 없음) ② 외국군대 : 공무집행 중 미국범죄는 한미간 군대지위협정(SOFA)에 의하여 미국이 우선 재판권 행사, 단 한반도 평시상태 통상 국내 거주하는 주한미군의 군속은 SOFA 배제(우리 재판권 있음)

형법이론

01 형벌이론

응보형 주의		의 의	형벌의 본질은 범죄에 대한 응보(應報)에 있다고 보는 형벌이론
		내 용	① Kant-정의설 : 형법은 어떠한 목적과도 관계없는 정의의 명령이므로 형벌은 오직 범죄가 있었기 때문에 당연히 내려져야 하는 것(섬의 비유) ② Hegel-이성적 응보론 내지 상대적 응보론(등가치응보론) : 범죄는 법을 부정한 것이고, 응보적인 형벌을 가하여 그 범죄를 다시 부정함으로써 법을 회복
목적형 주의	일반예방 주의	의 의	범죄예방의 대상을 사회 일반인에게 두고, 형벌에 의하여 일반인을 위하·경계함으로써 범죄예방의 효과를 얻으려는 사상
		내 용	① Beccaria : 「범죄와 형벌」 - 사형폐지론, 일반예방주의 지지 ② Bentham : 공리주의 ③ Feuerbach : 심리강제설 주장 → 형벌의 임무는 일반 국민에게 형벌을 예고하여 범죄유발을 심리적으로 억제시키는 것(범죄로 인한 쾌락 < 형벌로 인한 고통) [국가9급 14]
	특별예방 주의	의 의	구체적인 범죄자 개인의 재범방지(사회복귀)가 그 목표
		내 용	① 이탈리아의 실증주의학파(범죄인류학파) 　㉠ Lombroso 　　ⓐ 근대학파의 선구자 - 「범죄인론」 　　ⓑ 격세유전론, 생래적 범죄인론 　㉡ Ferri 　　ⓐ 범죄사회학적 연구의 필요성 강조 　　ⓑ 「범죄사회학」 범죄포화의 원칙 및 사회적 책임론 주장 　　ⓒ 1921년 이탈리아형법 초안 작성 　㉢ Garofalo 　　ⓐ 자연범과 법정범을 구별 　　ⓑ 범죄심리학적 연구의 필요성 강조 ② F.v.Liszt의 목적형주의 　㉠ 목적형주의 : 범죄란 범죄자의 성향과 주위환경의 산물 and 형벌의 목적은 개인의 재범방지 및 재사회화에 있음(형벌의 사회교육적 효과 강조) 　㉡ 행위자주의 : 주관주의와 성격책임론

목적형 주의	특별예방 주의	내 용	ⓒ 형벌의 개별화 ③ 교육형주의 : Liepmann, Lanza, Saldana ④ 사회방위이론 　ㄱ Gramatica : 긴급적 사회방위이론 　ㄴ Ancel : 신사회방위이론
결합설			응보형주의, 일반예방주의, 특별예방주의의 모든 관점이 형벌의 목적으로 고려 되어야 한다는 입장(우선하는 관점에 따라 응보적 결합설과 예방적 결합설로 나 님, 通說)

02 범죄이론

💡 퍼써 정리 | 형법학파의 대립

구 분		고전학파	근대학파
사상적 배경		계몽주의에 입각한 개인주의·자유 주의에 따른 법치국가사상	범죄로부터 사회를 방위하려는 사 회적 국가관
시 기		18세기 ~ 19세기 초	19세기 후반 ~ 현대
학 자		Feuerbach, Kant, Hegel, Beccaria, Binding, Birkmeyer, Merkel	Lombroso, Garofalo, Ferri, Liszt, Liepmann, Lanza, Saldana
기본적 범죄관		범죄란 자유의사에 의한 선택의 결과	인간의 자유의사 부정
범죄성립요건		외부에 나타난 행위·결과를 중시	행위자의 반사회적 성격을 중시
인간상		의사자유론 → 비결정론	의사결정론
범죄론	원 칙	객관주의	주관주의
	구성요건적 착오	구체적 부합설, 법정적 부합설	추상적 부합설
책임론	책임의 근거	도의적 책임론	사회적 책임론
	책임능력의 본질	범죄능력	형벌능력
	책임판단의 대상	행위책임	성격책임
미수론	미수와 기수	구별	불구별
	실행의 착수시기	객관설	주관설
	불능범과 불능미수의 구별	객관설, 구체적 위험설	의사표준설주관설 → 불능범 부정
공범론	공동정범의 본질	범죄공동설	행위공동설
	공범의 종속성	공범종속성설 → 간접정범 인정	공범독립성설 → 간접정범 부정
죄수론	죄수결정의 기준	행위 / 법익 / 구성요건표준설	의사표준설

형벌론	목적	응보형주의	목적형주의
	부정기형	부정	긍정
	기능	일반예방주의	특별예방주의
형벌과 보안처분		이원론	일원론
죄수론		행위표준설, 법익표준설, 구성요건 표준설	의사표준설

고의 등 순수한 주관적 요소나 인과관계 등 순수한 객관적 요소에 대해서는 대립이 없음

MEMO

Perfect Summary

PART

범죄론

CHAPTER 01 범죄론의 일반이론

01 범죄론의 기초

Ⅰ 범죄의 의의와 본질

의 의	형식적 범죄개념(구성요건에 해당하고 위법하고 책임 있는 행위)과 실질적 범죄개념(사회생활상의 보호이익을 침해·위협하는 반사회적 행위)은 상호 보완적 성격
본 질	법익침해설과 의무위반설의 결합설

Ⅱ 범죄론체계

🔅 퍼써 정리 | **범죄론체계 개관**

구 분	고전적 범죄체계	신고전적 범죄체계	목적적 범죄체계	합일태적 범죄체계
특 징	객관적 요소는 구성요건 주관적 요소는 책임	주관적 구성요건요소를 부분적으로 인정 기대가능성을 통하여 책임을 비난가능성으로 이해(규범적 책임개념)	고의를 비롯한 모든 주관적 불법요소들을 구성요건요소로 파악	① 신고전적 범죄체계와 목적적 범죄체계의 절충적 입장 ② 고의·과실의 이중적 지위를 인정
행 위	인과적 행위론 → 행위를 외적·자연적 과정으로 이해(자연적 행위개념)	인과적 행위론 → 행위의 의미·가치판단을 중시(가치개념)	목적적 행위론 → 목적적 의사조종인 행위를 범죄체계의 기초로 삼음	사회적 행위론 → 사회적(형법적)으로 의미 있는 인간의 행태
구성 요건	① 객관적·기술적 요소 ② 몰가치적·가치중립적 개념 ③ 주관적 요소는 책임, 규범적 요소는 위법성으로 이해	규범적 요소와 주관적 요소가 구성요건에도 있음을 발견 예 명예·불법영득의사·목적	고의를 일반적인 주관적 구성요건요소로 파악	① 기술적 요소와 규범적 요소 ② 객관적 요소와 주관적 요소 ③ 구성요건적 고의

위법성	① 전체적 법질서의 기준에 의한 행위의 법적 평가(규범적 요소) → 객관적·형식적 평가 ② 불법의 본질은 결과반가치	① 위법성을 실질적인 사회적 유해성으로 파악 ② 불법의 본질은 결과반가치	① 불법의 본질은 행위반가치(행위자와 관련된 인적 불법론) ② 주관적 정당화요소 일반화	① 이원적·인적 불법론 : 행위반가치와 결과반가치의 불가분적 연관 ② 주관적 정당화요소
책 임	① 책임능력 ② 고의·과실 　→ 심리적 책임개념	① 책임능력 ② 고의·과실 ③ 기대가능성 　→ 규범적 책임개념 도입(책임의 본질은 비난가능성)	① 책임능력 ② 위법성의 인식 ③ 기대가능성 　→ 순수한 규범적 책임개념	① 책임능력 ② 위법성의 인식 ③ 책임형식으로서의 고의·과실(고의·과실의 이중기능) ④ 기대가능성 　→ 합일태적 책임개념

Ⅲ 범죄의 성립조건 · 처벌조건 · 소추조건

성립조건		어떠한 행위가 '구성요건해당성', '위법성'을 갖추고 그 행위자에게 '책임'이 인정되는 것 → 유죄
처벌조건	**의 의**	범죄성립조건과는 별도로 형벌권의 발생을 위하여 필요한 조건 → 결여되면 형 면제판결
	종 류	① 객관적 처벌조건 : 범죄의 성부와 관계없이 형벌권의 발생을 좌우하는 외부적·객관적 사유 　예 사전수뢰죄에 있어서 공무원·중재인이 된 사실(§129②), 파산범죄에 있어서 파산선고의 확정(파산법 §366, §367) ② 인적처벌조각사유 : 이미 성립한 범죄에 관하여 행위자의 특별한 신분관계 또는 태도로 형벌권의 발생을 저지시키는 인적 사정(주관적 처벌조건) 　㉠ 범죄는 성립되나 행위 당시에 존재하는 특별한 신분관계로 가벌성이 배제되는 경우 　　예 친족상도례(§328①)에 있어서 직계혈족 등의 신분, 인적 적용범위의 예외로서의 외교관이라는 신분 　㉡ 가벌적 행위 후에 발생한 행위자의 특별한 태도에 따라 이미 성립한 가벌성을 소급적으로 소멸시키는 사정 　　예 중지미수에 있어서의 형의 면제(§26), 예비죄의 자수로 인한 형의 면제(§90)
소추조건	**의 의**	범죄성립조건과는 별도로 형사소송법상 소추(訴追 : 재판청구 = 공소제기)를 하기 위하여 필요한 조건(소송조건) → 결여되면 형식재판, 충족되면 실체재판

소추조건	종류	① 친고죄 : 공소제기를 위해서 피해자·기타 고소권자의 고소(告訴 : 처벌희망 의사표시)가 있을 것을 요하는 범죄(정지조건부 범죄) → 절대적 친고죄와 상대적 친고죄 ② 반의사불벌죄 : 피해자의 명시한 의사(처벌불원의사)에 반하여 공소를 제기할 수 없는 범죄(해제조건부 범죄)

한줄판례 Summary

특가법상 협박에 대한 반의사불벌죄 적용 여부 : 적용되지 않는다(대법원 2008.7.24, 2008도4658; 1998.5.8, 98도631).

퍼써 정리 | 우리 형법상의 친고죄 및 반의사불벌죄의 규정들

구 분	해당범죄
친고죄	사자명예훼손죄(§308), 모욕죄(§311), 비밀침해죄(§316), 업무상 비밀누설죄(§317), 비동거 친족 간의 재산범죄에 대한 친족상도례 규정(§328②, 강도죄, 손괴죄, 경계침범죄, 강제집행면탈죄는 적용×)
반의사불벌죄	외국원수·외국사절에 대한 폭행·협박·모욕·명예훼손죄(§107, §108), 외국국기·국장 모독죄(§109), 폭행·존속폭행죄(§260), 과실치상죄(§266), 협박·존속협박죄(§283), 명예훼손죄(§307), 출판물 등에 의한 명예훼손죄(§309)
주의할 점	① 사자명예훼손죄·모욕죄 : 친고죄 　명예훼손죄, 출판물에 의한 명예훼손죄 : 반의사불벌죄 ② 과실치상죄 : 반의사불벌죄 　상해죄, 과실치사죄, 업무상과실·중과실치사상죄 : 반의사불벌죄 × ③ 특수폭행, 상습폭행, 특수협박, 상습협박, 군사기지 폭행·협박, 학대·존속학대 → 반의사불벌죄 × ④ 성폭력범죄 → 친고죄 ×

IV 범죄의 종류

1. 결과범과 거동범

(1) 의 의

결과범	행위 이외에 결과의 발생이 있어야 구성요건이 충족(기수既遂)되는 범죄(실질범) 예 살인죄, 상해죄, 강도죄, 손괴죄 등 대부분의 범죄
거동범	결과발생을 요하지 않고 행위만으로 구성요건이 충족되는 범죄(형식범) ∴ 이론적으로 기수 또는 무죄가 있을 수 있을 뿐, 미수범 성립 不可 and 인과관계 판단 不要 예 퇴거불응죄, 모욕죄, 명예훼손죄, 공연음란죄, 무고죄, 위증죄 등 But 미수범 처벌규정이 존재하는 경우 有 → 퇴거불응, 집합명령위반

(2) 차이점

구 분	결과범	거동범
인과관계와 객관적 귀속	검토 要	검토 不要
미수의 성립 여부	성립 可	성립 不可

2. 침해범과 위험범

(1) 의의와 종류

침해범		구성요건적 실행행위에 의해 보호법익이 현실적으로 침해될 것을 요하는 범죄 예 살인죄, 상해죄, 체포·감금죄, 주거침입죄, 절도죄, 강도죄 등
위험범	의 의	법익이 침해될 필요 없이 법익침해의 위험성만 있으면 성립되는 범죄
	종 류	① 추상적 위험범 : 행위 자체에 법익에 대한 일반적 위험성이 있는 범죄 　예 위증죄(§152), 무고죄(§156), 현주건조물방화죄(§164), 공용건조물방화죄(§165), 이상에 대한 실화죄(§170①), 타인소유일반건조물방화죄(§166①), 현주건조물 및 공용건조물에 대한 일수죄(§177, §178), 통화위조죄(§207), 낙태죄(§269, 多), 유기죄(§271), 협박죄(§283, 2007도606 전원합의체), 명예훼손죄(§307), 신용훼손죄(§313), 업무방해죄(§314), 비밀침해죄(§316①) 등 ② 구체적 위험범 : 실행행위 외에도 법익에 대한 현실적 위험의 발생을 필요로 하는 범죄 ∴ 이때 '위험'은 객관적 구성요건요소로서 고의의 인식대상 ○ [국가9급 13] 　예 자기소유일반건조물방화죄(§166②), 일반물건방화죄(§167), 이상의 목적물에 대한 실화죄, 폭발물사용죄(§119), 폭발성물건파열죄(§172), 가스·전기등 방류죄(§172의2), 가스·전기등 공급방해죄(§173①), 자기소유일반건조물일수죄(§179②), 과실일수죄(§181), 중상해죄(§258①②), 중유기죄(§271③④), 중강요죄·중권리행사방해죄(§326), 중손괴죄(§368①), 직무유기죄(§122), 배임죄(§355②) 등 → 자기소유~, ~일반물건, 폭발~, 가스·전기~, 중~, 직~, 배~

(2) 차이점

구 분	추상적 위험범	구체적 위험범
위험의 발생	구성요건요소 ×	구성요건요소 ○
위험의 인식	고의 내용 ×	고의의 내용
범죄의 성질	(대부분) 거동범	결과범
위험발생의 입증	不要	要

3. 즉시범·계속범·상태범

(1) 의 의

즉시범	범죄가 기수가 되면 그 즉시 위법행위도 종료되는 범죄(기수 = 종료)
계속범	범죄가 기수에 이른 이후에도 위법한 행위가 계속되다가 종료되는 범죄(기수 ≠ 종료)
상태범	기수(= 종료) 이후 범행으로 인한 위법상태가 잔존하는 범죄 예 살인죄, 상해죄, 절도죄, 내란죄 [국가9급 20] 등

> 🔖 퍼써 정리 Ⅰ **계속범의 특징**
>
> ① 기수시기와 종료시기가 다름
> ② 기수 이후 종료 이전에 공범 성립 가능(예 '승계적 종범' [경찰채용 10, 국가9급 17])
> ③ 기수 이후 종료 이전에 피해자의 정당방위 가능
> ④ 종료 시부터 형사소송법상 공소시효 기산 [경찰채용 10](예 체포·감금죄, 주거침입죄(多數說), 퇴거불응죄, 약취·유인죄, 도박개장, 직무유기죄, 교통방해, 범인은닉죄 등)

(2) 계속범과 즉시범(상태범)의 구별실익

구 분	계속범	즉시범(상태범)
기수·종료의 시기	불일치	일치
공소시효의 기산점	종료 시	기수 시
공범의 성립시기	종료 시까지 可	기수 시까지 可
정당방위 가능시기	종료 시까지 可	기수 시까지 可

> 🔗 **한줄판례 Summary**
>
> 1. 도주죄는 즉시범(대법원 1979.8.31, 79도622)
> 2. 군형법 제79조 무단이탈죄는 즉시범(대법원 1983.11.8, 83도2450) [국가9급 20]
> 3. 폭력행위 등 처벌에 관한 법률 상 '단체 등의 조직'죄는 즉시범(대법원 1992.11.24, 92도1931) [국가9급 20]
> 4. 범인도피죄는 계속범으로서 범죄가 기수에 이른 후에도 실행행위가 계속되는 한 공동정범 성립(대법원 1995.9.5, 95도577). [국가9급 21]
> 5. 직무유기죄는 계속범, 즉시범 ×(대법원 1997.8.29, 97도675) [국가9급 20]
> 6. 무허가 농지전용죄의 성격 – 즉시범이자 계속범(대법원 2009.4.16, 2007도6703 전원합의체)
> 7. 청소년고용 금지의무 위반행위는 일반적으로 고용이 노무의 제공이라는 계속적 상태를 요구한다는 점에서 계속범의 실질을 가지는 것으로서 청소년에 대한 고용을 중단하지 않는 한 가벌적 위법상태가 지속되므로, 그 위반죄의 성립 여부 및 범의는 청소년 고용이 지속된 기간을 전체적으로 고려하여 판단(대법원 2011.1.13, 2010도10029).
> 8. 국가공무원법상 공무원의 정당 그 밖의 정치단체 가입죄는 공무원이 정당 등에 가입함으로써 즉시 성립하고 그와 동시에 완성되는 즉시범(대법원 2014.5.16, 2013도929) [경찰승진 23]
> 9. 일반교통방해죄는 추상적 위험범이자 계속범(대법원 2019.4.23, 2017도1056) [국가9급 21]
> 10. 체포죄는 계속범으로서 체포행위에 확실히 사람의 신체의 자유를 구속한다고 인정할 수 있을 정도의 시간적 계속 요구(대법원 2018.2.28, 2017도212490) [경찰승진 21/23]

4. 일반범·신분범·자수범

일반범		누구나 정범이 될 수 있는 범죄1
신분범	의 의	행위의 주체가 되기 위해서 구성요건상 일정한 신분을 요구하는 범죄 진정신분범과 부진정신분범(구별실익은 §33의 공범과 신분 규정의 해석)
	종 류	① 진정신분범 : 일정한 신분 있는 자만이 주체가 될 수 있는 범죄(범죄구성적 신분) 　예 직무유기죄(공무원), 위증죄(법률에 의하여 선서한 증인), 수뢰죄(공무원 또는 중재인), 허위진단서작성죄(의사·한의사·치과의사·조산사), 유기죄(요부조자를 보호할 법률상·계약상 의무 있는 자), 업무상 비밀누설죄(의사·한의사 등), 횡령죄(타인의 재물을 보관하는 자), 배임죄(타인의 사무를 처리하는 자) 및 부진정부작위범(보증인적 지위에 있는 자, 多) 등 ② 부진정신분범 : 신분이 있음으로 인해서 형이 가중되거나 감경되는 범죄(형벌가감적 신분) 　예 직계존속에 대한 범죄(존속살해, 존속상해, 존속폭행, 존속유기), 업무상 범죄(업무상 횡령죄, 업무상 배임죄, 업무상 동의낙태죄, 업무상 과실치사상죄), 불법체포·감금죄, 폭행·가혹행위죄, 간수자도주원조죄 및 '상습'범 등
자수범	의 의	타인을 이용해서는 저지를 수 없고 자기의 직접적 범행 실행(自手)을 통해서만 범할 수 있는 범죄 　예 위증죄(§152), 부정수표단속법상 허위신고죄 등
	효 과	간접정범이나 자수적 실행 없는 공동정범의 성립 不可 but 교사범·종범의 성립은 可

🔆 퍼써 정리 | 진정신분범과 부진정신분범에 있어서 주의할 규정들

① 업무상 비밀누설죄, 업무상 과실장물죄, 업무상 위력에 의한 간음죄 → (대부분의 업무상 범죄는 부진정신분범이지만) 진정신분범
② 허위진단서작성죄, 허위공문서작성죄 → 신분범 ○ / 공정증서원본부실기재죄 → 일반범
③ 도박죄 → 신분범 × / 상습도박죄 → 부진정신분범
④ 위증죄는 진정신분범, 모해위증죄 → 부진정신분범(判) / 무고죄 → 일반범

5. 목적범·경향범·표현범

목적범	고의 이외에 주관적 목적(초과주관적 구성요건요소)이 요구되는 범죄 　예 위조죄의 '행사의 목적'과 예비·음모죄의 '기본범죄를 범할 목적' 등 목적범에 있어서 목적은 적극적 의욕이나 확정적 인식까지는 필요 없고 미필적 인식으로 족함(대법원 1992.3.31, 90도2033)
경향범	행위자의 주관적인 행위경향이 구성요건요소로 되어 있거나 범죄유형을 함께 규정하고 있는 범죄 　예 학대죄(§273)의 학대행위, 가혹행위죄(§125)의 가혹행위, 공연음란죄(§245)의 음란행위 　　[성욕을 자극시키는 행위자의 경향 → 판례는 不要(대법원 2000.12.22, 2000도4372)]

| 표현범 | 행위자의 내면적인 지식상태의 굴절·모순과정을 표현해 주는 범죄
예 위증죄(§152 : 자신이 알고 있는 것과 틀리게 표현하려는 내심의 의사-주관설) 등 |

6. 망각범

| 망각범 | 과실에 의한 부진정부작위범(부작위에 의한 작위범)
예 전철수가 잠이 들어 전철하지 않아 기차를 전복시킨 경우, 함께 술을 마신 후 만취한 친구의 발 옆 30cm 가량 떨어진 방바닥에 켜져 있는 촛불을 끄지 않고 그냥 나와 친구가 화재로 사망한 경우(대법원 1994.8.26, 94도1291) |

02 행위론

인과적 행위론	행위는 유의적 거동에 의한 외부세계의 변화 cf. 비판 : 부작위에는 거동성이 없기 때문에 행위에서 배제[법원9급 07], 미수는 외부세계의 변화가 나타나지 않아 행위에서 배제
목적적 행위론	행위는 목적조종적 의사에 의한 목적지향적인 인간의 활동(H. Welzel) cf. 비판 : 과실행위 배제, 부작위 배제, 의식적 요소 없는 자동화된 행위나 격정적 행위 배제
사회적 행위론	행위는 사회적(형법적)으로 중요한(의미 있는) 인간의 행태(규범적 행위개념) → 고의행위, 과실행위, 작위행위, 부작위행위의 상위개념을 제시(通說) cf. 비판 : 이론적 통일성 미비, 행위개념의 한계기능 수행이 어려움[법원9급 07]
인격적 행위론	행위는 인격의 표현(인격의 객관화 혹은 인격의 발현) cf. 비판 : 인격의 객관화는 사회생활에 있어 객관적 의미내용에 따라 해석한다는 점에서 사회적 행위론에 포함됨

03 행위의 주체와 객체

I 법인의 형사책임

| 법인의 본질 및
범죄능력 | ① 법인의 본질 : 법인실재설(대륙법계)
② 범죄능력 : 자연인과 달리 의사와 육체를 가지고 있지 못하다는 점에서 범죄능력 부정(多·判)
∴ 법인의 본질과 법인의 범죄능력은 논리적·필수적 연관성 × |

법인의 형벌능력	① 행정형법상 양벌규정에 근거(형법에는 없음) ② 범죄능력은 부정되나, 형벌능력은 긍정됨
법인처벌의 근거	① 종업원의 행위에 대한 법인처벌의 근거 : 과실책임설 ② 대표자의 행위에 대한 법인처벌의 근거 : 직접책임설

🔅 퍼써 정리 | 법인의 본질 및 범죄능력

학 설	내 용
부정설 (多數說·判例)	① 행위자 개인을 처벌하고 나서 법인 또한 처벌하는 것 → 이중처벌에 해당 [경찰채용 11] ② 법인 → 행위능력 無(∵ 법인에게는 자연인과 같은 의사와 육체 無) ③ 법인처벌의 효과가 무관한 법인의 구성원까지 처벌하는 것 → 자기책임의 원칙에 반함 [경찰채용 11] ④ 법인에게는 형벌의 전제가 되는 윤리적 책임비난을 가할 수 없음 ⑤ 범죄가 법인의 목적(정관)이 될 수 없으므로 범죄능력 부정 ⑥ 사형·자유형은 법인에게 집행 不可 **판례** ① 법인은 배임죄의 주체가 될 수 없음(대법원 1984.10.10, 82도2595 전원합의체). ② 법인격 없는 사단과 단체는 법인과 마찬가지로 법률에 명문의 규정이 없는 한 그 범죄능력은 없다. 따라서 건축물의 유지·관리의무를 지는 '소유자 또는 관리자'가 법인격 없는 사단인 경우 그 범죄능력이 없다는 점에서 건축법을 위반한 자라 함은 법인격 없는 사단의 대표기관인 자연인을 의미(대법원 1997.1.24, 96도524). [경찰채용 22 2차]
긍정설	① 법인실재설에 의하면 법인의 범죄능력 인정 可 ② 법인도 기관을 통하여 의사 형성 및 행위 可 ③ 법인의 사회적 존재로서의 행위는 목적범위 내이므로 위법행위 可 ④ 재산형과 자격정지를 과할 수 있으며 생명형은 해산형으로 대체 可 ⑤ 법인의 기관의 행위는 개인의 행위임과 동시에 법인의 행위이므로 이중처벌 × ⑦ 책임능력을 형벌적응능력이라고 한다면, 이러한 능력은 법인에게도 有 ⑧ 사회방위 필요성상 법인 처벌은 형사정책적으로 필요
부분적 긍정설	형사범은 부정, 행정범은 인정 [경찰채용 11/15 1차]

🔗 한줄판례 Summary

양벌규정 관련

1. 행정형법상 범죄주체가 업무주로 한정된 때에도 양벌규정에 의하여 실제 행위자에 대한 처벌 가능(대법원 1980.12.9, 80도384; 1999.7.15, 95도2870 전원합의체; 2005.11.25, 2005도6455).
2. 지방자치단체도 양벌규정의 적용대상이 되는가 : 고유자치사무 ○(대법원 2005.11.10, 2004도2657), 기관위임사무 ×(대법원 2009.6.11, 2008도6530). [국가7급 12, 경찰채용 15 1차]
3. 합병으로 소멸한 법인의 형사책임 승계 여부 : 승계되지 않는다(대법원 2007.8.23, 2005도4471). [경찰승진 23]
   cf. 형소법 제479조의 합병 후 법인에 대한 집행 규정과 혼동하지 말 것 [국가7급 12]
4. 법인의 대표자 관련 부분은 대표자의 책임을 요건으로 하여 법인을 처벌하는 것이므로 양벌규정에 근거한 형사처벌이 형벌의 자기책임원칙에 반하여 헌법에 위배된다고 볼 수 없다(대법원 2010.9.30, 2009도3876).

5. '법인격 없는 공공기관'은 양벌규정에 의하여 처벌할 수 없고, 행위자 역시 위 양벌규정으로 처벌할 수 없다(대법원 2021.10.28, 2020도1942). [경찰채용 22 2차]

📎 한줄판례 Summary

법인처벌의 근거

1. 도로법상의 양벌규정에서 지입회사인 법인은 지입차주의 위반행위가 발생한 그 업무와 관련하여 상당한 주의 또는 관리감독 의무를 게을리한 과실로 인하여 처벌된다(대법원 2010.4.15, 2009도9624).
2. 법인 대표자의 법규위반행위에 대한 법인의 책임은 법인 자신의 법규위반행위로 평가될 수 있는 행위에 대한 법인의 직접책임으로서, 대표자의 고의에 의한 위반행위에 대하여는 법인 자신의 고의에 의한 책임을, 대표자의 과실에 의한 위반행위에 대하여는 법인 자신의 과실에 의한 책임을 지는 것이다(대법원 2010.7.29, 2009헌가25).
3. 법인이 설립되기 이전에 자연인이 한 행위에 대하여 원칙적으로 양벌규정을 적용하여 법인을 처벌할 수 없다(대법원 2018.8.1, 2015도10388). [경찰승진 22]

▌Ⅱ 행위의 객체

💡 퍼써 정리 | 행위의 객체와 보호의 객체

구 분	행위의 객체	보호의 객체
성 질	물질적·외형적	가치적·관념적
구성요건요소	법률에 규정 → 구성요건요소	법률에 불규정이 원칙 → 구성요건요소 ×
예	① 살인죄의 '사람' ② 절도죄의 타인의 '재물'	① 살인죄의 사람의 '생명' ② 절도죄의 타인의 '소유권'

구성요건 중에는 행위객체가 없는 범죄 있을 수 있으나[예 다중불해산죄(§ 116), 단순도주죄(§ 145 ①), 퇴거불응죄(§ 319②) 등] but 보호법익 없는 범죄는 있을 수 없음

CHAPTER 02 구성요건론

01 구성요건이론

I 구성요건의 의의

의 의	반사회적 행위 중에서 특히 형법에 위배되는 불법한 행위의 유형을 선별하여 추상적으로 기술해 놓은 것(불법유형)

II 구성요건과 위법성의 관계

<table>
<tr>
<td colspan="2">인식근거설</td>
<td>구성요건은 위법성의 인식근거(징표) → 구성요건에 해당되는 행위는 위법성 추정 but 예외적으로 그 행위가 위법성조각사유에 해당될 때 이러한 추정은 배제되어 위법성 조각(通說)</td>
</tr>
<tr>
<td colspan="2">존재근거설</td>
<td>구성요건은 위법성의 존재근거이므로 구성요건에 해당하는 행위는 예외적으로 위법성조각사유에 해당하지 않는 한 위법하다는 견해(Sauer, Mezger)</td>
</tr>
<tr>
<td rowspan="3">소극적
구성요건표지이론</td>
<td>의 의</td>
<td>소극적 구성요건표지(요소)를 사용하는 이론</td>
</tr>
<tr>
<td>내 용</td>
<td>① 2단계 범죄체계 → 범죄는 구성요건에 해당하고 유책한 행위
② 총체적 불법구성요건 : 적극적 구성요건요소(구성요건에 해당할 것)와 소극적 구성요건요소(위법성조각사유에 해당되지 않을 것)
③ 구성요건에 해당하면 위법성이 확정적으로 인정
　예 소극적 구성요건요소이론에 의할 경우, 살인죄의 구성요건 : "정당한 이유 없이 사람을 살해하는 행위"[경찰채용 11]
④ 위법성조각사유의 전제사실에 관한 착오 : 구성요건착오로 이해되어 구성요건적 고의 조각</td>
</tr>
<tr>
<td>비 판</td>
<td>① <u>위법성조각사유의 독자적 기능을 무시</u>
② <u>처음부터 구성요건에 해당되지 않는 행위와 구성요건에 해당하나 위법성이 조각되는 행위 구별 不可</u> [경찰채용 11]
③ 위법성조각사유의 전제사실에 관한 착오를 구성요건착오로 파악하기 때문에 법효과제한적 책임설의 장점(공범 성립 可) 수용 不可</td>
</tr>
</table>

Ⅲ 구성요건의 요소

기술적 구성요건요소	별도의 가치판단 不要
규범적 구성요건요소	규범적 평가와 가치판단에 의해서만 내용을 확정할 수 있는 구성요건요소 예 존속살해죄의 '배우자' 및 '직계존속', 절도죄의 재물의 '타인성', 수뢰죄의 '공무원·중재인', 유가증권위조죄의 '유가증권', 공연음란죄의 '음란', 명예훼손죄의 '명예', 업무방해죄의 '업무' 등
객관적 구성요건요소	외부적으로 그 존재를 인식할 수 있는 구성요건요소 예 행위의 주체, 객체, 행위, 결과, 인과관계, 객관적 귀속, 행위수단, 행위상황 등
주관적 구성요건요소	행위자의 내심에 속하는 요소 예 고의, 과실, 목적(초과주관적 구성요건요소), 불법영득의사(기술되지 않은 초과주관적 구성요건요소) 등

한줄판례 Summary

병역법 제88조제1항은 국방의 의무를 실현하기 위하여 현역입영 또는 소집통지서를 받고도 정당한 사유 없이 이에 응하지 않은 사람을 처벌함으로써 입영기피를 억제하고 병력구성을 확보하기 위한 규정이다. 이 조항에 따르면 정당한 사유가 있는 경우에는 피고인을 벌할 수 없는데, 여기에서 **정당한 사유는 구성요건해당성을 조각하는 사유**이다(대법원 2018.11.1, 2016도10912 전원합의체). [국가7급 19]

02 결과반가치와 행위반가치

구 분	결과반가치론	행위반가치론
불법의 본질	법익에 대한 침해 또는 위험	행위자의 의무위반(인적 불법론)
형법의 규범적 성격	평가규범적 성격 강조	의사결정규범적 성격 강조
형법의 기능	법익보호	사회윤리적 행위가치보호
고의·과실	책임요소	주관적 불법요소(구성요건요소)
과실범의 불법	고의범과 불법의 경중에서 차이가 없음	고의범과 불법의 경중에서 차이 인정
불능범	객관설 → 불가벌	주관설 → 불능범 부정(위험한 주관이 있으므로)
通說의 결론	결과반가치와 행위반가치 둘 다 있어야 불법 충족(이원적·인적 불법론)	

⊘ 조문정리

제17조【인과관계】 어떤 행위라도 죄의 요소되는 위험발생에 연결되지 아니한 때에는 그 결과로 인하여 벌하지 아니한다.

Ⅰ 인과관계의 의의

의 의	원인행위가 있어야 결과가 있다는 원인과 결과와의 관계
적용영역	결과범(실질범)에서만 문제되며, 거동범(형식범)에 있어서는 이를 거론할 필요 ×
유 형	**기본적 인과관계**
	甲이 乙을 고의로 살해한 경우 乙의 죽음이 甲의 행위로 인한 점을 인식하기에 다른 장애요소가 전혀 없는 경우

유 형		
	기본적 인과관계	甲이 乙을 고의로 살해한 경우 乙의 죽음이 甲의 행위로 인한 점을 인식하기에 다른 장애요소가 전혀 없는 경우
	가설적 인과관계	A는 사무실 안에 있는 O를 밖으로 불러내어 사살했으나, 그렇지 않더라도 O는 B가 미리 설치해 놓은 시한폭탄에 의해 같은 시각에 사망했을 것이 틀림없는 경우 → B의 예비적 원인과 O의 사망 간의 인과관계 : 형법상 인과관계 ×
	이중적 인과관계 (택일적 인과관계)	단독으로도 동일한 결과를 발생시키기에 충분한 여러 개의 조건들이 결합하여 결과를 발생시킨 경우 예 甲과 乙이 독립하여 丙이 먹는 음식에 각각 치사량의 독약을 넣어 丙을 살해한 경우 → 조건설에 의하면 인과관계 ×, 합법칙적 조건설이나 상당인과관계설에 의하면 ○ 인과관계가 판명되지 않는 경우 제19조, 제263조 적용
	중첩적 인과관계 (누적적 인과관계)	각각 독자적으로는 결과를 발생시킬 수 없는 여러 조건들이 공동으로 작용함으로써 결과가 발생한 경우 예 甲과 乙이 단독으로는 치사량이 되지 못하는 독약을 丙에게 먹였는데, 전체 량이 치사량에 미쳐 丙이 독살된 경우 → 인과관계는 있으나 객관적 귀속은 부정. 각 미수
	추월적 인과관계	후행의 조건이 기존의 조건을 추월하여 결과를 야기시킨 경우 조건과 발생된 결과 사이의 인과관계 (선행조건은 인과관계 부정) 예 사형수가 처형받기 직전에 사형집행관을 밀어젖히고 사형집행기구의 단추를 눌러 사형수를 숨지게 한 경우 → 조건설에 의하면 인과관계 ×, 합법칙적 조건설이나 상당인과관계설에 의하면 인과관계 ○
	단절적 인과관계	제3의 독립행위가 개입하여 본래 진행 중인 제1의 원인행위를 단절시킨 경우 예 甲이 乙에게 독약을 먹였으나, 약효가 일어나기 전에 丙이 乙을 사살한 경우(甲과 乙의 사망 간의 인과관계) 추월적 인과관계에 있어서 추월당한 원인과 결과와의 인과관계

유 형	비유형적 인과관계	일정한 행위가 그 결과에 이르는 과정에 피해자의 잘못 또는 특이체질 등의 비전형적 원인이 개입된 경우 (합법칙적) 조건설에 의하면 인과관계가 인정되나, 상당인과관계설에 의하면 부정 可 예 甲이 乙을 살해하려고 권총을 발사하였으나 가벼운 상처만 입혔는데, 乙이 혈우병 환자였기 때문에 사망한 경우(判例 : 인과관계 ○), 병원으로 가는 도중에 교통사고로 사망한 경우(인과관계 ×), 병원에서 의사의 과실로 사 망한 경우(인과관계 ○), 병원에서 회복 중에 피해자 자신의 과실에 의한 합병증으로 사망한 경우(인과관계 ○)

Ⅱ 인과관계에 대한 학설

조건설	① 만일 행위(조건)가 없었더라면 그러한 결과도 없었으리라고 생각되는 경우에 그러 한 '모든 조건'을 결과발생의 원인으로 보는 학설[절대적 제약관계(conditio sine qua non)의 공식] ② 절대적 제약관계에 해당하는 한 조건의 중요성 여부 不問 → 등가설(等價說) ③ 비판 : **인과관계의 인정범위가 지나치게 확대** [국가7급 11], 추월적 인과관계와 택일적 인과관계를 설명하지 못함
원인설	특별히 결과발생에 중요한 영향을 준 원인과 단순한 조건을 구별하고, 원인에 해당하 는 조건만이 결과발생에 대해서 인과관계가 있다고 하는 학설 예 甲, 乙, 丙이 각각 2g, 4g, 3g을 차례로 X에게 먹여 X가 사망한 경우 → 최종조건설 에 의하면 丙만 살인기수, 甲과 乙은 살인미수 → 최유력조건설 내지 결정적 조건 설에 의하면 乙만 살인기수, 甲과 丙은 살인미수
인과관계중단론 소급금지론	인과관계 진행 중에 타인의 행위나 예기치 못한 우연한 사실이 개입한 경우 행위와 결과 간의 인과관계를 사후적으로 부정하는 이론 cf. 비판 : 인과관계란 그것의 유무 여부의 판단문제에 불과하므로, 인과관계가 진행되다가 중단된 다는 것은 타당 ×
상당인과관계설 (判例)	① 사회생활상의 일반적인 생활경험에 비추어 그러한 행위로부터 그러한 결과가 발생 하는 것이 상당(相當)하다고 인정될 때 그 행위와 결과 사이의 인과관계를 인정하는 견해(判例) ② 비판 : **상당성 개념이 모호**하고, 법관에게 과도한 재량을 부여함
중요설	인과적 관련성을 규명할 때에는 조건설에 의하고, 결과귀속에 있어서는 개개의 중요성 에 따라 판단한다는 견해
합법칙적 조건설 (多數說)	① 행위와 합법칙적 연관이 있는 결과만이 인과관계가 있다고 보는 견해(多) ② 결과귀속에 의한 기수판단을 하기 위한 별도의 기준 要 → 객관적 귀속론 ③ 비판 : **자연법칙적 연관성의 개념이 모호**

상당인과관계 인정

1. <u>무면허자를 화약류취급책임자로 선임</u>한 과실과 그 책임자의 발파작업 중 발생한 사상의 결과 사이 : 업무상 과실치사상죄(대법원 1966.6.28, 66도758)

2. 임산부에 대한 폭행과 낙태 후 임산부의 심근경색증으로 인한 사망 사이 : 상해치사죄(대법원 1972.3.28, 72 도296) → 주의 : 폭행치사(×) [경찰채용 15 2차]

3. 강간행위를 피하려다 상해를 입은 경우 : 강간치상죄(대법원 1978.7.11, 78도1331)

4. <u>의사의 수술지연 등 과실</u>이 개입한 경우 : 폭행치사죄(대법원 1984.6.26, 84도831) ≒ <u>불충분한 진료</u> : 상해치사 죄(대법원 1961.9.21, 4294형상447) ≒ 전원 전 진료담당의사의 과실의 인과관계(대법원 1996.9.24, 95도245)

5. <u>특이체질자</u>에 대한 폭행 : 폭행치사죄(대법원 1989.10.13, 89도556) ≒ <u>뺨을 강타</u>하여 사망한 경우 : 폭행치 사죄(대법원 1957.9.20, 4290형상249)

6. 도로교통사고시 최초 과실행위자와 최종적인 사망 사이 : 업무상 과실치사죄(대법원 1990.5.22, 90도580) ≒ 선행차량에 이어 피고인 운전 차량이 피해자를 연속하여 <u>역과</u>하는 과정에서 피해자가 사망한 경우(대법원 2001.12.11, 2001도5005) [국가7급 16]

7. 헹가래를 쳐서 장난삼아 바다에 빠뜨리려고 하다가 그가 발버둥치자 동인의 발을 붙잡고 있던 피해자가 바다 에 빠져 사망한 경우(대법원 1990.11.13, 90도2106)

8. 병명을 가르쳐주지 않은 의사의 과실과 연탄가스 중독사 : 업무상 과실치사죄(대법원 1991.2.12, 90도2547)

9. 감금에 연이은 가혹행위를 피하기 위한 추락사 : 중감금치사죄(대법원 1991.10.25, 91도2085)

10. <u>자상피해자의 음식물(김밥, 콜라) 섭취</u>에 의한 합병증 : 살인기수죄(대법원 1994.3.22, 93도3612) [국가7급 13]

    [보충] 살인의 실행행위가 피해자의 사망이라는 결과를 발생하게 한 유일한 원인이거나 직접적인 원인이어야만 되 는 것은 아니므로 살인의 실행행위와 피해자의 사망과의 사이에 다른 사실이 개재되어 그 사실이 치사의 직접적인 원인이 되었다고 하더라도 그와 같은 사실이 **통상 예견할 수 있는 것에 지나지 않는다면** 살인의 실행행위와 피해자의 사망과의 사이에 인과관계가 있다(대법원 1994.3.22, 93도3612). [2023 경찰승진]

11. 강간의 과정에서 대실시간 연장을 위해 전화 중 추락사 : 강간치사죄(대법원 1995.5.12, 95도425) [법원9급 15, 법원승진 13]

12. 야간에 2차선의 굽은 도로 상에 미등과 차폭등을 켜지 않은 채 화물차를 주차시켜 놓음으로써 오토바이가 추돌하여 그 운전자가 사망한 경우 : 업무상 과실치사죄(대법원 1996.12.20, 96도2030)

13. 폭행 또는 협박으로 타인의 재물을 강취하려는 행위와 이에 극도의 흥분을 느끼고 공포심에 사로잡혀 이를 피하려다 상해에 이르게 된 경우 : 강도치상죄(대법원 1996.7.12, 96도1142) [경찰승진 15]

14. <u>가스설비의 휴즈 콕크의 제거</u>와 가스폭발사고 사이 : 과실폭발성물건파열죄(대법원 2001.6.1, 99도5086) [국가9급 12, 경찰채용 15 2차]

15. 4일 가량 물조차 제대로 마시지 못하고 잠도 자지 아니하여 거의 탈진 상태에 이른 피해자의 <u>손과 발을 17시 간 이상 묶어 두고</u> 좁은 차량 속에서 움직이지 못하게 <u>감금</u>한 행위와 묶인 부위의 혈액 순환에 장애가 발생하 여 혈전이 형성되고 그 혈전이 폐동맥을 막아 사망에 이르게 된 결과 사이 : 감금치사죄(대법원 2002.10.11, 2002도4315) [경찰간부 18]

16. 甲이 자동차를 운전하다 횡단보도를 걷던 보행자 A를 들이받아 그 충격으로 횡단보도 밖에서 A와 동행하던 B가 밀려 넘어져 상해를 입은 경우 : B에 대하여 업무상과실치상죄(대법원 2011.4.28, 2009도12671) [경찰 간부 21]

상당인과관계 부정

1. <u>진화작업</u>으로 인한 상해 : 방화치상죄 ×, 방화죄 ○(대법원 1966.6.28, 66도1)

2. 발견 당시 이미 응급치료가 불가능했던 경우 : 유기치사죄 ×, 유기죄 ○(대법원 1967.10.31, 67도1151)

3. 삼륜차의 한쪽 뒷바퀴를 구둣발로 찬 행위와 그 삼륜차의 후진으로 인한 사고발생 : 중과실치상죄 ×, 무죄 (대법원 1970.9.22, 70도1526)

4. 운전사가 시동을 끄고 열쇠는 꽂아둔 채 하차한 동안 조수가 운전하여 사고발생 : 업무상 과실치사상죄 ×, 무죄 (대법원 1971.9.28, 71도1082) [법원9급 13] ↔ <u>11세 남짓한 어린이</u>를 남겨두고 내려온 동안 사고가 발생 한 경우 인과관계 인정(대법원 1986.7.8, 86도1048)

5. 화약류취급책임자면허가 없는 자에게 **화약고 열쇠를 맡긴** 사례 : 무죄(대법원 1981.9.8, 81도53)
6. 고혈압증세, 급성뇌출혈에 이르기 쉬운 체질의 피해자의 **왼쪽 어깻죽지를 잡고 약 7m 정도 걸어가다가 피해자를 놓아주는 등 폭행** : 폭행치상 ×, 폭행죄 ○(대법원 1982.1.12, 81도1811)
7. 선행차량이 급정차하자 **안전거리 미준수 후행차량** 택시가 이미 정차하였음에도 뒤쫓아오던 택시가 충돌하는 바람에 앞의 차를 추돌한 경우 : 형법상 무죄(대법원 1983.8.23, 82도3222)
8. 초지조성공사를 도급받은 수급인이 불경운작업(산불작업)을 **하도급**을 준 이후에 계속하여 그 작업을 감독하지 아니하여 발생한 산림실화 : 무죄(대법원 1987.4.28, 87도297) [국가7급 16, 경찰채용 15 2차]
9. **삿대질**을 피하려 뒷걸음치다 넘어져 사망한 경우 : 폭행치사죄 ×, 폭행죄 ○(대법원 1990.9.25, 90도1596) ≒ 시비하다 떠밀려 엉덩방아로 주저앉아 심장마비로 사망 : 폭행치사죄 ×, 폭행죄 ○(대법원 1985.4.3, 85도303)
10. 甲은 **선단 책임선의 선장**으로서 종선의 선장에게 조업상의 지시만 할 수 있을 뿐 **선박의 안전관리는 각 선박의 선장이 책임**지도록 되어있었던 경우, 甲이 풍랑 중에 종선에 조업지시를 한 것과 종선의 풍랑으로 인한 매몰사고 : 업무상과실선박매몰죄 ×(대법원 1989.9.12, 89도1084) [경찰간부 18]
11. 혈청에 의한 간기능검사를 하지 않은 **할로테인 마취** 사례 : 무죄(대법원 1990.12.11, 90도694)
12. ⊦ 자형 삼거리에서 **과속운전**하다가 **상대방의 중앙선침범**에 의한 사고 : 형법상 무죄(대법원 1993.1.15, 92도2579)
13. **화장실에 간 사이** 탈출시도로 인한 상해 발생 : 강간치상죄 ×, 강간미수죄 ○(대법원 1993.4.27, 92도3229)
14. 치과의사인 피고인이 **농배양을 하지 않은 과실**이 피해자를 사망에 이르게 한 경우(대법원 1996.11.8, 95도2710)
15. 차용인의 기망과 **체계적인 신용조사를 하는 금융기관**의 대출 : 사기죄 ×(대법원 2000.6.27, 2000도1155)
16. **선행 교통사고와 후행 교통사고 중 인과관계가 판명되지 않은 경우**(대법원 2007.10.26, 2005도8822)
17. **한의사 봉침시술** : 무죄(대법원 2011.4.14, 2010도10104) [법원9급 22]
18. 지하철 공사구간 현장안전업무 담당자인 피고인이 공사현장에 인접한 기존의 횡단보도 표시선 안쪽으로 **돌출된 강철빔 주위에 라바콘 3개를 설치하고 신호수 1명을 배치**하였는데, 피해자가 위 횡단보도를 건너면서 강철빔에 부딪혀 상해를 입은 경우(대법원 2014.4.10, 2012도11361)
19. 강간피해자의 **음독자살** : 강간치사 ×, 강간죄 ○(대법원 1982.9.14, 82도144) [법원9급 13, 법원승진 13]

▮ III 객관적 귀속이론

의 의	구성요건적 결과는 행위자의 행위의 탓으로 볼 수 있어야 기수가 된다는 이론 (합법칙적) 조건설에 의할 때 인과관계는 자연적·사실적 판단이고, 객관적 귀속이론은 **법적·규범적 판단**
위험의 창출	**객관적 지배가능성** (회피가능성)의 원칙	행위자가 객관적으로 지배 가능한 위험 or 회피 가능한 위험을 창출해냈을 때 객관적 귀속 인정 예 고용주가 피고용인을 뇌우 시에 밖에서 일하게 하여 피고용인이 고용인의 바람대로 낙뢰로 사망한 경우 : 무죄
	위험감소의 원칙	**위험의 정도를 감소시킨 경우 객관적 귀속 부정** 예 타인의 머리 위에 치명적인 타격이 가해지는 급박한 순간 그를 밀쳐서 치명상은 면하게 했으나 어깨에 부상을 입게 한 경우 : (상해죄의 구성요건에 해당되지 않아) 무죄
	위험증대설	행위자의 행태가 합법적이더라도 그 행태가 위험의 증대를 야기한 경우에는 객관적으로 귀속된다는 견해(Roxin)

위험의 실현	위험의 상당한 실현의 원칙	창출한 위험을 상당하게 결과로 실현해내어야 객관적 귀속 인정 피해자의 특이체질로 인하여 결과가 발생한 경우 : 인정 폭행의 정도가 경미하여 객관적으로 사망의 결과를 예견할 수 없는 때 : 부정
	규범의 보호목적관련성	위험실현의 결과가 침해된 당해 규범의 보호목적범위 내에 해당하여야 함 피해자의 독자적 자손행위에 의한 결과 : 부정
	주의의무위반관련성 (합법적 대체행위)	**과실범에 있어서 주의의무위반이 없더라도(합법적 대체행위) 동일한 결과가 발생할 수 있었다면 객관적 귀속 부정**

Ⅳ 형법 §17의 해석

어떤 행위라도 죄의 요소되는 위험발생에 연결되지 아니한 때에는	객관적 귀속이 부정된다면
어떤 행위라도…… 그 결과로 인하여	합법칙적 조건설에 의한 인과관계가 인정된다고 하여도 (상당인과관계설에 의하면 이상의 법문은 '행위와 결과 사이에 상당인과관계가 인정되지 않는 경우에는'으로 해석)
벌하지 아니한다	(결과범의) 구성요건해당성 조각 <u>고의범은 미수, 과실범은 무죄, 결과적 가중범은 고의의 기본범죄</u>

04 고 의

✅ **조문정리**

제13조【고의】죄의 성립요소인 사실을 인식하지 못한 행위는 벌하지 아니한다. 다만, 법률에 특별한 규정이 있는 경우에는 예외로 한다.
[전문개정 2020.12.8.]

의 의		구성요건적 고의 : 객관적 구성요건요소에 관한 인식(구성요건실현에 관한 인식)과 구성요건실현을 위한 의사(의욕) §13 : 고의가 인정되지 않는 경우 원칙적으로 처벌되지 않으며(본문), 과실범 처벌규정이 있고 과실범이 성립하는 경우 예외적으로 과실범으로 처벌됨(단서)
본 질	인식설	객관적 사실에 대한 심리적 인식만 있으면 성립하고, 구성요건적 결과발생을 희망·의욕할 필요가 없다는 견해 → 고의의 지적 요소 강조 *cf.* 비판 : <u>인식 있는 과실이 고의에 포함 → 고의의 범위가 부당하게 확대</u>

본 질	의사설	구성요건적 결과발생을 희망·의욕하는 의지적 요소가 있어야 한다는 견해 → 고의의 의지적 요소 강조 *cf.* 비판 : 미필적 고의를 고의의 범위에서 제외 → 고의의 범위가 부당하게 축소
	절충설	결과발생에 대한 인용·무관심·감수(묵인)가 있을 때 고의를 인정하는 견해(인용설·감수설)(通說·判例) [국가9급 11]
대 상	객관적 구성요건요소	
종 류	확정적 고의	구성요건적 결과에 대한 인식 내지 의사가 확정적인 경우 예 목적(의도적 고의)과 직접고의(지정고의)
	불확정적 고의	구성요건적 결과에 대한 인식이 불확정적이나 고의가 인정되는 경우 예 미필적 고의, 택일적 고의, 개괄적 고의
	미필적 고의	① 의의 : 결과의 발생을 확신하지는 않았지만 이를 인용한 경우의 고의 ② 인식 있는 과실과의 구별 : 미필적 고의와 인식 있는 과실은 인식적 측면에서는 일치, but 의욕적 측면에 있어서 인용한 경우는 미필적 고의이고 인용하지 않은 경우는 인식 있는 과실 ③ 인용설 ㉠ 결과발생의 가능성을 인식하고 동시에 이러한 결과발생을 내심으로 용인(인용) 혹은 승낙하였다면 (미필적) 고의를 인정한다는 견해(인용을 감수로 이해하면 감수설) ㉡ 비판 : 용인(容認)이라는 정서적·감정적 요소를 고려하는 것은 구성요건적 고의를 책임요소와 혼동하는 것
	택일적 고의	다수의 행위객체에 대하여 고의를 가지는 경우 → 고의 인정 예 甲이 총알 1발이 들어 있는 권총을 가지고 있는데 눈앞에 2명의 원수 X와 Y가 나타난 경우 누구든지 맞아도 좋다는 생각으로 총을 쏘았는데 Y가 맞아 사망한 경우 → X에 대한 살인미수와 Y에 대한 살인기수의 상상적 경합
	개괄적 고의	① 행위자가 첫 번째의 행위에 의하여 이미 결과가 발생했다고 믿었으나, 실제로는 연속된 두 번째의 행위에 의해 결과가 야기된 경우 ② 해결 : 중요하지 않은 인과과정상의 차이는 최초의 고의에 포함된다고 보아 '개괄적' 고의로 봄(判例)(인과관계의 착오에서 후술)
	사전고의 사후고의	사전고의 : 행위자가 행위 이전에 실현의사를 가지고 있었으나 행위 시에는 인식하지 못한 경우 예 甲이 乙을 살해하기 위해 총을 구입하여 손질하다가 오발사고로 乙이 사망한 경우 : 살인예비죄와 과실치사죄
		사후고의 : 결과가 발생한 이후에 행위자가 비로소 사실에 대한 인식을 갖게 된 경우 예 실수로 항아리를 깼는데, 욕을 듣자 잘 깼다고 생각한 경우

고의의 대상인 것	고의의 대상이 아닌 것
• 행위의 주체(신분범의 신분, 수뢰죄의 공무원) • 행위의 객체(살인죄의 사람, 절도죄의 타인의 재물) • 행위 • 결과범에 있어서의 결과(살인죄의 사망, 상해죄의 상해) • 인과관계 : 인과과정의 세부적 과정 인식 不要 • 행위의 방법(사기죄의 기망, 공갈죄의 공갈) • 행위의 상황(야간주거침입절도죄의 야간, 해상강도죄의 해상, 집합명령위반죄에서 다중의 집합) • 구체적 위험범에 있어서 위험의 발생 • 구성요건요소(존속살해죄의 존속, 촉탁·승낙살인죄의 촉탁·승낙)	• 주관적 구성요건요소(고의, 목적범의 목적) • 책임의 요소(책임능력, 기대가능성) • 처벌조건 – 객관적 처벌조건(사전수뢰죄의 공무원·중재인이 된 사실) – 인적 처벌조각사유(친족상도례의 친족) • 소추조건(친고죄의 고소, 반의사불벌죄의 피해자의 처벌을 원하지 않는 의사) • 결과적 가중범의 중한 결과(단, 부진정결과적 가중범 : 과실 or 고의 ○) • 추상적 위험범에 있어서 위험 • 상습도박죄의 상습성(책임구성요건요소) • 위법성의 인식(책임의 요소, 책임설 : 通說)

 한줄판례 Summary

고의 인정

1. 피해자의 얼굴에 모포를 씌워 감금하는 등의 행위로 피해자가 이미 탈진 상태에 이르러 박카스를 마시지 못하고 그냥 흘려버렸고 피해자를 그대로 두면 죽을 것 같다는 생각이 들었음에도 피해자의 얼굴에 모포를 덮어씌워 놓고 그대로 방치한 경우(대법원 1982.11.23, 82도2024)

2. 피고인이 이미 도산이 불가피한 상황으로 대금지급이 불가능하게 될 가능성을 충분히 인식하면서도 이러한 사정을 숨기고 피해자로부터 생산자재용 물품을 납품받은 경우(사기죄에 대한 미필적 고의)(대법원 1983. 5.10, 83도340) [국가9급 20]

3. 경찰관이 **차량 약 30cm 전방**에 서서 교통차단의 이유를 설명하고 있는데 운전자가 신경질적으로 갑자기 좌회전하여 우측 앞 범퍼 부분으로 해당 경찰관의 무릎을 들이받은 경우(대법원 1995.1.24, 94도1949) [국가9급 23, 경찰승진 15]

4. 건장한 체격의 군인이 왜소한 체격인 피해자의 목을 15초 내지 20초 동안 세게 졸라 설골이 부러질 정도로 폭력을 행사하고, 피해자가 실신하자 피해자에게 인공호흡을 실시한 경우에는 살인의 미필적 고의 인정 (대법원 2001.3.9, 2000도5590) [경찰승진 15]

5. **이미 적성검사 미필로 면허가 취소된 전력**이 있는데도 **면허증에 기재된 유효기간이 5년 이상 지나도록 적성검사를 받지 아니한 채** 자동차를 운전한 경우(적성검사 미필로 인한 운전면허 취소사실이 통지되지 아니하고 공고되었더라도 **무면허운전죄** 성립) (대법원 2002.10.22, 2002도4203) [경찰승진 12]

6. 피고인이 피해자의 머리나 가슴 등 치명적인 부위가 아닌 **허벅지와 종아리 부위 등을 20여 회 힘껏 찔러** 피해자가 과다실혈로 사망한 경우(대법원 2002.10.25, 2002도4089) [국가9급 20]

7. 쇼핑몰 상가 분양사업을 계획하면서 사채와 분양대금만으로 사업부지 매입 및 공사대금을 충당할 수 있다는 막연한 구상 외에 체계적인 사업계획 없이 무리하게 쇼핑몰 상가 분양을 강행한 경우(대법원 2005.4.29, 2005도741)

8. 청소년고용금지업소의 업주가 주민등록증 확인 없이 청소년을 고용한 경우(대법원 2006.3.23, 2006도477)

9. 이미 과다한 부채의 누적 등으로 신용카드 사용으로 인한 대출금채무를 변제할 의사나 능력이 없는 상황에 처하였음에도 불구하고 신용카드를 사용(사기죄 고의 인정)(대법원 2006.3.24, 2006도282) [법원행시 14]

10. 마약류 수사에 협조하는 과정이지만, 그 과정에서 수사기관에 매매에 관한 구체적인 보고를 하지 아니한 채 마약류 매매 행위를 한 경우(대법원 2006.4.28, 2006도941)

11. 신고자가 **진실하다는 확신 없는 사실을 신고**하였고, 고소를 한 목적이 시비를 가려달라는 데에 있는 경우(대법원 2007.4.26, 2007도1423) [법원행시 14]

12. **퇴직금을 월급 등에 포함하여 지급하는 약정**을 이유로 퇴직금지급을 거절한 경우(대법원 2007.8.23, 2007도4171)

13. 청소년출입금지업소에서 연령확인조치를 취하지 아니한 경우(대법원 2007.11.16, 2007도7770; 2004.4.23, 2003도8039) [법원9급 07, 법원승진 15]

14. 피고인이 적성검사기간 도래 여부에 관한 확인을 게을리 하여 기간이 도래하였음을 알지 못한 경우 **적성검사기간 내에 적성검사를 받지 않는** 데 대한 미필적 고의 인정(대법원 2014.4.10, 2012도8374).

고의 부정

1. 어로저지선을 넘어 어로작업을 하면 납북될 염려와 납북되면 그들의 활동을 찬양할 것을 예견하였다 하더라도 '납북되어도 좋다.'고 하는 생각에서 들어간 것이 아닌 경우(대법원 1969.12.9, 69도1761)

2. 어부인 피고인들이 어로저지선을 넘어 어업을 하였다고 하더라도 북괴경비정이 출현하는 경우 납치되어 가더라도 좋다고 생각하면서 어로저지선을 넘어서 어로작업을 한 것이 아니라면 북괴집단의 구성원들과 회합이 있을 것이라는 미필적 고의 부정(대법원 1975.1.28, 73도2207) [경찰승진 12]

3. 새로 목사로 부임한 자가 전임목사에 관한 교회 내의 **불미스러운 소문의 진위를 확인**하기 위하여 이를 교회 집사들에게 물어본 경우(대법원 1985.5.28, 85도588) [경찰승진 15]

4. 사촌처남으로부터 미국 휴스턴 지역의 조선회사 등에 취업할 희망자를 소개하여 달라는 부탁을 받고, 피해자들에게 해외취업을 하도록 권유하여 미국에 입국할 의도 아래 도미니카국에 이르렀는데, 인솔자들의 잠적으로 약 50일 정도 도미니카국에 불법체류하다가 귀국하게 된 경우(대법원 1985.6.25, 85도660)

5. 공무원이 여러 차례의 출장반복의 번거로움을 회피하고 민원사무를 신속히 처리한다는 방침에 따라 사전에 출장조사한 다음 **출장조사내용이 변동없다는 확신**하에 출장복명서를 작성하고 다만 그 출장일자를 작성일자로 기재한 경우(대법원 2001.1.5, 99도4101).

6. 대구지하철 화재 사고 현장을 수습하기 위한 청소 작업이 한참 진행되고 있는 시간 중에 실종자 유족들로부터 이의제기가 있었음에도 **즉각 청소작업을 중단하도록 지시하지 않고** 수사기관과 협의하거나 확인하지 않은 경우(대법원 2004.5.14, 2004도74) [국가9급 23]

7. 도로교통법위반(무면허운전)죄는 유효한 운전면허가 없음을 알면서도 자동차를 운전하는 경우에만 성립하는 죄로서, 운전면허가 취소된 상태에서 자동차를 운전하였더라도 **운전자가 면허취소사실을 인식하지 못한 경우**(대법원 2004.12.10, 2004도6480)

8. 관할 경찰당국이 **운전면허취소통지에 갈음하여 적법한 공고를 거친 경우**에도 무면허운전죄 부정(대법원 2004.12.10, 2004도6480) [법원행시 14]

9. 운전면허증 앞면에 적성검사기간이 기재되어 있고, 뒷면 하단에 경고 문구가 있다는 점만으로 피고인이 **정기적성검사 미필로 면허가 취소된 사실**을 미필적으로나마 인식하였다고 추단하기 어렵다(대법원 2004.12.10, 2004도6480) [법원행시 14]

10. 전당포영업자가 **보석들을 전당잡으면서 인도받을 당시 장물인 정을 몰랐다가** 그 후 장물일지도 모른다고 의심하면서 소유권포기각서를 받은 경우(대법원 2006.10.13, 2004도6084) [경찰승진 12]

11. 바다이야기 사업자가 세무사의 상담으로 다른 게임장처럼 부가가치세 신고·납부한 경우(대법원 2008.4.10, 2007도9689)

12. 심야시간에 찜질방에 청소년이 보호자와 동행한 것으로 오인하고 출입시킨 경우(대법원 2009.3.26, 2008도12065)

13. 공중위생관리법 시행규칙 제7조의 '청소년이 동행하여 심야시간대의 찜질방에 출입할 수 있는 보호자'로 오인한 경우(대법원 2009.3.26, 2008도12065)

14. 피고인이 **만 12세의 피해자를 강간할** 당시 피해자가 자신을 **중학교 1학년이라 14세라고 하였고, 피해자는 키와 체중이 동급생보다 큰 편이었으며, 이들이 모텔에 들어갈 때 특별한 제지도 받지 아니한** 경우(대법원 2012.8.30, 2012도7377) [국가9급 20]

제13조【고의】죄의 성립요소인 사실을 인식하지 못한 행위는 벌하지 아니한다. 다만, 법률에 특별한 규정이 있는 경우에는 예외로 한다.
[전문개정 2020.12.8.]

제15조【사실의 착오】① 특별히 무거운 죄가 되는 사실을 인식하지 못한 행위는 무거운 죄로 벌하지 아니한다.
[전문개정 2020.12.8.]

Ⅰ 서 설

의 의	개 념	주관적으로 인식·인용한 범죄사실과 현실적으로 발생한 객관적인 범죄사실이 일치하지 아니하는 경우(관념과 사실의 불일치)
	금지착오와의 구별 [법원승진 14]	① 구성요건적 착오 : 구성요건의 객관적 표지에 대한 착오로 고의 조각(과실) ② 금지착오 : 위법성에 대한 착오로서 그 오인에 정당한 이유가 있으면 책임 조각
효 과	기본적 구성요건의 착오	멧돼지로 알고 총을 쏘았는데 사람이 맞아 죽은 경우 : 고의조각(§13) but 과실범의 처벌규정이 있는 경우 과실범으로 처벌 평원닭집 고양이를 가져올 수 있다고 믿은 경우 : 절도 ×(대법원 1983.9.13, 83도1762)
	가중적 구성요건의 착오	형을 가중하는 사유를 인식하지 못한 경우 → 기본적 구성요건으로 처벌됨(§15①) 예 직계존속임을 인식하지 못하고 살인을 한 경우 §15①에 의하여 보통살인죄(대법원 1960.10.31, 4293형상494)
	감경적 구성요건의 착오	행위자가 형을 감경하는 사유가 있는 것으로 오인한 경우 → 감경적 구성요건으로 처벌(§15①) 예 촉탁살인 고의로 보통살인죄를 범한 때 → 촉탁살인죄

Ⅱ 구성요건적 착오의 종류

구체적 사실의 착오	의 의	인식·인용한 사실과 발생한 사실의 내용이 구체적으로는 일치하지 아니하지만 양 사실이 동일한 구성요건에 해당하는 경우
	종 류	① 객체의 착오 : 객체의 동일성을 혼동한 경우 예 甲이라고 생각하고 사살하였던바, 실은 乙이었던 경우 ② 방법(타격)의 착오 : 행위의 수단·방법이 잘못되어 의도한 객체 이외의 객체에 대하여 결과가 발생한 경우 예 甲을 향하여 총을 발사하였던 바, 옆에 있던 乙에게 명중한 경우

추상적 사실의 착오	의 의	인식·인용한 사실과 발생한 사실의 내용이 상이한 구성요건에 해당하는 경우
	종 류	① 객체의 착오 　예 甲의 개라고 오신하고 甲에게 투석하여 甲이 부상을 입은 경우 ② 방법의 착오 　예 甲의 개를 향하여 발사하였던바, 옆에 있던 甲에게 명중한 경우

■ Ⅲ　구성요건적 착오와 고의의 성부

구체적 부합설	내 용	① 행위자가 인식한 사실과 현실적으로 발생한 사실이 구체적으로 부합하는 경우 에만 발생사실에 대해 고의·기수범이 성립한다는 견해(多) ② 비판 : <u>고의의 인정범위 협소</u>
법정적 부합설	내 용	① 행위자가 인식한 범죄와 현실적으로 발생한 범죄가 구성요건적으로 부합하거 나 죄질이 부합하면 발생사실에 대한 고의·기수범이 성립한다는 견해 ② 타인 점유의 재물을 점유이탈물로 오인하고 가져온 행위 등에 대해서는 구성요 건부합설(무죄)과 죄질부합설(점유이탈물횡령죄)의 대립이 있음 ③ 判例 : "소위 타격의 착오가 있는 경우라 할지라도 행위자의 살인의 범의 성립 에 방해가 되지 아니한다(대법원 1984.1.24, 83도2813)." "상해의 고의로 식칼을 휘두른 이상 피해를 입은 사람이 목적한 사람이 아닌 다른 사람이라 하여 과실상 해죄에 해당한다고 할 수 없다(대법원 1987.10.26, 87도1745)." [경찰채용 14] ④ 비판 : <u>고의의 본질(법리)에 반함</u>
추상적 부합설	내 용	① 행위자의 범죄의사에 기하여 범죄가 발생한 이상 인식사실과 발생사실이 추상 적으로 일치하는 범위 내에서 고의·기수범을 인정한다는 견해 ② 중한 의사가 있으면 경한 의사도 인정되고, 중한 사실이 발생하면 경한 사실도 인정 ③ 비판 : <u>구성요건적 정형성에 반함</u>

💡 퍼써 정리 | 병발사례의 해결

A가 사망하고 그 총알이 그대로 관통하여 옆에 있던 B도 사망한 경우	구체적 부합설과 법정적 부합설 모두 살인죄와 과실치사죄의 상상적 경합
A는 사망하고 그 총알이 그대로 관통하여 옆에 있던 B는 상해를 입은 경우	구체적 부합설과 법정적 부합설 모두 살인죄와 과실치상죄의 상상적 경합
A에게 상해를 입히고 그 총알이 그대로 관통하여 옆에 있던 B를 사망케 한 경우	① 구체적 부합설에 의하면 A에 대한 살인미수와 B에 대한 과 실치사의 상상적 경합 ② 법정적 부합설 　㉠ A에 대한 살인미수와 B에 대한 살인기수의 상상적 경 　　합이 된다는 견해 　㉡ A에 대한 살인미수와 B에 대한 과실치사의 상상적 경 　　합이 된다는 견해 　㉢ A에 대한 살인미수는 B에 대한 살인기수죄에 흡수되어 　　B에 대한 살인기수죄만 성립한다는 견해(법정적 부합 　　설 내에서는 다수견해)

학설 \ 유형	구체적 사실의 착오		추상적 사실의 착오	
	객체의 착오	방법의 착오	객체의 착오	방법의 착오
구체적 부합설	발생사실에 대한 고의기수		인식사실의 미수 + 발생사실의 과실(상상적 경합)	
법정적 부합설(판례)				
추상적 부합설			① 경죄 고의 – 중한 결과 발생 → 경죄 기수 + 과실(결과)(상·경) ② 중죄 고의 – 경한 결과 발생 → 중죄 미수 + 경죄 기수(상·경) : 중죄미수 로 흡수	

Ⅳ 인과관계의 착오

개 념	결과에 이르는 인과과정이 행위자가 인식했던 인과과정과 다른 경우로서 이 중 개괄적 고의 사례가 주로 논의됨

개괄적 고의	① 행위자가 이미 첫 번째 행위에 의하여 범행의 결과가 발생한다고 믿었으나 두 번째 행위에 의하여 비로소 결과가 발생된 경우
	 ② 학설·판례
	    ㉠ 개괄적 고의설 : **하나의 단일한 고의가 실현된 경우**이므로 개괄적 고의 인정(判)
	    ㉡ 미수설 : 미수와 과실의 경합범으로 보는 입장
	    ㉢ 인과관계착오설 : **개괄적 고의의 개념을 인정한다면 고의가 부당하게 확대될 우려가** 있으므로, 이는 인과관계의 착오로 파악하고 인과관계의 착오가 비본질적인 경우이면 발생된 인과관계에 대하여 고의가 인정된다는 입장(多)

🔗 한줄판례 Summary

개괄적 고의 내지 인과관계의 착오

1	<u>살해의도 구타행위</u>에 이은 죄적인멸을 위한 매장으로 인한 사망 : **개괄적 고의에 의한 살인기수**(대법원 1988.6.28, 88도650)
2	피고인의 <u>구타행위로 상해</u>를 입은 피해자가 정신을 잃고 빈사상태에 빠지자 사망한 것으로 오인하고, 자신의 행위를 은폐하고 피해자가 자살한 것처럼 가장하기 위하여 피해자를 베란다 밑 약 13m 아래의 바닥으로 떨어뜨려 사망케 한 경우 : **상해치사**(대법원 1994.11.4, 94도2361) [경찰채용 14]

CHAPTER 03 위법성론

01 위법성의 일반이론

I 위법성의 의의 · 본질 · 평가방법

의 의	① 전체적 법질서에 위반하는 것 ② 불법과의 비교 : 불법이란 구성요건에 해당되는 구체적인 행위가 위법성이 조각되지 아니하는 것을 말함 ∴ 위법성은 추상적인 개념인데 비해 불법은 양적 · 질적 판단이 가능한 구체적 개념
본 질	**형식적 위법성론** 실정법상 형식적인 위법성조각사유에 해당되지 않으면 위법하다는 입장
	실질적 위법성론 우리 사회의 실질적 가치에 위반하면 위법하다는 입장(원칙)
평가방법	**객관적 위법성론** 법규범을 평가규범으로 보고, 법익침해 또는 위험이 있다고 평가되면 위법이라는 입장(通說) ∴ **책임무능력자의 행위도 위법하므로 이에 대하여 정당방위 可**
	주관적 위법성론 법규범을 의사결정규범으로 보고, 수범자의 의무위반이 있다고 평가되면 위법이라는 입장 ∴ **책임무능력자의 행위는 위법하지 않으므로 이에 대해 정당방위 不可**

II 주관적 정당화요소

의 의	• 구성요건에 해당되는 행위가 위법성이 조각되려면 객관적 정당화상황이 있는 것만으로는 부족하고 행위자는 위법성조각상황을 인식하고 방위하겠다는 등의 의사를 가져야 할 때의 '의사' • 주관적 정당화요소 필요설이 통설 · 판례의 입장 • 인식과 의사가 필요하다는 것이 다수설
결한 경우의 효과	• **우연적 방위, 우연적 피난**, 우연적 자구행위 등 객관적 정당화상황은 존재하나 주관적 정당화요소가 결여된 경우 어떻게 처리해야 하는가의 문제 • 주관적 정당화요소 필요설에 의하면 위법성이 조각될 수 없음(불능미수범설, 기수범설) • 주관적 정당화요소 불요설에 의하면 위법성이 조각됨

결한 경우의 효과	주관적 정당화 요소 필요설	불능미수범설	주관적 정당화요소가 없으므로 행위반가치는 있으나 객관적 정당화상황은 존재하므로 결과반가치가 없음 • 불능미수로 유추적용하여 처벌되어야 한다는 견해(多數說)
		기수범설	구성요건적 결과까지도 발생했으므로 결과반가치를 부정할 수 없음 • 기수범이 성립한다는 견해 [비판] 객관적 정당화상황의 존재 무시
		기수범설	순수한 행위반가치론에 의해 행위반가치만 있으면 불법 충족 • 주관적 정당화요소가 없으므로 행위반가치가 있어서 기수범 성립 [비판] 객관적 정당화상황의 존재 무시
	주관적 정당화요소 불요설		순수한 결과반가치론에 의한 위법성조각설(무죄설) • 결과반가치만 있으면 불법이 충족된다고 이해하므로 결과불법만 조각되어도 불법 부정 • 행위자가 객관적 정당화상황을 인식하지 못하고 행위한 경우에도 위법성 조각 [비판] 주관적 정당화요소의 부존재 무시

02 정당방위

⊘ 조문정리

제21조 【정당방위】 ① 현재의 부당한 침해로부터 자기 또는 타인의 법익(法益)을 방위하기 위하여 한 행위는 상당한 이유가 있는 경우에는 벌하지 아니한다.
[전문개정 2020.12.8.]

I 의 의

의 의	• 부당한 침해를 방어하기 위한 행위 • 이론적 근거는 자기보호의 원리와 법수호의 원리

객관적
정당화
상황
-
자기
또는
타인의
법익에
대한
현재의
부당한
침해
	① 자기 또는 타인의 법익 [법원승진 14] : **원칙적으로 개인적 법익**
	② 현재의 부당한 침해
	 ㉠ 사람의 침해
	  ⓐ 행위 : 무의식적 행위, 자연현상·동물에 의한 침해는 제외(긴급피난은 可)
	  ⓑ 동물을 이용한 사람의 침해 : 정당방위 可 ∴ **사육주의 고의·과실에 기한 동물의 공격에 대한 정당방위 可**
	  ⓒ 종류 : **고의·과실, 작위·부작위에 의한 침해 불문**
	 ㉡ 침해의 현재성 : 정당방위의 시간적 한계
	  ⓐ 의의 : 법익에 대한 침해가 급박한 상태 내지 발생 직후 또는 아직 계속되고 있는 것 → **침해행위가 형식적으로 기수에 이르렀는지에 따라 결정되는 것이 아니라 법익에 대한 침해상황이 종료되기 전까지를 의미**
	  ⓑ 과거의 침해 : 정당방위 不可 but 자구행위 可
	  ⓒ 장래의 침해
	   - **원칙 : 예방적 정당방위 불가**
	   - 예외 : 방어를 지체함으로써 방어가 어려워지는 때는 침해의 현재성 인정(**의붓아버지 살해 사건**), 폭처법에 규정된 죄를 범한 사람이 흉기로 사람에게 위해를 가하려 할 때 이를 **예방하기 위하여 한 행위**는 벌하지 아니함(폭처법 §8①) [국가9급 22]
	  ⓓ 침해행위의 기수 이후
	   - 계속범의 경우에는 침해가 아직 계속 중인 한 현재성 인정
	   - 절취물을 가지고 목전에서 도망 중인 자에 대해서도 인정
	  ⓔ **자동보안장치 : 침해와 동시에 작동되므로 현재성 인정**
	 ㉢ 침해의 부당 : 위법 [법원9급 08, 법원승진 14]
	  ⓐ **부정 대 정**
	  ⓑ 적법한 침해에 대해서는 정당방위 不可 [경찰채용 12] : **정당방위·긴급피난 대 정당방위 ×**
	  ⓒ 싸움의 경우 : 원칙적 정당방위 不可, 예외적 가능(후술)
	  ⓓ 유책성은 不要 : **명정자, 정신병자, 유아의 침해에 대해서도 정당방위 可**

주관적 정당화 요소	① **방위의사** : 2원적·인적 불법론에 의해 **필요**(通·判) ∴ 우연적 방위 : 불능미수 또는 기수 ② 방위행위 : **수비적 방어(보호방위)**뿐 아니라 **반격방어(공격방위)** 포함 [법원승진 14] ③ 방위행위의 대상 : **침해자를 상대방**으로 한 방위행위만이 정당방위(긴급피난은 제3자 상대 원칙)
상당한 이유	<table><tr><td>필요성</td><td>① 필요성 : 방위행위는 결과발생을 방지하기 위하여 필요한 정도일 것 ② 적합성 : 방위행위는 침해를 방어하기에 적합하여야 함(상대적 최소침해 원칙) ③ **보충성과 균형성은 不要** : 긴급피난과 달리 정당방위는 최후의 수단일 필요가 없고(보충성 不要) 방위하고자 하는 법익이 더 우월할 필요도 없음(균형성 不要)</td></tr><tr><td>사회 윤리적 제한</td><td>① 의의 : 정당방위의 필요성이 인정된다 하더라도 사회윤리적 측면(법질서 전체의 입장)에서 보아 용인되지 않는 경우에는 정당방위의 범위가 제한 내지 금지되어야 한다는 것 ② 유형(후술)</td></tr></table>

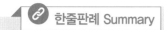

자기 또는 타인의 법익을 방위하기 위한 행위일 것

1. 경작 중인 보리밭에 토지매수자가 소를 가지고 쟁기질을 하여 **보리**를 갈아엎게 하는 것(개인적 법익–재산에 대한 침해)을 방해한 행위는 정당방위이다(대법원 1977.5.24, 76도3460). [경찰채용 12]
2. '혁노맹'사건 : **국군보안사령부의 민간인에 대한 정치사찰을 폭로한다**는 명목(국가적 법익)으로 **군무를 이탈**한 행위는 정당방위나 정당행위에 해당하지 아니한다(대법원 1993.6.8, 93도766). [경찰채용 23 1차]

현재의 부당한 침해가 있을 것

1. 타인이 보는 자리에서 **자식인 피해자가 인륜상 용납할 수 없는 폭언과 함께 폭행**을 가하려 하자 피해자를 1회 구타한 행위는 피고인의 신체적 법익뿐만 아니라 아버지로서의 신분적 법익에 대한 현재의 부당한 침해를 방위하기 위한 행위로서 정당방위에 해당한다(대법원 1974.5.14, 73도2401).
2. 사용자가 **적법한 직장폐쇄** 기간 중 일방적으로 업무에 복귀하겠다고 하면서 자신의 **퇴거요구에 불응한 채 계속하여 사업장 내로 진입**을 시도하는 해고 근로자를 폭행·협박한 사용자의 행위는 사업장 내의 평온과 노동조합의 업무방해행위를 방지하기 위한 행위로서 정당방위에 해당한다(대법원 2005.6.9, 2004도7218). [경찰간부 16]
3. 검사가 참고인 조사를 받는 줄 알고 검찰청에 자진 출석한 변호사 甲의 사무실 사무장을 **합리적 근거 없이 긴급체포**하자 甲이 이를 제지하는 과정에서 검사에게 상해를 가한 경우 정당방위에 해당한다(대법원 2006.9.8, 2006도148). [경찰승진 23]
4. 경찰관의 불심검문을 받게 된 피고인이 **운전면허증을 교부한 후 경찰관에게 큰 소리로 욕설**을 하였고 이에 경찰관이 **모욕죄의 현행범으로 체포**하겠다고 고지한 후 피고인의 오른쪽 어깨를 잡자 이를 면하려고 반항하는 과정에서 경찰관에게 상해를 입힌 행위는 정당방위에 해당한다(대법원 2011.5.26, 2011도3682). [경찰간부 16]
5. '**침해의 현재성**'이란 침해행위가 형식적으로 기수에 이르렀는지에 따라 결정되는 것이 아니라 자기 또는 타인의 법익에 대한 침해상황이 종료되기 전까지를 의미하는 것이므로 **일련의 연속되는 행위로 인해 침해상황이 중단되지 아니하거나 일시 중단되더라도 추가 침해가 곧바로 발생할 객관적인 사유가 있는 경우**에는 그중 일부 행위가 범죄의 기수에 이르렀더라도 전체적으로 침해상황이 종료되지 않은 것으로 볼 수 있다(대법원 2023.4.27, 2020도6874).
6. 포장부에서 근속한 甲을 비롯한 다수의 근로자들을 영업부로 전환배치하는 회사의 조치에 따라 노사갈등이 격화되어 있던 중, 사용자가 사무실에 출근하여 항의하는 근로자 중 1명의 어깨를 손으로 미는 과정에서 뒤엉켜 넘어져 근로자를 깔고 앉게 되었는데, 甲은 **근로자를 깔고 있는 사용자의 어깨 쪽 옷을 잡고 사용자가 일으켜 세워진 이후에도 그 옷을 잡고 흔들었다.** 甲의 행위는 정당방위에 해당할 수 있다(대법원 2023.4.27, 2020도6874).

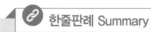

방위의사 부정 판례

1. 손톱깎이 칼에 찔려 약 1cm의 상처를 입었다 하여 **약 20cm의 과도로 피해자의 복부를 찌른** 경우(대법원 1974.5.14, 68도1229) [국가7급 14]
2. 침해행위에서 벗어난 후 **분을 풀려는 목적에서 나온 공격행위**(빠루 사례)(대법원 1996.4.9, 96도241) [국가9급 15, 경찰채용 12]

방위의사 긍정 판례

1. 절도범으로 오인받은 자가 **야간에 군중들로부터 무차별 구타를 당하자 이를 방위하기 위하여 손톱깎이 칼을 휘둘러 상해를 입힌 경우**(대법원 1970.9.17, 70도1473) [법원9급 15]

상당한 이유

1. 의붓아버지 살해 사례 : 신체나 자유 등에 대한 **현재의 부당한 침해상태가 있었다**고 볼 여지가 없는 것은 아니다(현재성 인정). 그러나 방위행위가 사회적으로 **상당한 것이었다고 인정할 수 없다**(상당성 부정)(대법원 1992.12.22, 92도2540). → 정당방위 부정, 과잉방위 부정

2. 이혼소송중인 남편이 찾아와 가위로 폭행하고 **변태적 성행위를 강요하는** 데에 격분하여 처가 칼로 남편의 복부를 찔러 사망에 이르게 한 경우, 그 행위는 방위행위로서의 한도를 넘어선 것으로 사회통념상 용인될 수 없다는 이유로 **정당방위나 과잉방위에 해당하지 않는다**(상해치사, 대법원 2001.5.15, 2001도1089). [국가7급 14, 법원9급 13, 경찰채용 12/15, 경찰간부 16]

3. 경찰관 甲과 乙이 'A가 사람을 칼로 위협한다'는 신고를 받고 출동한 상황에서, A가 乙을 **지속적으로 폭행하며** 그의 총기를 빼앗으려하자, 甲은 A가 칼로 자신과 乙을 공격할 수 있다고 생각하고 **乙을 구출하기 위하여 A에게 실탄을 발사하여 흉부관통상으로 A를 사망케 한 경우** 정당방위의 상당성 인정(대법원 2004.3.25, 2003도3842) [국가7급 21]

4. 경찰관의 모자를 벗겨 뺨을 때린 사례 : 나이트클럽에서의 폭행사건 신고를 받고 3명의 경찰관들이 이 사건 현장에 도착하였을 때는 피고인 일행과 상대방 일행 간의 싸움은 이미 종결된 상태여서 비록 경찰관들의 임의동행 여부를 거부한 피고인에 대하여 물리력을 행사하여 연행하려고 한 시도가 부적법한 것으로서 이에 저항하기 위하여 피고인이 경찰관들을 밀치고 몸싸움을 한 행위가 부당한 법익침해를 방위하기 위하여 상당한 이유가 있는 행위라고 하더라도, **여기에서 더 나아가 피고인이 경찰관들의 모자를 벗겨 모자로 머리를 툭툭 치고 뺨을 때린 행위**는 저항의 상당한 정도를 벗어나는 것이어서 부당한 법익침해를 방위하기 위하여 상당한 이유가 있는 행위라고 볼 수 없다(대법원 2004.12.23, 2004도6184).

Ⅲ 정당방위의 (사회윤리적) 제한

행위불법이나 책임이 결여·감소된 침해행위	어린아이, 정신병자, 만취자 등 책임능력 결여된 자 또는 과실범으로부터 공격을 받았을 경우 → 보호방위만 가능 ∴ 방어행위로서 살해나 중상해행위는 정당방위 성립 ×
침해법익과 보호법익 간의 현저한 불균형	단순절도범을 흉기로 찔러 도품을 회수하는 경우 → 정당방위 인정 ×
상호간 보호의무	부부, 친족 등
도발행위	① 의도적인 도발(목적에 의한 도발) 　㉠ 상대방을 해치기 위해 의도적으로 도발하고 상대방의 반격을 유발시키고 이에 대응하는 것처럼 행한 침해행위는 정당방위 不可 　㉡ 판례 : "가해자의 행위가 피해자의 부당한 공격을 방위하기 위한 것이라기보다는 **서로 공격할 의사로 싸우다가 먼저 공격을 받고 이에 대항하여 가해하게 된 것**이라고 봄이 상당한 경우(싸움), 그 가해행위는 방어행위인 동시에 공격행위의 성격을 가지므로 **정당방위 또는 과잉방위행위라고 볼 수 없다**(대법원 1968.11.12, 68도912; 1984.6.26, 83도3090; 1983.9.13, 83도1467; 1984.1.24, 83도1873; 1996.9.6, 95도2945; 2000.3.28, 2000도228)."고 판시 [국가7급 14, 법원9급 08/13] ② 유책한 도발 　㉠ 과실행위나 미필적 고의로 정당방위상황을 초래한 경우 　㉡ 원칙적으로 정당방위 인정 but 일정한 제한 有

싸움에 있어서 예외적으로 정당방위가 인정되는 경우

1. 싸움이 중지된 이후 갑자기 행해진 공격에 대한 방어행위(대법원 1957.3.8, 4290형상18)
2. 맨손으로 싸움 중에 흉기 등으로 갑자기 공격해온 데 대한 방어행위(대법원 1968.5.7, 68도370)
3. 외관상 서로 격투를 하는 것처럼 보이지만 실제로는 일방적인 공격에 대한 방어행위(대법원 1999.10.12, 99도3377)(판례는 정당방위 내지 정당행위 인정) [국가7급 14]
4. 불륜행위로 인해 갑자기 일방적인 폭행을 당하는 상황에서의 방어행위(대법원 2010.2.11, 2009도12958)
[국가7급 21]

Ⅳ 과잉방위와 오상방위

조문정리

제21조 【정당방위】 ② 방위행위가 그 정도를 초과한 경우에는 정황(情況)에 따라 그 형을 감경하거나 면제할 수 있다.
[전문개정 2020.12.8.]
③ 제2항의 경우에 야간이나 그 밖의 불안한 상태에서 공포를 느끼거나 경악(驚愕)하거나 흥분하거나 당황하였기 때문에 그 행위를 하였을 때에는 벌하지 아니한다.
[전문개정 2020.12.8.]

과잉방위	의 의	정당방위상황, 방위의사는 존재하나 방위행위의 상당성이 결여된 경우
	법적 취급	① 제2항 : 임의적 감면(책임감소·소멸사유, 多) ② 제3항 : 적법행위의 기대가능성이 없기 때문에 책임조각(무죄, 형법상 책임조각사유)
오상방위	의 의	① 객관적 정당화상황이 구비되지 않았음에도 존재한다고 오신하고 방위행위를 한 경우 ② 위법성조각사유의 전제조건에 관한 착오 내지 허용구성요건의 착오
	법적 취급	① 빈 칼빈소총 사건 : 피해자에게 피고인을 살해할 의사가 없고 객관적으로 급박하고 부당한 침해가 없었다고 가정하더라도, 피고인으로서는 현재의 급박하고도 부당한 침해가 있을 것이라고 오인하는 데 대한 정당한 사유가 있는 경우에 해당(정당방위 내지 오상방위로서 무죄, 대법원 1968.5.7, 68도370) ② 학설 : 엄격책임설, 제한적 책임설 등의 대립(후술)
오상과잉방위	의 의	오상방위행위가 상당한 이유를 초과한 경우
	多數說	오상방위의 해결처럼 처리(多)

한줄판례 Summary

과잉방위

§21② 관련 판례

1. **집단구타에 대해 곡괭이 자루**를 휘두르면서 반격하여 사상에 이르게 한 것(과잉방위, 대법원 1985.9.10, 85도1370)
2. 맨손으로 공격하는 상대방에 대하여 위험한 물건인 **깨어진 병**을 가지고 대항하는 것(과잉방위로서 협박죄, 대법원 1991.3.12, 91도30)

§21③ 관련 판례

1. **돌로 처를 때리려는 치한의 배를 발로 차서 사망**에 이르게 한 경우(무죄, 대법원 1974.2.26, 73도2380)
2. **정신이상 증상을 보이는 오빠**가 가족들을 공격하자 방위행위를 하다 목을 졸라 사망에 이르게 한 여동생의 경우(과잉방위로서 §21③에 의해 무죄, 대법원 1986.11.11, 86도1862)
3. 제1방위행위는 상당성이 인정되는 방위행위이고 제2방위행위는 상당성을 결여한 방위행위인 경우, **제1행위와 제2행위가 극히 짧은 시간 내에 계속하여 행하여지면 이를 전체로서 하나의 행위**로 보아야 한다(과잉방위로서 §21③에 의해 무죄, 대법원 1986.11.11, 86도1862) [국가7급 21]
4. **맥주병으로 이개절상**을 입힌 경우(무죄, 대법원 2005.7.8, 2005도2807)

퍼써 정리 | 위법성조각사유의 요소와 결여 시 효과

위법성조각사유의 객관적 전제조건	주관적 정당화요소	상당한 이유	해 결
○	○	×	과잉방위 : 임의적 감면 or 무죄
○	×	○	우연적 방위 : 불능미수(多)
×	○	○	오상방위 : 엄격책임설, 제한적 책임설(多) 등

03 긴급피난

조문정리

제22조 【긴급피난】 ① 자기 또는 타인의 법익에 대한 현재의 위난을 피하기 위한 행위는 상당한 이유가 있는 때에는 벌하지 아니한다.

의 의	자기 또는 타인의 법익에 대한 현재의 위난을 피하기 위한 상당한 이유 있는 행위(§22①) 예 홍수로 밀려드는 강물을 피하려고 고지대의 타인의 주거로 침입한 행위, 자신을 쫓아오는 강도를 피하려고 인근의 구멍가게로 들어가려다가 구멍가게의 출입문을 부순 행위 등	
본질 [국가7급 17]	일원설	① 책임조각사유설 : 위법은 하되 책임만 조각된다는 입장, 타인을 위한 긴급피난을 설명하지 못한다는 비판 있음 ② 위법성조각사유설(多·判) : 우월한 이익을 보호하는 피난행위는 정당화된다는 입장
	이원설	우월한 이익을 보호하는 피난행위는 정당화적(위법성조각적) 긴급피난으로, 양 법익이 동가치이면 면책적(책임조각적) 긴급피난으로 이분하는 견해

💡 퍼써 정리 | 정당방위와 긴급피난 비교

구 분		정당방위	긴급피난
본질적 차이		不正 對 正	正 對 正(or 不正 對 正)
위법성조각 가능한 법익의 범위		개인적 법익	개인적 · 사회적 · 국가적 법익
상당성	필요성	○	○
	보충성	×	○
	균형성	×	○
	적합성	○	○
피난행위의 대상		침해자	제3자(예외 : 침해자)
효 과		위법성조각	위법성조각(多)

객관적 정당화 상황 –자기 또는 타인의 법익에 대한 현재의 위난	① 자기 또는 타인의 법익 : 개인적 법익, 사회적 법익, 국가적 법익 ② 현재의 위난 　㉠ 위 난 　　ⓐ 사람의 행위 不要 ∴ 자연현상, 동물의 공격 ○ 　　ⓑ 위법성 不要 : **정당방위 · 긴급피난에 대한 긴급피난 可(正 대 正, 不正 대 正 모두 可)** 　㉡ 위난의 현재성 : 계속적 위난도 가능 　㉢ 자초위난(自招危難) 　　ⓐ 유책한 자초위난 : 상당성이 인정되는 한 긴급피난 可 　　　예 실수로 타인의 개의 꼬리를 밟자 덤벼든 개를 사살한 경우 → 긴급피난 ○

객관적 정당화 상황 – 자기 또는 타인의 법익에 대한 현재의 위난		ⓑ **의도적**(목적 또는 고의에 의한) **자초위난 : 긴급피난 不可**
		예 • 타인의 개를 죽일 목적으로 개를 놀려 덤벼드는 것을 기다렸다가 사살한 경우 → 긴급피난 ×,
		• **스스로 야기한 강간범행의 와중**에서 피해자가 피고인의 손가락을 깨물며 반항하자, 물린 손가락을 비틀며 잡아 뽑다가 치아결손의 상해를 입힌 경우 → **긴급피난 ×**(강간치상, 대법원 1995.1.12, 94도2781) [국가9급 13, 국가7급 12/14, 법원9급 15]
피난 의사		① 주관적 정당화요소 필요 : 긴급피난상황이지만 피난의사 없는 경우 **우연적 피난**에 해당
		② 피난행위의 상대방 : 제3자의 법익을 침해하면 **공격적 긴급피난**(원칙), 위난야기자의 법익을 침해하면 **방어적 긴급피난**
상당한 이유	보충성	**최후수단성**의 원칙 다른 수단이 가능한 경우 긴급피난 不可
	균형성	**우월한 이익 보호**의 원칙 ① **동등한 법익 간 긴급피난 不可** ② **사람의 생명 대 재산** : 균형성 인정(피조개양식장 사례, 대법원 1987.1.20, 85도221) [국가7급 12] ③ **사람의 생명 대 사람의 생명** : 절대적 생명보호원칙에 의해 **균형성 부정** (정당화적 긴급피난 × → 초법규적 책임조각 또는 면책적 긴급피난으로 해결) ④ 사람의 생명 대 태아의 생명 : 균형성 인정(대법원 1976.7.13, 75도1205)
	적합성	**상대적 최소피난**의 원칙 : 가장 경미한 피해를 주는 방법 要 **고문, 강제채혈, 강제적 장기적출·이식 : 적합성 부정**

 한줄판례 Summary

긴급피난 부정 판례

1. 갑자기 기절한 어머니의 치료를 위하여 **군무를 이탈**한 경우(대법원 1969.6.10, 69도690) [경찰간부 17]
2. 신고된 甲대학교에서의 집회가 집회장소 사용 승낙을 하지 아니한 甲대학교 측의 요청으로 경찰관들에 의하여 저지되자, **신고 없이 乙대학교로 옮겨 집회**를 한 것(대법원 1990.8.14, 90도870) [법원9급 14, 법원 승진 16]
3. 확성장치 사용, 연설회 개최, 불법행렬, 서명·날인운동, 선거운동기간 전 집회 개최 등의 방법으로 **특정 후보자에 대한 낙선운동**(대법원 2004.4.27, 2002도315) [경찰승진 15]
4. 아파트 입주자대표회의 회장이 다수 입주민들의 민원에 따라 위성방송 수신을 방해하는 케이블TV방송의 시험방송 송출을 중단시키기 위하여 위 **케이블TV방송의 방송안테나를 절단**하도록 지시한 행위(대법원 2006.4.13, 2005도9396) [국가7급 16, 법원9급 14, 경찰채용 09]
5. 정당 당직자인 甲 등이 국회 외교통상 상임위원회 회의장 앞 복도에서 출입이 봉쇄된 회의장 출입구를 뚫을 목적으로 **회의장 출입문 및 그 안쪽에 쌓여있던 집기를 손상**하거나, 국회 심의를 방해할 목적으로 **회의장 내에 물을 분사**한 경우(대법원 2013.6.13, 2010도13609) [경찰간부 17]
6. 甲이 乙의 개가 자신의 애완견을 물어뜯는 공격을 하자 소지하고 있던 **기계톱으로 乙의 개를 절개하여 죽인** 경우(대법원 2016.1.28, 2014도2477) [변호사 17]

긴급피난 긍정 판례

1. **임신의 지속이 모체의 건강을 해칠 우려가 현저**할 뿐더러 기형아 내지 불구아를 출산할 가능성마저도 없지 않다는 판단하에 부득이 취하게 된 **산부인과 의사의 낙태** 수술행위(업무상동의낙태죄가 있음을 전제함, 대법원 1976.7.13, 75도1205) [법원9급 14]

2. 선장 甲은 피조개 양식장 앞의 해상에 허가 없이 선박을 정박시켜 놓고 있다가 **태풍이 내습**하자 선원들과 선박의 안전을 위하여 **닻줄을 늘여 정박**하였는데, 태풍이 도래하여 풍랑이 심하게 이는 바람에 늘어진 닻줄이 피조개 양식장 바다 밑을 쓸고 지나가면서 A의 양식장에 상당한 피해를 입힌 행위(대법원 1987.1.20, 85도221) [국가7급 12]

Ⅲ 긴급피난의 제한의 특칙

✅ 조문정리

제22조【긴급피난】② 위난을 피하지 못할 책임이 있는 자에 대하여는 전항의 규정을 적용하지 아니한다.

군인, 경찰관, 소방관, 의사 등 → 긴급피난 제한 but **일체 금지** ×

Ⅳ 과잉피난과 일정한 상황하의 과잉피난

✅ 조문정리

제22조【긴급피난】③ 전조 제2항과 제3항의 규정은 본조에 준용한다.

과잉피난	임의적 감면(책임감소·소멸사유, §22③, §21②)
면책적 과잉피난	적법행위의 기대가능성이 없는 경우 → 벌하지 아니함(무죄, 형법상 책임조각사유, §22③, §21③)

Ⅴ 의무의 충돌

의의	① 의무자에게 2개 이상의 법적 의무가 충돌하여, 의무자가 한 의무를 이행하고 다른 의무를 이행하지 못한 것이 구성요건에 해당하는 경우 ② **의무충돌의 행위태양은 부작위**(구성요건적 행위태양)	
성질	긴급피난의 특수한 경우(多) → 사회상규에 위배되지 아니하는 행위로 적용	
성립 범위	부작위의무와 부작위의무의 충돌	하나의 부작위로 의무의 동시이행이 가능함 **의무의 충돌** ×

성립 범위	작위의무와 부작위의무의 충돌	① 긍정설 : 법적 의무인 한 작위의무에 국한시킬 필요가 없다는 입장 ② 부정설 : 작위의무를 이행하기 위해 부작위의무를 어긴 것은 결국 **작위**를 한 것 → **긴급피난** ○ → **의무의 충돌** ×(多)
	작위의무와 작위의무의 충돌	의무의 충돌 ○
성립 요건		① 둘 이상의 법적 의무 충돌 要 : **도덕적·종교적 의무** ×, **의무의 동시이행 불가능 要** ② **고가치 or 동가치의 의무 이행**(의무이행행위는 작위) = 상당한 이유 = **정당화적 의무충돌** 　㉠ 낮은 가치의 의무 이행 + 의무의 법적 서열에 관한 착오 : 금지착오 　㉡ 낮은 가치의 의무 이행 + **불가피하게(부득이) 한 경우** : **면책적 의무충돌**(초법규적 책임조각사유) ③ 의무의 충돌상황과 고가치 내지 동가치의 의무의 이행 '인식' 要(주관적 정당화요소).

💡 **퍼써 정리 | 긴급피난과 의무의 충돌의 비교**

구 분	긴급피난	의무의 충돌
위험·손해의 감수	可(행위강제 없음)	不可(의무이행 강제됨)
타자의 개입 가능성	타인을 위한 긴급피난 可	不可
행위태양	作爲	不作爲
적합성의 원칙	적용	부적용
이익·의무의 형량	우월한 이익 보호의 원칙	동가치도 위법성조각
주관적 정당화사유	要	要

04　자구행위

✅ **조문정리**

제23조 【자구행위】 ① 법률에서 정한 절차에 따라서는 청구권을 보전(保全)할 수 없는 경우에 그 청구권의 실행이 불가능해지거나 현저히 곤란해지는 상황을 피하기 위하여 한 행위는 상당한 이유가 있는 때에는 벌하지 아니한다.
[전문개정 2020. 12. 8.]

I　의 의

의 의	법정절차에 의해서는 권리보전이 불가능한 경우에 자력에 의하여 그 권리를 구제·실현하는 행위(§23①)
성 질	사인에 의한 국가권력의 대행을 근거로 하는 긴급상태 하의 위법성조각사유 → **보충적·예외적으로만 인정**

객관적 정당화 상황 – 법정절차 청구권 보전 불가능	① 청구권 　㉠ **보전 가능(원상회복 가능)**한 청구권일 것 　　예 생명, 신체, 자유, 명예, 정조 ∴ 명예훼손에 대한 폭행행위는 자구행위 ×(대법원 　　　1969.8.19, 69도238) 　㉡ **자기의 청구권**일 것 → 타인의 청구권을 위한 자구행위는 불인정 　　• 친족을 위한 자구행위, 친구를 위한 자구행위 등 不可 but 청구권자로부터 위임받 　　　은 경우 可 ② 청구권에 대한 불법한 침해 　㉠ **과거의 불법한 침해** : 자구행위는 부정 대 정, 사후적 구제행위, 현재의 침해에 대해서 　　는 정당방위만 可 　㉡ 절도 피해자의 재물탈환행위 : 현장에서 추격하여 재물을 탈환하는 것은 정당방위, 　　사후에 탈환하는 것은 자구행위에 해당 ③ 법정절차에 의한 청구권보전의 불가능 　㉠ 법정절차 : 민사소송법상의 가압류·가처분과 같은 청구권보전절차 등 　㉡ **청구권보전의 불가능(자구행위의 보충성)** : 나중에 공적 구제수단에 의하더라도 그 실 　　효성을 거둘 수 없는 긴급한 사정이 있는 경우 　　ⓐ 해당 ○ : 채무자가 외국으로 도망하는 경우 　　ⓑ 해당 × : 토지인도나 가옥명도를 위한 자구행위, 대금지급청구권의 강제추심행 　　　위(대법원 1984.12.26, 84도2582) 등
자구 행위 의사	청구권의 실행불능 또는 현저한 실행곤란을 피하기 위한 의사에 의한 행위일 것 ① 청구권의 실행불능 또는 현저한 실행곤란 : **충분한 인적·물적 담보가 있는 경우 자구행위 ×** ② 피하기 위한 행위 : **청구권의 보전행위 ○, 청구권의 실행행위 ×** ∴ 채무자의 다른 재산을 　취거해서 임의로 처분 or 스스로 변제·충당하는 것은 위법 ③ 자구의사 : 주관적 정당화요소
상당한 이유	보충성·균형성(엄격한 의미는 아님 ∴ 부정 대 정)·적합성

🔗 한줄판례 Summary

자구행위로 볼 수 없는 경우(대부분)

1. 甲은 부도를 내고 도피한 피해자 상점의 물건들을 다른 채권자들이 취거해 갈 수 있다고 생각하고 자신의 청구권을 우선적으로 확보할 생각으로 무단 침입하여 피해자의 가구를 들고 나온 경우(대법원 2006.3.24, 2005도8081) [국가9급 16]

2. 소유자를 대신하여 인근 상가의 통행로로 이용되고 있는 토지를 관리하는 자가 그 토지에 철주와 철망을 설치하고 포장된 아스팔트를 걷어냄으로써 통행로로 이용하지 못하게 한 경우(일반교통방해죄, 대법원 2007.12.28, 2007도7717) [국가7급 17]

[유사] 주민들이 농기계 그 주변의 농경지나 임야에 통행하기 위해 이용하는 자신 소유의 도로에 깊이 1m 정도의 구덩이를 판 경우(대법원 2007.3.15, 2006도9418) [국가9급 18]

[유사] 토지소유권자가 타인이 운영하는 회사에 대하여 사용대차계약을 해지하고 그 토지의 인도 등을 구할 권리가 있다는 이유로 그 회사로 들어가는 진입로를 폐쇄한 경우(대법원 2007.5.11, 2006도4328) [국가9급 22]

Ⅲ 과잉자구행위

제23조【자구행위】② 제1항의 행위가 그 정도를 초 　　제할 수 있다.
　과한 경우에는 정황에 따라 그 형을 감경하거나 면 　　[전문개정 2020.12.8.]

① 과잉자구행위는 과잉방위나 과잉피난과 同(§23②)
② but **면책적 과잉방위(§21③) 및 면책적 과잉피난(§22③)의 규정은 과잉자구행위에는 적용 ✕** [2023 순경 1차]

---

05 피해자의 승낙

Ⅰ 서 설

양해 피해자의 승낙 추정적 승낙	① 양해 : 구성요건해당성조각사유가 되는 피해자의 의사표시 ② 피해자의 승낙 : 위법성조각사유가 되는 피해자의 의사표시 ③ 추정적 승낙 : 현실적인 승낙이 없었으나 객관적으로 승낙이 예상되는 경우

Ⅱ 양 해

의 의	위법성조각 여부를 따지기 이전에 구성요건해당성을 조각시키는 피해자의 의사표시 예 거주자의 동의를 얻고 들어갔다면 애초에 §319①의 주거'침입'에 해당 ✕
법적 성격	**구성요건해당성조각사유** ∴ 양해의 요건은 개별적인 구성요건의 내용과 기능 등에 의하여 좌우되는 각칙상 구성요건 요소의 해석문제(개별구성요건설)
유효요건	① 양해자에게 최소한의 의사능력 존재 要 ② 양해의 표시 여부 및 표시 정도는 구성요건에 따라 개별화 　㉠ **절도죄는 묵시의 동의 足**(대법원 1985.11.26, 85도1487) [국가9급 23], 배임죄는 명시의 동의 要 　　[판례] 피고인이 동거 중인 피해자의 지갑에서 현금을 꺼내가는 것을 **피해자가 현장에서 목격하고도 만류하지 아니하였다면** 피해자가 이를 허용하는 묵시적 의사가 있었으므로 절도죄 ✕ [국가9급 23] 　㉡ **기망이나 강박에 의한 양해 : 절도죄에서는 양해 ○, 주거침입죄에서는 양해 ✕** 　　[판례] 甲은 乙에게 밍크 45마리에 대한 권리가 자신에게 있음을 주장하면서 이를 가져갔는데, **甲이 주장하는 권리가 허위라 하더라도 乙이 甲이 가져가는 행위에 묵시적으로 동의해주었다면** 절도죄에 해당하지 않는다(양해 ○, 1990.8.10, 90도1211). [경찰간부 19] ③ 양해의 표시 시기 : 사전적 양해 ○, 사후적 양해 ✕

조문정리

제24조【피해자의 승낙】처분할 수 있는 자의 승낙에 의하여 그 법익을 훼손한 행위는 법률에 특별한 규정이 없는 한 벌하지 아니한다.

의 의	구성요건해당적 행위의 위법성을 조각시키는 법익주체 등의 의사표시(§24)	
성 질	법익의 보호라는 사회적 이익과 개인의 자유로운 처분권을 비교·형량하여 개인의 처분권이 보다 우월한 가치를 가지는 경우에는 위법성 조각(법률정책설, 多)	
성립 요건	승낙 주체	① 법익주체의 승낙 ② 대리승낙도 가능 [예] 미성년자의 법정대리인
	승낙 대상	개인적 법익 중 처분가능한 것 ① 개인적 법익 　㉠ **사람의 생명 : 피해자의 승낙 ×, 촉탁·승낙살인죄 ○** 　㉡ 사람의 신체 : 신체 상해는 피해자의 승낙에 의하여 위법성조각 but 사회상규 　　나 윤리적 기준에 의한 제약을 받음 ② 사회적 법익 　㉠ 원칙 : 피해자의 승낙의 대상이 아님 　㉡ 일부 판례 : 문서위조죄 등에서 피해자의 승낙 적용 ③ **국가적 법익 : 피해자의 승낙 ×** 　[예] **승낙무고**의 경우 무고죄(§156)의 보호법익은 국가의 기능이므로 피해자의 승낙 　　에 의하여 위법성조각 不可[국가9급 11, 국가7급 16, 법원9급 09, 법원승진 14]
	시 기	**사전적 승낙 ○, 사후적 승낙 ×**[법원9급 09] → 양해나 추정적 승낙도 同
	유효성	① **승낙능력 : 민법상의 행위능력과 다름** ② 유효한 의사표시 　㉠ **기망·강박에 의한 승낙 : 유효한 승낙 ×** ∵ 자유로운 의사(진의)에 의해야 함 　㉡ 설명이 전제되어야 하는 승낙 : 정확하고 충분한 설명일 것 　　[判例] 진단상의 과오가 없었으면 당연히 설명받았을 자궁외 임신에 관한 내용을 설명받 　　　지 못한 피해자로부터 수술승낙을 받았다면, 위 승낙은 **부정확 또는 불충분한 설명** 　　　을 근거로 이루어진 것으로서 유효한 승낙이라고 볼 수 없다(대법원 1993.7.27, 　　　92도2345).[국가9급 18/23, 국가7급 12/14, 법원승진 14, 경찰채용 22 2차] ③ 표시의 방법 : 어떤 형식이든 의사가 **외부에서 인식할 수 있는 상태**이면 충분(절충 　설, 通說) ∴ 묵시의 승낙도 可[국가9급 11] 　[예] 채무자인 계주의 승인 내지 묵인이 있었다면, 계주의 업무를 대행한 위계에 의한 　　업무방해행위의 위법성 조각(계주업무대행사건, 대법원 1983.2.8, 82도2486).
주관적 요소	행위자는 위와 같은 '피해자의 승낙사실'을 인식하였을 것	
상당성	① **상당한 이유를 명문으로 규정하고 있지 않음** ② 사회상규 적합성 내지 상당성은 **상해죄뿐만 아니라 다른 범죄에도 적용**(多)	
법률 규정	① **원칙적 불벌** : 피해자의 승낙이 있으면 **법률에 특별한 규정이 없는 한 벌하지 아니한다**(§24). ② 법률에 특별한 규정이 없어야 한다는 의미 : 피해자의 승낙이 있더라도 이를 처벌하는 촉탁·승낙 　에 의한 살인죄(§252)나 근무기피 목적의 신체상해죄(군형법 §41①)와 같은 규정이 없어야 함	

요건	내용	해당 구성요건
구성요건적 양해	• 재물의 사실상 지배관계 • 의사결정의 자유 • 사생활의 평온	• 체포 · 감금죄(§276) • 강간죄, 강제추행죄(§297 ~ §298) • 주거침입죄(§319) • 절도죄, 횡령 · 배임죄, 손괴죄(학설대립) 등
피해자의 승낙	• 법률정책 내지 이익포기의 이념에 의하여 위법성을 조각시키는 경우 • 주로 신체침해 관련 범죄	• **상해죄** · 폭행(치상)죄 · (업무상)과실치상죄 • 명예훼손죄(通) • **업무방해죄**(判) • **문서위조죄**(判, 사회적 법익이므로 학설은 비판)
범죄성립	• 성폭력범죄 관련	• **준강간죄**(§299) · **미성년자의제강간등죄**(§305) 등
형벌 감경	• 승낙에 의해 형이 경해지는 경우	• **촉탁 · 승낙살인죄**(§252①) • **자기소유물방화죄**(§166②, §167②)

Ⅳ 추정적 승낙

의의	피해자가 현재는 승낙을 할 수 있는 상황이 아니지만 그러한 상황에 있었다면 유효한 승낙을 하였으리라고 기대될 때에는 행위의 위법성이 조각되는 경우		
성질	긴급피난과 피해자의 승낙의 중간에 위치하는 독자적 구조를 가진 위법성조각사유(多) §20조의 사회상규에 위배되지 않는 행위(정당행위) 적용		
요건	피해자의 승낙과 공통되는 성립요건	① 추정적 승낙에 의해 침해하는 법익이 처분가능한 개인적 법익일 것(예외 有) ② 사전적 승낙 추정(행위 당시에 승낙이 추정될 것) ③ 이를 처벌하는 특별 규정이 없을 것 ④ 사회상규에 위배되지 않는 행위이어야 할 것	
	추정적 승낙의 특유한 성립요건	① **현실적 승낙을 받을 수 없을 것(보충성)** : 행위 시에 피해자의 승낙을 받는 것이 불가능한 경우 ② 승낙이 기대될 것 　㉠ **모든 사정을 '객관적'으로 추정**하여 피해자가 승낙을 할 것이 확실히 기대될 것 　㉡ 피해자의 **명시적 반대의사가 있는 경우 : 추정 불가**(多) ③ 양심적 심사(주관적 정당화요소)	

피해자의 승낙 긍정 판례

1. 피고인이 계원들로 하여금 공소외 甲 대신 피고인을 계주로 믿게 하여 계금을 지급하고 불입금을 지급받아 위계를 사용하여 甲의 계 운영 업무를 방해하였다고 하여도, 피고인에 대하여 다액의 채무를 부담하고 있던 甲으로서는 채권 확보를 위한 피고인의 요구를 거절할 수 없었기 때문에 피고인이 **계주의 업무를 대행하는 데 대하여 이를 승인·묵인**한 사실이 인정된다면 위법성 조각(대법원 1983.2.8, 82도2486).
2. 타인의 인장을 조각할 당시에 명의자로부터 명시적이거나 묵시적인 승낙 내지 위임을 받은 경우, 인장위조죄가 성립하지 아니한다(대법원 2014.9.26, 2014도9213). [국가7급 17]
3. 문서위조죄가 공공의 신용을 보호법익으로 하더라도 사문서를 작성함에 있어 그 **명의자의 명시적이거나 묵시적인 승낙**이 있었다면 사문서위조 ✕(대법원 2016.4.12, 2014도10718)(이론적으로 양해로 볼 수도 있음). [국가9급 23]

피해자의 승낙 부정 판례

1. 피해자의 승낙은 **윤리적으로 사회상규에 반하는 것이 아니어야 함**(잡귀 사건, 폭행치사, 대법원 1985.12.10, 85도1892) [법원승진 14]
2. 회사의 임원이 임무위배행위로 재산상 이익을 취득하여 회사에 손해를 가한 경우, 그 임무위배행위에 대하여 **사실상 대주주의 양해를 얻었다고 하더라도 업무상배임죄 성립**(주식회사와 주주는 별개의 인격)(대법원 2000.5.26, 99도2781). [국가9급 21]
3. 명의자의 명시적인 승낙이나 동의가 없다는 것을 알고 있으면서도 명의자 이외의 자의 의뢰로 문서를 작성하는 경우 **명의자가 문서작성 사실을 알았다면 승낙하였을 것이라고 기대하거나 예측한 것만으로는 그 승낙이 추정된다고 단정할 수 없다**(대법원 2008.4.10, 2007도9987). [국가9급 21]
4. **보험사기를 공모하여 승낙을 받고 한 상해는 위법**(상해죄, 2008.12.11, 2008도9606) [국가9급 11/15/23, 국가7급 16, 법원승진 14, 경찰채용 09/22 1차, 경찰승진 23]

06 정당행위

조문정리

제20조【정당행위】법령에 의한 행위 또는 업무로 인한 행위 기타 사회상규에 위배되지 아니하는 행위는 벌하지 아니한다.

I 의 의

| 의 의 | • 법령에 의한 행위, 업무로 인한 행위 기타 사회상규에 위배되지 않는 행위(위법성조각사유) |
| | • 법령이나 업무로 인한 행위는 사회상규에 위배되지 않는 행위의 예시 |

Ⅱ 법령에 의한 행위

공무원의 직무행위	법령에 의한 행위	• 민사집행법상 집행관의 강제집행 • 형사소송법상 검사 · 사법경찰관의 강제처분 • 통신비밀보호법상 검사 · 사법경찰관의 통신제한조치 • **국세청 통첩에 따른 임야 일괄평가**		
	상관의 명령 수행	적법명령	정당행위 [판례] 여우고개에 나간 당번병(대법원 1986.10.28, 86도1406)][경찰 채용 20 1차]	
		위법명령	절대적 구속력	×	**위법 · 유책** [고문치사, 불법대선자료배포]
				○	**초법규적 책임조각**사유 : 무죄
징계행위	학교장 교사	초중등 교육법	학생에게 신체적, 정신적 고통을 가하는 체벌, 비하하는 말 등 의 언행은 교육상 불가피한 때에만 허용(대법원 2004.6.10, 2001도5380)[국가9급 11]		
	소년원장	소년원법			
사인의 현행범체포	체포 시 상해 · 살인, **제3자의 주거 침입**, 장시간 감금은 위법				
노동쟁의	**단체교섭의 주체, 근로조건 개선 · 유지 목적, 투표절차, 비폭력, 사용자 재산권과 조화** [위법] 정리해고(구조조정) 자체에 맞선 쟁의, 특정인 비방 유인물 배포, 조합원의 찬반투표를 거치지 않은 쟁의, 적법하게 직장폐쇄한 사용자로부터 퇴거요구를 받고도 불응한 직장점거, 외국인 조 종사 채용 저지 쟁의, 전면적 · 배타적 점거				
기 타	• 업무상 비밀누설죄 : 감염병예방법 • 복표발매죄 : 주택건설촉진법, 마사회법 • 뇌사자 장기적출 : 장기이식법 • 정선 카지노 도박 : 폐광지역개발지원특별법 • 경찰관의 총기사용 : 경찰관직무집행법 • 이혼 母의 자녀 면접교섭 : 민법 등				

Ⅲ 업무로 인한 행위

의사의 치료	업무로 인한 정당행위설(多 · 判, 환자의 결정권 무시 비판) 피해자의 승낙에 의한 행위설, 구성요건해당성조각설 있음	
안락사	적극적 안락사	위법(多)
	소극적 안락사	연명치료중단 **일정한 요건 하 '사회상규에 위배되지 않는 행위'** [세브란스 김할머니]
변호인의 변론	위법 ×	명예훼손, 업무상 비밀누설
	위법 ○	허위사실명예훼손, **범인은닉**, 위증교사, 증거인멸

성직자의	위법 ×	국가보안법상 불고지죄(무죄)
업무행위	위법 ○	범인은닉죄(유죄)
기 타	재건축조합장의 철거 **기자의 취재·보도 (X파일 보도는 위법)**	

Ⅳ 사회상규에 위배되지 아니하는 행위

소극적 방어행위	벗어나고자 or 피하고자 뿌리치는 행위 등은 본능적 저항수단으로 사회상규 위배 ×
징계행위	• 타인의 자녀에 대한 훈계 목적의 경미한 징계행위 • 군인의 징계행위 (위법한 얼차려는 위법하므로 강요죄 성립)
권리실행	• 채권자가 채무자에게 가하는 일정한 행위 : 협박·강요·공갈죄의 구성요건에 해당되어 도 **실질적 권리남용이 아니라면 위법성 조각** • 비료회사 손해배상 요구는 무죄 • 정신병원에서의 퇴원 요구를 거절해 온 피해자의 배우자의 지속적 재산이전 요구는 공갈죄 ○
경미한 불법	무면허 수지침 시술이 경미한 경우 [국가7급 16], 여관 주인의 경미한 도박 [위법] 부항 시술행위가 경미하지 않았던 경우 등

🔗 **한줄판례 Summary**

정당행위의 요건
① 형법 제20조에 의한 사회상규에 의한 정당행위를 인정하려면, 첫째 그 행위의 동기나 목적의 정당성, 둘째 행위의 수단이나 방법의 상당성, 셋째 보호이익과 침해이익과의 법익균형성, 넷째 긴급성, 다섯째로 그 행위 외에 다른 수단이나 방법이 없다는 보충성 등의 요건을 갖추어야 하는데, …… 행위의 긴급성과 보충성은 수단의 상당성을 판단할 때 고려요소의 하나로 참작하여야 하고 이를 넘어 독립적인 요건으로 요구할 것은 아니다. 또한 그 내용 역시 다른 실효성 있는 적법한 수단이 없는 경우를 의미하고 '일체의 법률적인 적법한 수단이 존재하지 않을 것'을 의미하는 것은 아니라고 보아야 한다(대법원 2023.5.18, 2017도2760).

정당행위 긍정 판례
① 법원의 감정인 지정결정 또는 법원의 감정촉탁을 받은 사람이 감정평가업자가 아니었음에도 그 감정사항에 포함된 토지 등 감정평가를 한 행위(대법원 1983.11.22, 83도2224) [경찰간부 22]
② 분쟁중인 부동산관계로 따지러 온 피해자가 피고인의 가게안에 들어와서 피고인 및 그의 부에게 행패를 부리므로 피해자를 가게 밖으로 밀어내려다가 피해자를 넘어지게 한 행위(대법원 1987.4.14, 87도339) [경찰승진 23]
③ 甲이 A로부터 며칠간에 걸쳐 집요한 괴롭힘을 당해 온데다가 A가 甲이 교수로 재직하고 있는 대학교의 강의실 출입구에서 甲의 진로를 막아서면서 甲을 물리적으로 저지하려 하자 극도로 흥분된 상태에서 그 행패에서 벗어나기 위하여 A의 팔을 뿌리쳐서 A가 상해를 입게 된 경우(대법원 1995.8.22, 95도936) [경찰간부 15]
④ 자신의 차를 손괴하고 도망하려는 피해자를 도망하지 못하게 멱살을 잡고 흔들어 피해자에게 전치 14일의 흉부찰과상을 가한 경우(대법원 1999.1.26, 98도3029) [경찰승진 23]
⑤ 甲은 수지침의 전문가로서 일반인들에게 수지침요법을 보급하고, **수지침을 통한 무료의료봉사활동을** 하는 중, 乙이 스스로 수지침 한 봉지를 사 가지고 甲을 찾아와서 수지침 시술을 부탁하므로, 甲은 **아무런 대가를 받지 아니하고 수지침 시술행위를** 한 경우(대법원 2000.4.25, 98도2389) [경찰간부 15]

⑥ 방송국 시사프로그램을 시청한 후 **방송국 홈페이지의 시청자 의견란**에 "그렇게 소중한 자식을 범법행위의 변명의 방패로 쓰시다니 정말 대단하십니다."는 등의 표현이 담긴 글을 게시한 경우(대법원 2003.11.28, 2003도3972) [경찰채용 22 1차]

⑦ 시장번영회 회장이 이사회의 결의와 시장번영회의 관리규정에 따라서 **관리비 체납자의 점포에 대하여 실시한 단전조치**(대법원 2004.8.20, 2003도4732) [경찰간부 17]

⑧ 아파트 입주자대표회의의 임원 또는 아파트관리회사의 직원들이 기존 관리회사의 직원들로부터 업무집행을 제지받던 중 **저수조 청소를 위하여 출입문에 설치된 자물쇠를 손괴하고 중앙공급실에 침입**한 행위(대법원 2006.4.13, 2003도3902) [경찰승진 15]

   cf. 관리비 고지서를 빼앗거나 사무실의 집기 등을 들어낸 행위는 정당행위에 해당 ✕(대법원 2006.4.13, 2003도3902)

⑨ 회사간부가 회사의 이익을 빼돌린다는 소문을 확인할 목적으로, 피해자가 사용하면서 비밀번호를 설정하여 비밀장치를 한 전자기록인 개인용 컴퓨터의 하드디스크를 **의심이 가는 단어로 검색범위를 제한**하여 검색한 경우(대법원 2009.12.24, 2007도6243) [경찰간부 17]

⑩ **신문기자**인 피고인이 고소인에게 2회에 걸쳐 증여세 포탈에 대한 취재를 요구하면서, 이에 응하지 않으면 자신이 취재한 내용대로 보도하겠다고 협박한 것(대법원 2011.7.14, 2011도639) [국가9급 23]

⑪ 실내 어린이 놀이터 벽에 기대어 앉아 자신의 딸(4세)에게 A(2세)가 다가와 몇 차례 A를 제지하자 A가 甲의 딸을 한참 쳐다보고 있다가 **갑자기 딸의 눈 쪽을 향해 오른손을 뻗었고 이를 본 甲이 왼손을 내밀어 A의 행동을 제지하는** 과정에서 A가 바닥에 넘어져 엉덩방아를 찧은 경우(대법원 2014.3.27, 2012도11204) [경찰간부 15]

⑫ 음란물이 문학적·예술적·사상적·과학적·의학적·교육적 표현 등과 결합되어 음란 표현의 해악이 상당한 방법으로 해소되거나 다양한 의견과 사상의 경쟁메커니즘에 의해 해소될 수 있는 정도(**결합표현물**에 의한 표현행위는 무죄, 대법원 2017.10.26, 2012도13352) [국가9급 23]

⑬ 법원의 감정인 지정결정 또는 감정촉탁을 받아 감정평가업자가 아닌 사람이 토지 등에 대한 감정평가를 한 행위(대법원 2021.10.14, 2017도10634)

⑭ 입주자대표횡의 회장이 정당한 소집권자인 회장의 동의나 승인 없이 위법하게 게시된 이 사건 공고문을 발견하고 이를 제거하는 방법으로 손괴한 행위(대법원 2021.12.30, 2021도9680) [경찰채용 23 2차]

⑮ 한의사가 초음파 진단기기를 사용하여 한 한의학적 진단행위(대법원 2022.12.22, 2016도21313 전원합의체)

정당행위 부정 판례

① 후보자의 선거비용 지출에 대해 회계책임자가 사후추인한 경우(대법원 1999.10.12, 99도3335)

② 외국에서 침구사자격을 취득하였으나 국내에서 침술행위를 할 수 있는 면허나 자격을 취득하지 못한 자가 **단순한 수지침 정도의 수준을 넘어 체침을 시술**한 경우(대법원 2002.12.26, 2002도5077) [법원9급 13, 경찰승진 23]

③ 행정자치부 업무추진비 집행기준을 준수한 지자체장의 **선거를 위한 간담회** 개최(대법원 2003.8.22, 2003도1697)

④ 이혼소송에 제출한 증거서류를 수집할 목적으로 **간통현장을 사진촬영하기 위하여 주택에 침입**한 행위(대법원 2003.9.26, 2003도3000) [국가7급 13, 경찰채용 10]

⑤ 의료인이 아닌 자가 찜질방 내에서 **부항과 부항침을 놓고 일정한 금원을 받은** 행위(**그 시술로 인한 위험성이 적다는 사정이 있더라도**) (대법원 2004.10.28, 2004도3405) [국가9급 23]

⑥ 상사가 부대원들에게 **원산폭격을 시키거나 50～60회 정도의 깍지 끼고 팔굽혀펴기**를 하게 한 경우(대법원 2006.4.27, 2003도4151) [국가7급 13]

⑦ 무자격자가 입주자대표회의 운영비(업무추진비)를 지출한 행위(대법원 2006.4.27, 2003도4735)

⑧ 아파트 관리 규약 개정을 위한 서명부를 가지고 간 업무방해(대법원 2006.4.27, 2003도4735)

⑨ **급여명세서를 출력하여 증거로 제출**한 행위(대법원 2007.6.28, 2006도6389)

⑩ 주위통행권을 방해하는 옹벽 부분에 관한 철거를 명하는 판결과 그 강제집행을 따르지 아니하고 **임의로 옹벽을 철거**한 행위(대법원 2008.3.27, 2007도7933)

⑪ 기도원 운영자가 정신분열증 환자의 치료 목적으로 **안수기도를 하다가** 환자에게 **상해를 입힌** 경우(대법원 2008.8.21, 2008도2695) [경찰승진 15]

⑫ 국회의원이 특정 협회로부터 요청받은 자료를 제공하고 그 **대가로서 후원금 명목으로 금원을 교부받은** 경우(대법원 2009.4.23, 2008도6829) [국가7급 11]

⑬ **통합의학**에 기초한 질병에 대한 진찰 및 처방은 그 치료효과에 관한 과학적 근거가 부족하여 사회통념에 비추어 용인될 수 없는 행위(대법원 2009.10.15, 2006도6870)

⑭ '**버스 투어**'를 통하여 이루어진 **지방자치단체장의 기부**행위(대법원 2009.12.10, 2009도9925)

⑮ **사용자와 제3자의 공동 공간에 쟁의행위로써 침입**(대법원 2010.3.11, 2009도5008)

⑯ 국회의원인 피고인이, 구 국가안전기획부 내 정보수집팀이 대기업 고위관계자와 중앙일간지 사주 간의 사적 대화를 불법 녹음한 자료를 입수한 후 그 대화내용과, 위 대기업으로부터 이른바 떡값 명목의 금품을 수수하였다는 검사들의 실명이 게재된 보도자료를 작성하여 **자신의 인터넷 홈페이지에 게재**한 경우(대법원 2011.5.13, 2009도14442) [경찰승진 23]

⑰ 노조는 **대학당국이 집회를 허가하지 않았지만** 학생회가 동의하였으므로 위법하지 않다고 생각하고 집회를 목적으로 대학 내 학생회관에 들어간 경우(대법원 1995.4.14, 95도12) [경찰간부 17]

⑱ **감정평가업자가 아닌 공인회계사**가 타인의 의뢰에 의하여 일정한 보수를 받고 부동산공시법이 정한 토지에 대한 감정평가를 업으로 행하는 것(대법원 2015.11.27, 2014도191) : 위법 [경찰간부 17, 경찰승진 19]

⑲ 집행관이 조합 소유 아파트에서 유치권을 주장하는 甲을 상대로 부동산인도집행을 실시하여 조합이 그 아파트를 인도받고 출입문의 잠금장치를 교체하는 등으로 **그 점유가 확립된 이후에 甲이 아파트 출입문과 잠금장치를 훼손하며 강제로 개방하고 아파트에 들어간** 경우(대법원 2017.9.7, 2017도9999) [경찰간부 22]

⑳ 문언송신금지를 명한 가정폭력처벌법상 **임시보호명령을 위반하여 피고인이 피해자에게 문자메시지를 보낸** 경우(문자메시지 송신을 **피해자가 양해 내지 승낙하였더라도 위법**)(대법원 2022.1.4, 2021도14015) [경찰채용 23 2차, 국가9급 23]

㉑ 공인노무사가 의뢰인을 대행하여 고소장 작성·제출하거나 피고소사건에 대하여 의견서를 작성·제출하여 변호사법위반으로 기소된 경우(대법원 2022.1.13, 2015도6329)

CHAPTER
04 책임론

01 책임이론

I 책임의 의의

개 념	위법한 행위를 한 행위자에 대한 비난가능성
책임주의	책임 없으면 형벌 없다는 원칙 → 책임만큼만 형벌도 과하여야 함(죄형균형, 적정성원칙)

II 책임의 근거 : 도의적 책임론, 사회적 책임론, 인격적 책임론

구 분	도의적 책임론	사회적 책임론
자유의사 여부	비결정론	결정론
비난의 근거	의사책임론(자유의사)	성격책임론(성격·소질·환경)
비난의 대상	행위책임론	행위자책임론(사회적으로 위험한 성격을 가진 행위자에 대한 비난)
책임능력	범죄능력	형벌적응능력
보안처분과의 관계	이원주의	일원주의
형법학	고전학파·객관주의	근대학파·주관주의

III 책임의 본질

심리적 책임론	책임능력, 고의·과실 [비판] 인식 없는 과실, 강요된 행위의 피강요자의 책임조각의 이유를 설명하지 못함
규범적 책임론	책임능력, 고의·과실, 기대가능성 [비판] 평가의 대상과 대상의 평가를 혼동
순수한 규범적 책임론	• 책임능력, 위법성의 인식, 기대가능성 • 고의·과실과 같은 심리적 요소는 책임의 구성요소가 아니라 구성요건요소이고 책임은 단지 의사형성에 대한 비난가능성의 평가(평가의 대상과 대상의 평가의 엄격한 분리) [비판] 책임개념의 공허화

합일태적 책임론	• 책임능력, 위법성의 인식, 책임요소로서의 고의·과실, 기대가능성 • 고의·과실의 이중적 지위(이중기능) 인정
예방적 책임론	책임판단에 예방목적을 고려 [비판] 책임주의에 위반될 위험

02 책임능력

I 의의

개 념	행위자가 법규범의 의미내용을 이해하고 이에 따라 행위할 수 있는 능력
책임능력 규정방법	형사미성년자 : **생물학적** 방법(§9) 심신장애인 : 생물학적 방법과 심리적·규범적 방법의 **혼합적** 방법(§10①②) 청각 및 언어 장애인 : **생물학적** 방법(§11)

II 형사미성년자

⊘ 조문정리

제9조【형사미성년자】14세 되지 아니한 자의 행위는 벌하지 아니한다.

🔅 퍼써 정리 | 형사미성년자와 소년법 개관

구 분			연 령	위법행위에 대한 제재
형사 미성년자 (형사책임 무능력자)	절대적 형사미성년자		10세 미만	일체의 책임면제
		촉법소년	10 ~ 14세 미만	형사미성년자 : **범행 당시 14세 미만, 절대적 생물학적 기준**, 보호처분(수강명령·장기소년원송치 : 12세 이상)

형사책임
능력자
	우범소년	범죄소년	14 ~ 19세
			미만
				• 형벌과 보안처분
				• 보호처분(사회봉사명령 : 14세 이상)
				• 소년법상 특칙 적용-심판 시 기준
				  - 상대적 부정기형(법정형이 장기 2년 이상 유기형인
				    경우 → 장기 10년, 단기 5년)
				  - 임의적 감경
				  - 18세 미만자에 대한 환형처분 금지
				  - **18세 미만자(범행 당시)에 대한 사형·무기형의 완화
				    → 15년의 유기징역**

	성 년		19세 이상	형벌과 보안처분

III 심신상실자

조문정리

제10조【심신장애인】① 심신장애로 인하여 사물을 변별할 능력이 없거나 의사를 결정할 능력이 없는 자의 행위는 벌하지 아니한다.

의 의		심신장애로 인하여 사물변별능력 내지 의사결정능력이 없는 자(§10①) [국가9급 15]
요 건	생물학적 요소	"심신장애" ① 병적 정신장애(정신병) 　예 **정신분열증**(정도에 따라 심신상실·심신미약 모두 가능), 조울증, 간질(상태에 따라 다름. 전간, 1969.8.26, 69도1121)(이상은 내인성 정신병), 노인성 치매, 창상성 뇌손상, 알코올 등 약물중독, 기타 감염성 정신질환(이상은 외인성 정신병) ② 심한 의식장애 　예 최면적 혼미상태, 심한 흥분·충격, 심한 과로상태, **음주에 의한 명정**('만취' : 심신장애 고려, '취' : 단순 범행 부인 취지에 불과, 알콜수치보다는 구체적 사실 고려) 등 ③ 정신박약 　예 백치, 치우, 노둔 등 ④ 심한 정신변성(변성) 　예 정신병질, 심한 신경쇠약, **충동조절장애**(원칙 : 심신장애 ×, 예외 : 심각하면 심신장애, **소아기호증·성주물성애증**도 같은 법리 적용) 등
	심리적 요소	"사물변별능력 내지 의사결정능력의 부존재(도의적 책임론의 표현)" ① 사물변별능력 : 행위의 불법을 통찰할 수 있는 능력 → 행위자의 **기억능력과 일치하는 것은 아님**(대법원 1985.5.28, 85도361) [법원9급 13] ② 의사결정능력 : 사물의 변별에 따라 행위를 조종할 수 있는 능력 ③ 판단방법(법관이 결정) : 전문가의 감정이 고려되어야 하나 궁극적으로 이는 **'법률문제'**로서 그 임무는 법관에게 부여되어 있음[규범적 문제 : **반드시 전문감정인의 의견에 기속되어야 하는 것도 아니고**(대법원 2007.11.29, 2007도8333), **반드시 전문가의 감정을 거쳐야 하는 것도 아님**(대법원 2007.6.14, 2007도2360)] [경찰간부 17] cf. **심신장애 특히 의심되는 경우에는 감정을 거쳐야 함**
효 과	원 칙	"벌하지 아니한다."(§10①) → 책임조각
	예 외	① 형법 §10③ : 원인에 있어서 자유로운 행위 → 본조 배제 ② 보안처분 : 심신장애자로서 형법 §10①의 규정에 의하여 벌할 수 없는 자가 금고 이상의 형에 해당하는 죄를 범하고 재범의 위험성(대법원 1982.6.22, 82감도142)이 있다고 인정되는 때에는 **치료감호**에 처함(치료감호법 §2①1.)

1. **범행을 기억하고 있지 않다**는 사실만으로 바로 범행 당시 심신상실 상태에 있었다고 단정할 수 없다(대법원 1985.5.28, 85도361). [경찰승진 20]
2. 정신적 장애가 있는 자라고 하여도 **범행 당시 정상적인 사물변별능력이나 행위통제능력이 있었다면** 심신장애로 볼 수 없다(대법원 2007.6.14, 2007도2360). [법원9급 17, 경찰승진 23]
3. 무생물인 옷 등을 성적 각성과 희열의 자극제로 믿고 성적 흥분을 고취시키는 데 쓰는 '**성주물성애증**'이라는 정신질환이 있다는 사정만으로 **원칙적으로 절도 범행에 대한 심신장애에 해당한다고 볼 수 없다**(대법원 2013.1.24, 2012도12689). [법원9급 17]

IV 한정책임능력자 : 심신미약자, 청각 및 언어 장애인

조문정리

제10조 【심신장애인】 ② 심신장애로 인하여 전항의 능력이 미약한 자의 행위는 형을 감경할 수 있다. [개정 2018.12.18.]

제11조 【청각 및 언어 장애인】 듣거나 말하는 데 모두 장애가 있는 사람의 행위에 대해서는 형을 감경한다.

심신미약자	**의 의**	심신장애로 인해 사물변별·의사결정능력이 미약한 자(§10②)
	요 건 — **생물학적 요소**	① 심신장애 : 심신상실(§10①)의 심신장애보다는 가벼운 것 ② **정신분열증도 그 정도에 따라 심신상실·심신미약 모두 可**
	심리적 요소	사물변별·의사결정능력이 미약하여야 함
	판단방법	혼합적 판단방법
	효 과 — **원 칙**	"**형을 감경할 수 있다(§10②).**" → 책임감경(임의적) [법원9급 13] *cf.* 한정책임능력자는 책임능력자임
	예 외	① 형법 §10③ : 원인에 있어서 자유로운 행위 ② 보안처분 : 치료감호법 §2①2. ③ 형법 §10②의 적용 배제 : 담배사업법
청각및언어 장애인	**의 의**	듣거나 말하는 데 **모두** 장애가 있는 사람(선천적·후천적 不問)
	효 과	"**형을 감경한다.**"(§11) → 책임감경(필요적) [주의] 성폭력특별법 §20 : **음주·약물로 인한 심신장애상태에서 성폭력범죄**시 형법 §10①②, §11 적용 배제 可 [국가9급 15, 국가7급 11]

▌V   원인에 있어서 자유로운 행위

⊘ 조문정리

제10조【심신장애자】③ 위험의 발생을 예견하고 자의로 심신장애를 야기한 자의 행위에는 전2항의 규정을 적용하지 아니한다.

▌I   의의 및 유형

의 의	• 행위자가 고의 또는 과실에 의하여 자기를 심신장애의 상태에 빠지게 한 후 이러한 상태를 이용하여 미리 예견하였던 또는 예견할 수 있었던 범죄를 실행하는 것 (actio libera in causa) • §10③에 의해 **'입법'으로 해결**
유 형	• 고의·과실, 작위·부작위 불문 • 고의에 의한 원인에 있어서 자유로운 행위뿐만 아니라 과실에 의한 원인에 있어서 자유로운 행위도 인정

▌II   가벌성의 근거 및 실행의 착수시기

가벌성의 근거	원인행위설	
학 설	간접정범과의 구조적 유사성설(少)	원인행위와 실행행위의 불가분적 연관성설(多)
실행의 착수시기	원인행위시설(주관설 : ~미수)	실행행위시설(객관설 : ~예비)
행위와 책임의 동시존재 원칙	○ 일치설, 일치모델, 구성요건모델 원인행위 자체 = 구성요건적 실행행위	× 예외설, 예외모델, 책임모델 원인행위에서 책임을, 실행행위에서 실행을 찾음 책임주의에 반할 위험
구성요건적 정형성	× 죄형법정주의의 보장적 기능에 反	○ 죄형법정주의의 보장적 기능에 충실

[보충] 가벌성의 근거를 실행행위에 찾는 실행행위설은 반무의식적 상태에서 처벌근거를 찾고 실행의 착수도 실행행위 시에 있다고 봄

형법 §10③의 요건과 효과

위험발생의 예견과 예견가능성	형법은 위험발생을 예견한 경우만을 규정하나(§10③), 구성요건실현에 대한 예견(고의)뿐만 아니라 구성요건실현에 대한 예견가능성(과실)도 포함(判) [국가9급 11]
자의에 의한 심신장애의 야기	'자의'란 구성요건적 고의뿐 아니라 과실도 포함
심신장애상태	심신상실(§10①)과 심신미약(§10②) 포함
효 과	책임무능력상태의 행위일지라도 면책 ×, 한정책임능력상태 하의 행위일지라도 형 감경 ×

> 🔗 **한줄판례 Summary**
>
> 피고인이 음주운전을 할 의사를 가지고 **음주만취한 후 운전을 결행하여 교통사고를 일으켰다면**, 피고인은 **음주 시에 교통사고를 일으킬 위험성을 예견**하였는데도 자의로 심신장애를 야기한 경우에 해당하므로 형법 §10③에 의하여 심신장애로 인한 감경 등 不可(대법원 1992.7.28, 92도999) [경찰승진 23]

03 위법성의 인식

Ⅰ 의 의

의 의	자신의 행위가 실질적으로 위법하다는 행위자의 의식(불법의식)

Ⅱ 체계적 지위

학 설		내 용
고의설	엄격고의설	① 고의(책임요소)가 성립하기 위해서는 범죄사실의 인식 이외에 현실적인 위법성의 인식이 필요하다는 견해 ② 비판 : 도의심이 박약한 자를 유리하게 취급함 [예] 연쇄살인범
	제한적 고의설	① 위법성의 현실적 인식이 없어도 위법성의 인식의 가능성이 있으면 고의가 성립한다는 견해(위법성인식가능성설) ② 비판 : 구성요건적 사실에 대해서 인식이 없으나 인식가능성이 있는 경우에는 '과실'로 보면서, 위법성에 대한 인식가능성이 있는 경우에는 '고의'를 인정하는 것은 타당하지 않다(과실과 고의를 혼동).

| 책임설
(通說) | 엄격책임설 | ① 책임설은 위법성의 인식은 고의와는 다른 별도의 독자적인 책임요소라고 보는 견해(엄격책임설과 제한적 책임설 모두 동일)
② 엄격책임설은 위법성조각사유의 전제사실에 관한 착오도 법률의 착오(금지착오)로 파악 |
| | 제한적
책임설 | ① 위법성조각사유의 전제사실에 관한 착오는 법률의 착오가 아니라 사실의 착오의 문제로 파악
② 구성요건적 착오 유추적용설(구성요건적 고의 조각)과 법효과제한적 책임설(책임고의 조각)으로 나뉨 |

> 🔗 **한줄판례 Summary**

위법성의 인식이란 해당 범죄사실이 '**사회정의와 조리**'에 어긋난다는 것을 인식하는 것으로서 족하고 **해당 법조문의 내용까지 인식할 것을 요하지 않는다**(대법원 1987.3.24, 86도2673). [국가9급 15, 국가7급 12/14, 경찰채용 10]

04 법률의 착오 : 금지착오

> ✅ **조문정리**

제16조 【법률의 착오】 자기의 행위가 법령에 의하여 죄가 되지 아니하는 것으로 오인한 행위는 그 오인에 정당한 이유가 있는 때에 한하여 벌하지 아니한다.

I 의 의

| 의 의 | • 현실적으로 위법한(금지된) 행위를 하면서 위법하지 않다고 잘못 생각한 경우
• 법률의 착오 = 위법성의 착오 = 금지착오 = 소극적 금지착오 |

II 유 형

1. 적극적 착오와 소극적 착오

| 적극적 착오 | 처벌되지 않는 행위를 오히려 처벌된다고 잘못 생각한 경우(**환상범, 환각범, 반전된 금지착오**, 적극적 금지착오)
이를 처벌하는 현실적인 법질서가 존재하지 않으므로 불벌 |
| 소극적 착오 | 일반적인 법률의 착오 내지 금지착오 → 형법 §16에 의하여 정당한 이유 여부로 처리 |

2. 직접적 착오와 간접적 착오

유 형		내 용
직접적 착오 (직접적 금지규범의 착오)	① 법률의 부지	형벌법규의 존재 자체를 알지 못하여 위법성을 인식하지 못한 경우 ㉠ 判例 : **법률의 착오가 아니므로(법률의 착오 부정설) 범죄 성립** [국가7급 12] [판례] 자신의 행위가 「건축법」상의 허가대상인 줄을 몰랐다는 사정은 단순한 법률의 부지에 불과하고 법률의 착오에 기인한 행위라고는 할 수 없다(대법원 2011.10. 13, 2010도15260). [국가9급 22] ㉡ 通說 : 법률의 착오에 해당하므로 정당한 이유 유무에 따라 처리
	② 효력의 착오	효력이 있는 규정을 (위헌이므로) 효력이 없다고 오인한 경우
	③ 포섭의 착오	금지규범을 너무 좁게 해석하여 자신의 행위는 포섭되지 않는다고 오인한 경우('이 정도는 괜찮겠지')
간접적 착오 (간접적 금지규범 내지 허용규범의 착오)	① 위법성조각사유의 존재에 대한 착오(허용규범의 착오)	위법성조각사유가 존재하지 않는데도 위법성조각사유가 존재한다고 오인한 경우 예 남편이 부인에 대한 징계권이 있는 줄 잘못 알고 부인에게 체벌을 가한 경우 [국가9급 09]
	② 위법성조각사유의 한계(허용한계의 착오)	위법성조각사유의 한계를 벗어남에도 위법성조각사유의 한계내에 있다고 오인한 경우
	③ 위법성조각사유의 전제사실에 관한 착오 (허용구성요건착오)	위법성조각사유의 전제사실(허용구성요건, 객관적 정당화상황)에 해당하지 않음에도 해당된다고 오인한 경우 예 오상방위, 오상피난, 오상명예훼손 등

💡 퍼써 정리 | 위법성조각사유의 전제사실의 착오의 해결

학 설	내 용
엄격고의설	위법성의 인식이 없으면 고의 조각 → 과실범 [참고] 제한적 고의설(위법성인식가능성설)에 의하면, 행위자에게 착오에 대한 위법성인식가능성이 있으면(과실이 있으면) 고의가 인정되고, 위법성인식가능성이 없으면 고의가 부정되어 과실범 성립
소극적 구성요건표지 이론	위법성조각사유에 대한 착오는 곧 **구성요건의 착오**가 되므로 구성요건적 고의 조각 → 과실범
엄격책임설	• 엄격하게 책임설을 그대로 적용해야 한다는 입장 • 위법성의 인식이 없으므로 **법률의 착오**로 취급 • 오인에 정당한 이유가 있다면 책임이 조각되어 무죄, 정당한 이유가 없으면 책임이 인정되어 **고의범 성립** [비판] 사실관계에 대한 착오라는 착오의 특수성 무시, 고의범으로 처벌하는 것은 법감정에 반함

	위법성조각사유의 전제사실의 착오는 법률의 착오가 아니라 사실의 착오로 취급	
제한적 책임설	구성요건착오 유추적용설	• 구성요건요소와 허용구성요건요소 사이에는 질적인 차이가 없음 • 행위자에게 구성요건적 불법을 실현하려는 결단이 없으므로 구성요건적 고의를 조각하여 고의범의 행위불법을 부정한다는 견해 [비판] **공범 성립 불가**
	법효과제한적 책임설(多)	• 구성요건적 고의는 인정되나 책임고의(법적대적 태도)가 조각된다는 견해 • 고의범의 불법은 인정하되 책임은 부정함으로써 법효과(형벌)는 과실범의 범위로 제한하고, 고의범의 불법은 인정되므로 **공범 성립 가능** [비판] **불법과 책임의 불일치**

[판례] 형법 §310조의 위법성조각사유의 전제사실에 관한 착오에 대하여 상당한 이유가 있으면 위법성이 조각된다는 입장도 판시함(**위법성조각설**, 대법원 1993.6.22, 92도3160 등)

Ⅲ 형법 §16의 해석

자기의 행위가 법령에 의해 죄가 되지 아니하는 것으로 오인한 행위	① 判例 : 법률의 부지 불포함 ② 通說 : 법률의 부지 포함 ③ 위법성조각사유의 전제사실의 착오 : 엄격책임설은 포함, 제한적 책임설은 　불포함
그 오인에 '정당한 이유'가 있는 때에 한하여	**행위자가 지적 인식능력을 다했다** 하더라도 그 **착오를 회피할 수 없었을 때**(대법원 2009.12.24, 2007도1915; 2006.3.24, 2005도3717)[법원9급 17] [판례] **행위자 개인의 인식능력, 행위자가 속한 사회집단, 행위자가 처한 구체적인 행위정황**에 따라 달리 평가되어야 한다(대법원 2006.3.24, 2005도3717 등)[국가7급 14, 경찰승진 23]
벌하지 아니한다	책임조각(책임설, but 고의설에 의하면 고의 조각)

🔦 퍼써 정리 Ⅰ **법률의 착오에 정당한 이유가 있는 경우** : 부·법·초·군·허·향·한·비·변·교

1. 대법원 1971.10.12, 71도1356
부대장의 허가를 받아 부대 내에서 유류를 저장하는 것이 죄가 안 된다고 오인한 경우(단, 상관의 위법한 지시를 따른 경우에는 정당한 이유 ×)
법원의 판결을 신뢰한 경우(단, 사안을 달리하는 판례를 믿은 경우는 정당한 이유 ×, 법률위반행위 중간에 일시적으로 판례가 처벌대상이 되지 않는 것으로 해석했던 경우도 정당한 이유 ×)
2. 대법원 1972.3.31, 72도64
초등학교장이 도교육위원회의 지시에 따라 교과식물로 비치하려고 양귀비를 학교 화단에 심은 경우
3. 대법원 1974.7.23, 74도1399
군복무를 필한 이복동생 이름으로 해병대에 지원입대하여 복무하다가 휴가를 받아 이 사실을 알게 되어 부대에 복귀하지 않은 경우

4. 대법원 1992.5.22, 91도2525 등

허가를 담당하는 공무원이 허가를 요하지 않는 것으로 잘못 알려주어 이를 믿었기 때문에 허가를 받지 아니한 경우(외국인직업소개, 국유재산 건축물 신축, 자수정 채광 산림훼손허가, 관광휴양지역 산림훼손허가, 미숫가루 제조, 발가락양말, 나대지, 장의사 영업허가 [법원9급 13, 국가7급 14], 시설을 미리 갖춘 후 실제 영업행위를 하기 전에 변경허가를 받으면 된다고 그릇 인식한 것(대법원 2015.1.15, 2013도 15027) [국가7급 17, 법원 17] (단, 허가담당공무원이 확실히 답변해주지 않은 경우에는 정당한 이유 ×)

5. 대법원 1974.11.12, 74도2676

이미 같은 주소에 **향토**예비군설치법 시행령에 의하여 대원신고가 되어 있었으므로 재차 동일주소에 대원신고(주소이동)를 하지 아니한 경우(단, 예비군 대원신고를 하지 않은 경우는 정당한 이유 ×)

6. 대법원 1995.8.25, 95도717

면허나 의약품 판매업 허가 없이 가감삼십전대보초를 판매함에 있어 가감삼십전대보초와 **한**약 가지 수에만 차이가 있는 십전대보초를 제조하고 그 효능에 관하여 광고를 한 사실에 대하여 이전에 검찰의 혐의 없음 결정을 받은 적이 있는 경우 [국가7급 12](단, 무도교습소에서 일반회원을 강습한 경우는 정당한 이유 ×)

7. 대법원 2002.5.17, 2001도4077

비디오물감상실업자가 자신의 비디오물감상실에 18세 이상 19세 미만의 청소년을 출입시킨 경우 [경찰채용 13, 국가7급 16](단, 유흥업소에 18세의 고등학생 아닌 자를 출입시켜 주류를 판매한 경우는 정당한 이유 ×)

8. 대법원 1976.1.13, 74도3680

겨우 국문 정도 해독할 수 있는 60세의 부녀자가 **관할** 공무원과 자기가 소송을 위임하였던 **변**호사에게 문의확인하여 채권의 신고를 하지 아니한 경우(단, 변호사의 단순한 자문을 받은 경우는 정당한 이유 ×)

9. 대법원 1975.3.25, 74도2882

교통부장관의 허가를 받아 설립된 한국**교통**사고상담센터의 직원이 피해자의 위임으로 사고회사와의 사이에 화해의 중재나 알선을 하고 피해자로부터 교통부장관이 승인한 조정수수료를 받은 경우 [경찰채용 13](단, 장관의 회신을 믿은 경우는 정당한 이유 ×)

[보충] 대법원 1970.9.22, 70도1206

(법률의 착오가 아니고 사실의 착오인 경우) **민사소송법 기타의 공법의 해석을 잘못하여** 피고인이 가압류의 효력이 없는 것이라 하여 가압류가 없는 것으로 착오하였거나 또는 봉인 등을 손상 또는 효력을 해할 권리가 있다고 오신한 경우에는 민사법령 기타 공법의 부지에 인한 것으로서 이러한 법령의 부지는 형벌법규의 부지와 구별되어 범의를 조각 [경찰채용 13/15](단, **봉인 등의 표시가 법률상 효력이 없다고 오인**한 것은 법률의 착오로서 정당한 이유 ×)

---

05 책임조각사유 : 기대불가능성

I 서 설

의 의	적법행위의 기대가능성이 없어서 책임을 조각시키는 사유
책임개념	책임을 행위자에 대한 비난가능성으로 보는 **규범적 책임론**의 책임의 요소 *cf.* 책임을 고의·과실의 존재로 보는 심리적 책임론에서는 책임의 요소 ×

Ⅱ 기대가능성의 판단기준

학 설	국가표준설(국가를 기준으로 하면 기대가능성이 없는 경우는 거의 없게 됨), 행위자표준설(행위자만 기준으로 하면 기대가능성이 대체로 없게 됨), 평균인표준설이 대립
다수설·판례	**사회일반인 내지 평균인**이 행위자의 입장에 있었을 경우에 적법행위의 가능성이 있었는가의 여부에 따라 판단(평균인표준설, 多·判)

Ⅲ 기대가능성의 구현

구 분	책임조각사유	책임감경사유	책임감소·소멸사유
의 의	기대가능성의 결여로 인한 책임조각	기대가능성의 감소를 이유로 한 책임감경	기대가능성의 감소 또는 결여로 인한 책임감경·면제(임의적 감면)
총칙규정	• **강요된 행위**(§12) • **면책적 과잉방위**(§21③) • **면책적 과잉피난**(§22③) cf. 자구행위에는 없음		• 과잉방위(§21②) • 과잉피난(§22③, §21②) • 과잉자구행위(§23②)
각칙규정	• **친족·동거가족 간 범인은닉죄**(§151②) • **친족·동거가족 간 증거인멸·증인은닉죄**(§155④)	• 도주원조죄 〉 단순도주죄(§145①) • 위조통화행사죄 〉 위조통화취득후지정행사죄(§210)	
초법규적	• 절대적 구속력 있는 상관의 위법한 명령을 수행한 행위 • 의무의 충돌상황에서 부득이 저가치의 의무를 이행한 행위 • 생명·신체 이외의 법익에 대한 강요된 행위 • 생명 대 생명의 긴급피난의 경우(면책적 긴급피난) • 우연히 시험문제를 입수한 후 응시한 경우 등 판례	• 적법행위의 기대가능성이 감경되는 경우	• 적법행위의 기대가능성이 감경 또는 결여되는 경우

🔗 한줄판례 Summary

기대가능성이 없어 책임이 조각된다고 본 경우
1. 우연한 기회에 미리 출제될 문제를 알게 된 입학시험 응시자의 시험응시행위(대법원 1966.3.22, 65도1164)
   [법원9급 13]
2. 취직할 수 있다는 감언에 속아 도일하여 조총련간부들의 감시·감금 하의 강요에 못이겨 공산주의자가 되어 북한에 갈 것을 서약한 행위(대법원 1972.5.9, 71도1178)

3. 기관고장과 풍랑으로 표류 중 납북되어 북한을 찬양·고무·동조하고 송환될 때 지령을 받고 수락한 경우

4. 무장공비 탈출을 막기 위해 매복초소의 초병 2명이 만 4일 6시간 동안 총 3～5시간의 수면을 취한 상태에서 2시간씩 교대로 수면을 취한 경우(대법원 1980.3.11, 80도141)

5. 나이트클럽 주인이 지도교수의 인솔 아래 수학여행을 온 대학교 3년생 34명 중 일부의 학생증을 제시받아 성년자 확인하고 입장시켰으나 그중 1명이 미성년자인 경우(대법원 1987.1.20, 86도674)

6. 사용자가 근로자에 대한 임금이나 퇴직급을 지급할 수 없었던 **불가피한 사정**이 인정되는 경우(대법원 2015.2.12, 2014도12753)

기대가능성이 있어 책임이 조각되지 않아 유죄가 된 경우

1. 북한지역으로 **자의로** 탈출한 자의 북한집단구성원과의 회합(대법원 1973.1.30, 72도2585) [법원9급 09]

2. 비서가 주종관계에 있는 **상사의 지시**에 따라 공무원에게 뇌물을 공여한 경우(대법원 1983.3.8, 82도2873) [경찰간부 17]

3. 상사인 포대장이나 인사계 **상사의 지시**에 의해 군용물 매각(대법원 1983.12.13, 83도2543) [법원9급 09/13]

4. 직장의 상사가 제품검사의뢰서 변조하는데 가담한 부하(대법원 1986.5.27, 86도614)

5. **성장교육과정을 통하여 형성된 내재적 관념·확신**으로 인한 항공기테러(대법원 1990.3.27, 89도1670)

6. 신고를 하지 않고 미등기 전매(대법원 1990.10.30, 90도1798)

7. 교수가 출제교수들로부터 대학원신입생전형시험문제를 제출받아 알게 된 것을 틈타서 그 시험문제를 알려주었고 수험생이 그 답안쪽지를 작성한 다음 이를 답안지에 그대로 베껴 써서 그 정을 모르는 시험감독관에게 제출한 경우(대법원 1991.11.12, 91도2211) [경찰간부 17/21]

8. 신고하지 않고 옥외집회 주최(대법원 1992.8.14, 92도1246)

9. 탄약창고의 보초가 **상급자들이 포탄피를 절취**하는 현장을 목격하고도 그것을 제지하지 않고 상관에게 보고도 하지 않은 경우(대법원 1966.7.26, 96도914)

10. 안기부 공무원이 **상관의 명령**에 의해 대통령선거를 앞두고 허위사실을 담은 책자를 발간·배포(대법원 1999.4.23, 99도636)

11. 통일원장관의 접촉 승인 없이 북한 주민과 접촉(대법원 2003.12.26, 2001도6484)

12. 임금 등 청산을 위한 노력과 조치 정도에 비추어 퇴직 근로자에 대하여 임금이나 퇴직금을 지급할 수 없었던 **불가피한 사정이 있다고 인정하기 어려운 경우**(대법원 2006.2.9, 2005도9230)

13. **이미 유죄판결이 확정된 자**가 공범자의 재판에서 위증한 경우(대법원 2008.10.23, 2005도10101) [법원9급 09/13, 경찰채용 10]

14. 구 음반·비디오물 및 게임물에 관한 법률 위반으로 기소된 피고인에게 **영업정지처분에 대한 집행정지 신청이 잠정적으로 받아들여졌다는 사정**이 있는 경우(대법원 2010.11.11, 2007도8645) [경찰간부 21]

Ⅴ 강요된 행위

제12조 【강요된 행위】 저항할 수 없는 폭력이나 자기 또는 친족의 생명, 신체에 대한 위해를 방어할 방법이 없는 협박에 의하여 강요된 행위는 벌하지 아니한다.

법적 성질	책임조각사유	기대불가능성에 의해 형법에 규정된 형법상 책임조각사유		
	긴급피난과의 비교	구 분	긴급피난	강요된 행위
		본 질	위법성조각사유	책임조각사유
		법익의 범위	제한 ×	생명·신체
		법익의 주체	자기 or 타인	자기 or 친족
		원인의 부당성	不要	要(불법한 폭력·협박)
		상당성	要 (보충성·균형성· 적합성)	不要 ★ 보충성은 필요
성립 요건	저항할 수 없는 폭력	**심리적·윤리적**으로 강제하는 폭력 ○ **절대적 폭력** ×		
	자기 또는 친족의 생명·신체에 대한 방어할 방법이 없는 협박	① 친족 : 내연의 처나 혼외자 ○(多) *cf.* 범인은닉·증거인멸의 친족간 특례에서는 사실혼 제외 ② **생명·신체 이외의 법익** : 강요된 행위 ×, 초법규적 책임조각(多) ③ **자초한 강제상태** : 강요된 행위 ×		
	강요된 행위	폭력·협박과 강요된 행위 간에는 **인과관계 要** 인과관계 없으면 피강요자는 강요자와 공범관계 ○		
효 과	벌하지 않음	① 피강요자의 책임이 조각되어 범죄 성립 × ② 피강요자와의 관계에서 **강요자는 간접정범(§34①)** or 강요죄가 됨		

CHAPTER 05 미수론

01 범죄의 실현단계

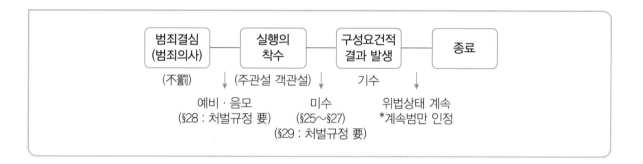

02 예비죄

⊘ 조문정리

제28조【음모, 예비】범죄의 음모 또는 예비행위가 실행의 착수에 이르지 아니한 때에는 법률에 특별한 규정이 없는 한 벌하지 아니한다.

I 서설

의 의		실행의 착수에 이르지 못한 범죄 실현을 위한 외부적 준비행위(§28) 예비는 물적 준비, 음모는 심적 준비
구별개념	미 수	예비는 실행의 착수 이후의 개념인 미수와 구별
	예비 음모	① 형법 : 예비와 음모는 동일한 법정형으로 처벌하므로 **형법상 구별실익 無** ② 판례 : 밀항단속법에서는 예비만 처벌하므로 **음모는 예비의 전 단계**로 처벌되지 않는다(음모와 예비의 구별 ○, 대법원 1986.6.24, 86도437)
형법적 취급		원칙적으로 처벌되지 않지만 **예외적으로 특별규정이 있는 경우에만 처벌**(§28) [국가9급 12, 법원9급 14]

개인적 법익	사회적 법익	국가적 법익
• **살**인 • **약**취 · 유인 · 인신매매 • **강**도 • **강**간	• **먹**는물유해물혼입 · 수도불통 • **통**화 · 유가증권 · 우표 · 인지 • **방**화 · 일수 • **기**차 · 선박 • **폭**발물사용(예비 · 음모 · 선동)	• **도**주원조 • **내**란 · 외환(예비 · 음모 · 선동 · 선전), 외국에 대한 사전

> 🔗 **한줄판례 Summary**
>
> 음모라 함은 2인 이상의 자 사이에 성립한 **범죄실행의 합의**를 말하는 것으로, 범죄실행의 합의가 있다고 하기 위하여는 <u>단순히 범죄결심을 외부에 표시·전달하는 것만으로는 부족</u>하고, **객관적으로 보아 특정한 범죄의 실행을 위한 준비행위라는 것이 명백히 인식**되고, 그 합의에 **실질적인 위험성**이 인정될 때에 비로소 음모죄가 성립한다(대법원 1999.11.12, 99도3801) [국가9급 17]

Ⅱ 법적 성격

기본범죄에 대한 관계	발현형태설	**예비죄는 독립적인 범죄형태가 아니고**, 효과적인 법익보호를 위하여 처벌범위를 확장한 수정적 구성요건형태에 불과하다는 입장(수정형식설, 多·判) → 발현형태설에 의하면 **예비죄에 대한 공범 성립 ×**
	독립범죄설	예비죄는 독자적인 불법성을 지니고 있는 기본적 범죄행위 → 독립범죄설에 의하면 예비죄에 대한 공범 성립 ○
예비죄의 실행행위성		예비행위도 수정적 '구성요건'이므로 실행행위성을 인정할 수 있음(발현형태설에 의한 실행행위 긍정설, 多) → ∴ **예비죄의 공동정범 성립 ○** *cf.* 발현형태설에 의하면 예비죄의 실행행위성은 부정해야 한다는 견해 있음(少)

Ⅲ 성립요건

주관적 성립요건		객관적 성립요건				
고 의	목 적	외부적 준비행위				실행착수 ×
기본범죄고의설(多) 예비행위고의설 ※ **과실에 의한 예비 ×**	기본범죄를 범할 목적 ※ all 예비죄 = 목적범 [법원9급 14]	물적 예비	인적 예비	자기 예비	타인 예비	미수와의 구별
		○	○	○	×(종범)	

cf. 타인예비 : 타인의 범죄의 예비단계에 가공한 행위로서, 방조행위에 불과하므로 예비의 개념에 포함될 수 없음(부정설, 多)

예비 · 음모죄가 성립하는 경우

1. 피고인이 행사할 목적으로 미리 준비한 물건들과 옵세트인쇄기를 사용하여 한국은행권 100원권을 사진찍어 그 **필름 원판 7매와 이를 확대하여 현상한 인화지 7매를 만들었음**에 그쳤다면 아직 통화위조의 착수에는 이르지 아니하였고 그 준비단계에 불과하다(미수 ×, 예비 ○, 대법원 1966.12.6, 66도1317). [경찰채용 17 2차]

2. 피고인이 본범이 절취한 차량이라는 정을 알면서도 본범 등으로부터 그들이 위 차량을 이용하여 **강도를 하려 함에 있어** 차량을 운전해 달라는 부탁을 받고 위 **차량을 운전**해 준 경우, 강도예비죄와 장물운반죄의 상상적 경합이 성립한다(대법원 1999.3.26, 98도3030). [경찰채용 17 2차]

3. 관세포탈목적으로 **과세가격을 허위 신고하고 과세가격 사전심사서를 미리 받아 두는** 행위는 관세포탈예비죄가 된다(대법원 1999.4.9, 99도424).

4. 甲이 乙을 살해하기 위하여 丙과 丁을 **고용하면서 대가의 지급을 약속**한 경우 甲에게는 살인죄를 범할 목적 및 살인의 준비에 관한 고의뿐만 아니라 살인죄의 실현을 위한 준비행위를 하였음을 인정할 수 있으므로 살인예비죄가 성립한다(대법원 2009.10.29, 2009도7150). [국가7급 17]

예비 · 음모죄가 성립하지 않는 경우

1. 사람을 살해할 용도로 흉기를 준비하였으나 **살해대상자가 확정되지 못한 경우** 예비죄가 되지 않는다(대법원 1959.7.31, 4292형상308). [국가9급 17]

2. 부정선거관련자처벌법 제5조 제4항에 동법 제5조 제1항의 예비 · 음모는 이를 처벌한다고만 규정하고 있을 뿐이고 **그 형에 관하여 따로 규정하고 있지 아니한 이상** 죄형법정주의의 원칙상 위 예비 · 음모를 처벌할 수 없다(대법원 1977.6.28, 77도251).

3. 사병 2인이 수회에 걸쳐 '**총을 훔쳐 전역 후 은행이나 현금수송차량을 털어 한탕 하자**'라는 말을 나눈 경우, 그 합의에 실질적 위험성이 없어 강도음모죄가 되지 않는다(대법원 1999.11.12, 99도3801). [국가7급 09]

4. 강도예비 · 음모죄가 성립하기 위해서는 예비 · 음모 행위자에게 미필적으로라도 '강도'를 할 목적이 있음이 인정되어야 하고 그에 이르지 않고 **단순히 '준강도'할 목적이 있음에 그치는 경우**에는 강도예비 · 음모죄로 처벌할 수 없다(대법원 2006.9.14, 2004도6432). [법원9급 20]

Ⅳ 관련문제

예비죄의 공범	예비죄의 공동정범	**성립 ○(多 · 判)** [국가7급 09, 국가9급 12/14, 법원 14, 경찰채용 12] 예 공동으로 살인도구를 구입한 경우 : 살인예비죄의 공동정범
	예비죄의 공범	① 예비죄에 대한 교사범 : 교사범 ×, 형법 §31②③에 따라 예비 · 음모죄 성립 가능(가벌성 인정) ② 예비행위에 대한 방조범 : 방조범 ×, 형법 §32에는 이를 처벌하는 규정이 없음(**가벌성 부정**, 대법원 1976.5.25, 75도1549) [국가9급 11/12/14, 법원9급 14, 경찰채용 12]
예비죄의 중지	부정설 (少 · 判)	**중지미수는 실행의 착수 이후의 개념**이기 때문에 예비죄의 중지미수 부정(예비죄로 처벌, 대법원 1966.4.21, 66도152; 1999.4.9, 99도424) [국가9급 11/14, 국가7급 12, 법원9급 14, 법원승진 16, 경찰채용 11/12]
	긍정설 (多)	실행착수 이후 중지한 경우보다 예비의 중지가 형이 높은 것은 **형의 불균형**이므로, 예비단계에서 중지한 경우에도 예비죄에 중지미수의 필요적 감면규정을 적용해야 한다는 견해

Ⅰ 서설

의 의	기수의 고의(확정적 행위의사)를 가진 고의범이 범죄의 실행에 착수하여 행위를 종료하지 못하였거나 종료했더라도 결과가 발생하지 아니한 경우 ∴ **과실범의 미수 不可** 구성요건을 충족시키지 못하였다는 점에서 충족시킨 기수와 구별	
형법상 미수범의 체계	장애미수	의외의 장애로 범죄를 완성하지 못한 경우(§25) → 임의적 감경
	중지미수	자의로 범죄를 중지한 경우(§26) → 필요적 감면
	불능미수	결과발생이 처음부터 불가능한 경우(§27) → 임의적 감면
처벌	미수범은 형법각칙에 **처벌규정이 있는 경우에 한하여 처벌**된다(§29) [국가7급 12]	

퍼써 정리 | 미수범 처벌이 없는 범죄

1. 거동범 : 대체로 없음, 폭행죄, 존속폭행죄, 유기죄, 명예훼손죄, 모욕죄, 업무방해죄, 공무집행방해죄, 범인은닉죄, 위증죄, 무고죄 등. 단, **집합명령위반죄, 퇴거불응죄는 있음**
2. 과실범, 예비·음모죄 : 미수범 처벌 ×
3. 진정결과적 가중범 : 대체로 없음, 단, **인질치사상, 강도치사상, 해상강도치사상, 현주건조물일수치사죄는 있음**
4. 부진정결과적 가중범 : 대체로 없음, 단, 현주건조물일수치상죄는 있으나 논외
5. 진정부작위범 : 대체로 없음, 단, 집합명령위반죄, 퇴거불응죄는 있음
   cf. 부진정부작위범은 대체로 결과범이므로 미수범 처벌 ○
6. 재산죄 중 미수범 처벌규정이 없는 죄 : **부당이득죄, 점유이탈물횡령죄, 장물에 관한 죄, 경계침범죄, 권리행사방해죄, 강제집행면탈죄**
7. 공안을 해하는 죄 : 범죄단체조직죄, 소요죄, 다중불해산죄, 공무원자격사칭죄는 없음
8. 공공의 신용에 대한 죄 중 미수범 처벌규정이 없는 죄 : **위조통화취득후지정행사죄, 소인말소죄, 사문서부정행사죄**
9. 공무원의 직무에 관한 죄 : 대체로 없음, 단, **불법체포·감금죄는 있음**
10. ~방해죄 : 대체로 없음, 단, **일반교통방해죄, 기차·선박등교통방해죄**, 가스·전기공급방해죄는 있음

Ⅱ 미수범 처벌의 이론적 근거

학 설	내 용	비 판
주관설	① 행위자의 법적대적 의사에 처벌 근거 ② **기수범과 동일한 처벌**	① 형법은 미수범 처벌에 규정 要(§29) ② 형법은 임의적 감경(§25②)
객관설	① 법익침해의 구체적 위험에 처벌 근거 ② **기수범보다 필요적 감경**	① 형법은 불능미수도 처벌(§27) ② 형법은 임의적 감경(§25②)
절충설	주관과 객관의 절충(인상설, 通)	**임의적 감경과 조화**

조문정리

제25조【미수범】① 범죄의 실행에 착수하여 행위를 종료하지 못하였거나 결과가 발생하지 아니한 때에는 미수범으로 처벌한다.
② 미수범의 형은 기수범보다 감경할 수 있다.

의의			실행에 착수하였으나 의외의 장애로 인하여 범죄를 완성하지 못한 미수(§25①)
성립요건	주관적 요건	기수의 고의	객관적 구성요건요소를 인식하고 그 구성요건을 실현하려는 고의 要 ∴ 처음부터 결과발생은 일으키지 않겠다고 생각한 경우(미수의 고의) : 미수 ✕ 미수범의 주관적 요건(기수의 고의, 확정적 행위의사, 목적 등 특별한 주관적 요소)은 기수범의 주관적 요건과 동일 *cf.* 확정적 행위의사 필요 : ∴ 타인의 의사에 의존하는 조건에 좌우되는 행위의사는 확정적이 아니므로 미수범 불성립(수험에서는 참고)
		과실범	과실범의 미수는 기수의 고의가 없어 불성립, 처벌규정도 없음
	객관적 요건	실행의 착수	① 의의 : 구성요건 실현을 직접적으로 개시하는 것 → 예비와 미수의 구별기준
			② 실행의 착수시기에 관한 학설
		결과의 불발생	결과는 발생하지 않아야 함 *cf.* 결과가 발생한 경우에도 인과관계 부정되면 미수범 성립
관련문제			실행의 착수시기
	원인자유행위		원인행위시설(구성요건적 정형성 무시, 少)과 실행행위시설(동시존재원칙 예외, 多)
	간접정범		이용자의 이용행위 시(通)
	공동정범공범		• 공동정범 : 공동정범자 중 1인의 실행착수 시(일부실행·전부책임) → 합동범 同 • 교사범·종범 : 정범의 실행행위 시
처벌	예외적 처벌		형법각칙에 특별한 규정이 있는 경우에만 처벌(§29)
	임의적 감경		주형에 대해서만 감경 可, 부가형(몰수·추징)·보안처분은 감경 不可

실행의 착수시기에 관한 학설 표:

객관설		주관설	개별적 객관설(通)
형식적 객관설	실질적 객관설	범죄의사의 비약적 표동 시	주관 + 객관
실행행위 일부 시 • 너무 늦다 • 주관 무시	밀접행위 시 직접적 위험 시 대부분의 판례 • 모호한 기준 • 주관 무시	간첩죄 (잠입설, 判) • 너무 이르다 • 예비와 구별 ✕ • 가벌성 확대	살인죄(접근, 判) • 모호한 기준

PART 02 형법론

실행의 착수 인정

1. 강간의 목적으로 피해자를 **차에 태워 주행**, 외포케 한 행위(대법원 1983.4.26, 83도323)

2. 금품을 절취하기 위하여 **손가방의 한쪽 걸쇠만 연** 경우(대법원 1983.10.25, 83도2432), 소매치기의 경우 피해자의 양복 상의 주머니로부터 금품을 취하려고 그 **주머니에 손을 뻗쳐 그 겉을 더듬은** 때(대법원 1984.12.11, 84도2524) [경찰채용 09], 자동차 안의 밍크코트를 절취하기 위해 **차문 손잡이를 잡아당긴** 경우(대법원 1986.12.23, 86도2256) [법원9급 17], 차량의 문이 잠겨 있는지를 확인하기 위해 양손으로 **운전석 문의 손잡이를 잡고 열려고** 하던 중 경찰관에게 발각된 경우(대법원 2009.9.24, 2009도5595) [국가7급 14], 주간에 절도의 목적으로 **방 안까지 들어갔다가** 절취할 재물을 찾지 못하여 거실로 돌아 나온 경우(대법원 2003.6.24, 2003도1985)

3. 간첩의 목적으로 국외 또는 북한에서 **국내에 침투 또는 월남**하는 경우(대법원 1984.9.11, 84도1381) [국가7급 11]

4. **야간**에 타인의 재물을 **절취**할 목적으로 사람의 **주거에 침입**한 경우(대법원 1984.12.26, 84도2433), 야간에 아파트에 침입하여 물건을 훔칠 의도 하에 아파트의 베란다 철제난간까지 올라가 유리창문을 열려고 시도한 경우(대법원 2003.10.24, 2003도4417) [국가7급 14, 경찰채용 10]

5. 공동소유자에게 공유하고 있던 부동산의 매각처분권한을 위임하여서 위 부동산을 매매하였음에도 불구하고 이를 권원 없는 불법매도라고 주장하여 **소를 제기한** 경우(대법원 1987.5.12, 87도417), 권리가 존재하지 않은 사실을 알고 있으면서도 법원을 기망한다는 인식을 가지고 **소를 제기**한 경우(대법원 1993.9.14, 93도915), **제소자가 상대방의 주소를 허위로 기재**함으로써 그 허위주소로 소송서류가 송달되어 그로 인하여 상대방 아닌 다른 사람이 그 서류를 받아 소송이 진행된 경우(대법원 2006.11.10, 2006도5811) [법원9급 14, 국가7급 16], 피담보채권인 공사대금 채권을 실제와 달리 **허위로 부풀려 유치권에 의한 경매를 신청**한 경우(대법원 2012.11.15, 2012도9603) [법원9급 13]

6. 주택주변과 피해자의 몸에 휘발유를 상당히 뿌린 상태에서 라이터를 켜 불꽃을 일으켰는데, **불이 피해자의 몸에만 붙고** 방화 목적물인 주택 자체에 불이 옮겨 붙지 않은 경우(대법원 2002.3.26, 2001도6641) [법원9급 13/14, 국가7급 14]

7. 출입문이 열려 있으면 안으로 들어가겠다는 의사 아래 **출입문을 당겨보는** 행위(대법원 2006.9.14, 2006도2824) [법원9급 12, 경찰채용 10]

8. 「부정경쟁방지 및 영업비밀보호에 관한 법률」 제18조 제2항에서 정하고 있는 영업비밀부정사용죄에 있어서는, 행위자가 당해 영업비밀과 관계된 영업활동에 이용 혹은 활용할 의사 아래 그 **영업활동에 근접한 시기에 영업비밀을 열람하는 행위**를 한 경우(대법원 2009.10.15, 2008도9433) [경찰채용 17 1차]

실행의 착수 부정

1. 장해보상금 지급청구권자에게 보상금을 찾아주겠다고 거짓말을 하여 **장해보상금 지급청구자를 보상금 지급 기관까지 유인**한 경우(대법원 1980.5.13, 78도2259) [국가7급 14]

2. 소의 제기 없이 **가압류신청**을 한 경우(대법원 1982.10.26, 82도1529) [경찰채용 17 1차, 경찰승진 23], 부동산 경매절차에서 피고인들이 **허위의 공사대금채권을 근거로 유치권 신고**를 한 경우(대법원 2015.3.20, 2014도16920) [경찰채용 17 1차]

3. 피고인이 히로뽕 제조원료 구입비로 금 3,000,000원을 제1심 공동피고인에게 제공하였는데 공동피고인이 그로써 **구입할 원료를 물색 중 적발**된 경우(히로뽕 제조미수 ×, 대법원 1983.11.22, 83도2590) [경찰채용 17 1차]

4. 절취의 목적으로 **자동차 내부를 손전등으로 비추어 본** 것(대법원 1985.4.23, 85도464) [법원9급 10/13/14], 절도의 목적으로 피해자의 집 현관을 통하여 그 집 **마루 위에 올라서서 창고문 쪽으로 향하다가** 피해자에게 발각, 체포된 경우(대법원 1986.10.28, 86도1753)

5. 강간 목적으로 자고 있는 피해자의 **가슴과 엉덩이를 만지면서 간음을 기도**한 경우(대법원 1990.5.25, 90도607) [법원9급 12/14, 경찰채용 12]

6. 입영대상자가 **허위의 병사용진단서를 발급받은** 경우(대법원 2005.9.28, 2005도3065) [경찰채용 10, 법원 15], 입영대상자가 병역면제처분을 받을 목적으로 병원으로부터 **허위의 병사용진단서를 발급받은** 경우(제출하지 않았으므로 사위행위에 의한 병역기피행위죄의 실행의 착수 ×, 대법원 2005.11.10, 2005도1995) [경찰승진 17, 23]

7. 종량제 쓰레기봉투에 인쇄할 시장 명의의 문안이 새겨진 **필름을 제조**하는 행위에 그친 경우(대법원 2007. 2.23, 2005도7430)

8. **아직 범죄수익 등이 생기지 않은 상태**에서 은행강도 범행으로 강취할 돈을 **송금받을 계좌를 개설**한 경우(범죄 수익은닉죄의 실행의 착수 ×, 대법원 2007.1.11, 2006도5288) [경찰채용 10]

9. 침입 대상인 아파트에 사람이 있는지 확인하기 위해 **초인종을 누른** 경우(대법원 2008.4.10, 2008도1464) [국가7급 11, 법원9급 10]

10. 야간에 절도 목적으로 다세대주택의 **가스배관을 타고 올라가다가** 순찰 중이던 경찰관에게 발각된 경우(대법원 2008.3.27, 2008도917) [국가7급 14]

11. 위장결혼의 당사자 및 브로커와 공모한 甲이 **허위로 결혼사진을 찍고 혼인신고에 필요한 서류를 준비하여 위장결혼의 당사자에게 건네준** 경우(공전자기록등부실기재죄의 실행의 착수 ×, 대법원 2009.9.24, 2009도4998) [경찰승진 23]

12. **2인 이상이 합동하여 주간에** 절도의 목적으로 타인의 주거에 침입하였으나 아직 **절취할 물건의 물색행위를 시작하기 전인** 경우(대법원 2009.12.24, 2009도9667) [법원9급 10/12/15]

13. 단순히 **필로폰을 구해 달라는 부탁과 함께 대금 명목으로 돈을 지급받은** 것에 불과한 경우(필로폰매매죄의 실행의 착수 ×, 대법원 2015.3.20, 2014도16920).

14. 제1차 매수인으로부터 계약금 및 중도금 명목의 금원을 교부받은 후 **제2차 매수인에게 부동산을 매도하기로 하고 계약금을 지급받은** 경우(배임죄의 실행의 착수 ×, 대법원 2003.3.25, 2002도7134) [법원9급 10/13]

05 | 중지미수

✓ 조문정리

제26조 【중지범】 범인이 실행에 착수한 행위를 자의(自意)로 중지하거나 그 행위로 인한 결과의 발생을 자의로 방지한 경우에는 형을 감경하거나 면제한다.

[전문개정 2020.12.8.]

Ⅰ 서 설

의 의	범죄의 실행에 착수한 자가 그 범죄가 완성되기 전에 자의로 이를 중지하거나 결과의 발생을 방지한 미수(§26) [경찰채용 12]
본 질	① 형사정책설과 책임감소설의 결합설(多) 　　*cf.* 보상설(은사설, 공적설), 형벌목적설 등 ② 형감경은 책임감경사유, 형면제는 인적 처벌조각사유 　• 법률설(특히 위법성소멸설 · 책임소멸설)은 형면제를 설명할 수 없음

Ⅱ 성립요건

주관적 성립요건						객관적 성립요건		
일반적 요건	특별한 요건					중지행위		결과 ×
	자의성							
	객관설		주관설		절충설(通·判)		착수미수 : 중지	실행미수 : 결과방지	
기수의 고의 + α	외부적	내부적	비윤리적	윤리적	장애○	장애×	소극적 부작위	적극적 작위	결과○ → 기수
	장애미수	중지미수	장애미수	중지미수	장애미수	중지미수	잠정적 ○ 영구적 不要	타인도움○ 진지성 要	
	구별기준 모호 객관적 사정만 고려		중지미수 협소 자의성과 윤리성 혼동		• 보상적 동기 고려 ×				

[보충1] 착수미수와 실행미수의 구별 : 주관설(중지 시의 행위자의 주관 기준), 객관설, 절충설 대립
[보충2] 불능미수의 중지미수 : 부정설과 긍정설(형의 불균형 방지, 多)
[보충3] 결과가 발생하더라도 인과관계 내지 객관적 귀속 부정되면 중지미수 가능

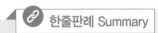 한줄판례 Summary

자의성 인정

1. 피해자를 강간하려다가 **다음번에 만나면 응해 주겠다**는 취지의 간곡한 부탁으로 인하여 그 목적을 이루지 못한 경우(대법원 1993.10.12, 90도1851) [국가9급 12/16, 법원9급 15, 법원승진 15, 경찰채용 09]
2. 甲은 乙과 함께 丙이 경영하는 사무실의 금품을 절취하기로 공모한 후 甲은 그 부근 포장마차에 있고 乙은 사무실의 열려진 출입문을 통하여 안으로 들어가 물건을 물색하고 있는 동안 甲은 자신의 범행전력 등을 생각하여 **가책을 느낀 나머지 丙에게 乙의 침입사실을 알려 丙과 함께 乙을 체포**한 경우(천광상회 사건, 대법원 1986.3.11, 85도2831) [경찰간부 18]

자의성 부정

1. 피고인이 기밀탐지임무를 부여받고 대한민국에 입국 기밀을 탐지·수집 중 경찰관이 피고인의 행적을 탐문하고 갔다는 말을 전해 듣고 지령사항수행을 보류하고 있던 중 체포된 경우(대법원 1984.9.11, 84도1381) [경찰간부 18]
2. 원료불량으로 인한 제조상의 애로, 제품판로문제, 범행탄로 시의 처벌공포 등으로 중지(대법원 1985.11.12, 85도2002)
3. 범행현장 주변에 세관직원들이 있어서 중지(대법원 1986.1.21, 85도2339) [법원승진 15, 법원9급 16]
4. 강도행위를 하던 중 피해자를 강간하려다가 피해자가 **수술한 지 얼마 안 되어 배가 아프다면서 애원**하는 바람에 간음행위를 중단한 경우(대법원 1992.7.28, 92도917)
5. 강도가 강간하려고 하였으나 잠자던 피해자의 어린 딸이 잠에서 깨어 우는 바람에 도주하였고 또 피해자가 시장에 간 남편이 곧 돌아온다고 하면서 임신 중이라고 말하자 도주한 경우(대법원 1993.4.13, 93도347) [국가9급 16]

6. 타인의 재물을 공유하는 자가 공유자의 승낙을 받지 않고 **공유대지를 담보에 제공하고 가등기를 경료**한 경우 (횡령행위는 기수에 이르고 그 후 가등기를 말소했다고 하여 중지미수 ×, 대법원 1993.10.12, 93도1851) [경찰간부 18]

7. 장롱 안에 있는 옷가지에 불을 놓아 건물을 소훼하려 하였으나 **불길이 치솟는 것을 보고 겁이 나서** 물을 부어 불을 끈 경우(대법원 1997.6.13, 97도957) [경찰채용 14, 법원 15, 법원승진 15, 국가9급 16]

8. 살해의사로 피해자를 수회 찔렀으나 많은 피가 나와 중지한 경우(대법원 1999.4.13, 99도640) [법원9급 15, 국가9급 16]

9. 피고인이 甲에게 위조한 예금통장 사본 등을 보여주면서 외국회사에서 투자금을 받았다고 거짓말하며 자금 대여를 요청하였으나, 甲과 함께 그 **입금 여부를 확인하기 위해 은행에 가던 중 은행 입구에서 차용을 포기하고 돌아간** 경우(대법원 2011.11.10, 2011도10539) [국가9급 13, 법원승진 15, 경찰채용 14]

Ⅲ 공범과 중지미수

중지미수는 중지자에게만 효과가 있다	甲이 乙에게 丙을 살해할 것을 교사하였는데, 乙이 丙에 대한 살인의 실행에 착수하였으나 범행을 중지한 경우 → 乙은 살인죄의 중지미수가 되나 甲은 살인죄의 장애미수(중지미수는 일신전속적 사유) [국가9급 11, 경찰채용 11]
결과가 발생하지 않아야 중지미수 [경찰채용 11]	甲과 乙이 공모하여 X를 살해하기로 하여 甲은 망을 보고 乙이 칼을 들고 X에게 다가가는 순간(乙은 실행에 착수) 甲이 범행을 하는 것을 후회하여 도망가 버린 후 乙은 X를 살해한 경우 → 甲·乙은 살인(기수)죄의 공동정범

Ⅳ 중지미수의 처벌

처 벌	필요적 감면(§26)

06 불능미수

✅ **조문정리**

제27조 【불능범】 실행의 수단 또는 대상의 착오로 인하여 결과의 발생이 불가능하더라도 위험성이 있는 때에는 처벌한다. 단, 형을 감경 또는 면제할 수 있다.

Ⅰ 서설

의의	범행의 수단이나 대상을 착오하여 처음부터 결과의 발생이 불가능하였지만 보호법익에 대한 위험성이 인정되어 **가벌성이 인정**되는 미수(§27)	
구별개념	불능범	결과발생이 불가능할 뿐만 아니라 위험성이 없는 행위로서, **처벌되지 않는** 행위
	미신범	초자연과학적 수단으로 범죄를 범하려는 행위로서, **처벌되지 않는** 행위 예 주술적 방법으로 살인을 하려는 경우
	환상범	처벌되지 않는 행위를 처벌된다고 적극적으로 오인한 행위로서, **처벌되지 않는** 행위(환각범, 반전된 금지착오) 예 동성애를 하면서 자신이 처벌된다고 생각한 경우, 피고인이 자신이 허위진술을 하면 위증이 된다고 생각하고 법정에서 허위진술을 한 경우

Ⅱ 성립요건

주관적 요건	① 기수의 고의 + α 필요 ② **미수의 고의** : 처음부터 치사량 미달의 독약임을 알았던 경우에는 (살인죄의) **불능미수 ×**	
객관적 요건	실행착수	필요
	결과발생 불가능	① 의의 : 수단 또는 대상의 착오로 **처음부터 불가능해야 함(원시적 불가능)** → ∴ 결과발생 가능 시에는 장애미수 ② 수단의 착오 : 감기약이나 설탕을 독약으로 오인하고 먹인 경우, 치사량 미달의 독약을 치사량으로 오인하여 먹인 경우 등 ③ 대상의 착오 : 사체를 살아있는 사람으로 오인하고 총을 쏜 경우, 자기의 재물을 타인의 재물로 오인하고 가져온 경우, 소유자가 가져가라고 한 물건을(양해가 있음에도) 절도의 고의로(양해가 없다고 오인하고) 가져온 경우, **반전된 구성요건착오** 등 ④ 주체의 착오 : 공무원이 아닌 자가 자신을 공무원으로 오인하여 수뢰한다고 생각한 경우로서, (형법 §27는 주체의 착오를 규정하고 있지 않으므로) 주체의 착오는 **불능미수가 아니고**(通) [국가9급 12], 불가벌적 불능범 내지 환상범에 해당함

	위험성	① 구객관설 : 절대적 불능 및 상대적 불능 구별설, 일부 판례 있음
		② 법률적 불능 및 사실적 불능 구별설
		③ 구체적 위험설
		  ㉠ 내용 : 행위 당시 **행위자가 인식한 사정과 일반인이 인식할 수 있었던 사정**을 기초로 전문지식 있는 일반인의 판단으로 구체적 위험성 있으면 위험성을 인정하는 견해(신객관설)
		    예 시체를 살아있는 사람으로 오인하여 살해하려고 한 경우 ⓐ 일반인도 살아있는 것으로 안 경우 → 불능미수, ⓑ 일반인은 시체임을 알고 있었던 경우 → 불능범
		  ㉡ 비판 : **행위자가 인식한 사정과 일반인이 인식할 수 있었던 사정이 일치하지 않는 경우에 무엇을 기초로 위험성을 판단해야 하는지 명확하지 않음**

객관적 요건	위험성	④ 추상적 위험설 ㉠ 내용 : 행위 당시 **행위자가 인식한 사정**을 기초로 전문지식 있는 일반인의 판단으로 결과발생의 위험성이 있으면 위험성을 인정하는 견해(주관적 객관 설, 행위자위험설, 대체적인 판례의 입장) [경찰승진 23] 예 ⓐ 행위자가 치사량미달의 독약을 투여한 경우 → (구체적 위험설에 의하 더라도) 불능미수, ⓑ 설탕을 독약으로 오인하고 투여한 경우 → (일반인 은 설탕인 점을 알 수 있었다면 구체적 위험설에 의하면 불능범이나) 불 능미수, ⓒ 설탕에 살상력이 있다고 오인하고 투여한 경우 → 불능범(순 주관설에 의하면 불능미수) ㉡ 비판 : 행위자가 경솔하게 인식한 사정도 위험성 판단의 기초로 삼으면 **가벌** **적 불능미수의 범위가 지나치게 확장됨** ⑤ 인상설 : 법적대적 의사가 일반인의 법질서의 효력에 대한 신뢰와 법적 안정감 을 동요시키는 인상을 준다면 위험성을 인정하는 견해 ⑥ 순주관설 : 범죄의사가 확실하게 표현된 이상 (미신범을 제외하고는) 가벌적 미 수범으로 처벌해야 한다는 견해(원칙적으로 불가벌적 불능범 인정 ×)

Ⅲ 처 벌

임의적 감면

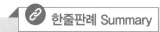
한줄판례 Summary

위험성 인정(불능미수 인정)

1. 권총에 탄알을 장전하여 발사하였으나 탄알이 불량이어서 불발된 경우(대법원 1954.1.30, 4286형상103) [법원 9급 16]

2. 치사량 미달의 스미치온(농약)을 우물 속에 혼합한 경우(대법원 1973.4.30, 73도354), 요구르트 한 병마다 섞은 농약 1.6cc가 치사량 미달인 경우(대법원 1984.2.28, 83도3331) [국가9급 12], 치사량 미달의 초우뿌리나 부자 달인 물을 마시게 하여 살해하려 하였으나 피해자가 토한 경우(대법원 2007.7.26, 2007도3687)

3. 속칭 '히로뽕' 제조를 시도하였으나 **약품배합 미숙**으로 그 완제품을 제조하지 못하였다 하더라도 위험성 인정(대법원 1985.3.26, 85도206)(단, **제조기술 부족**으로 완제품을 제조하지 못한 경우는 장애미수, 대법원 1984.10.10, 84도1793) [법원행시 09, 경찰승진 12]

4. 비록 그 주머니 속에 실제로 금품이 들어있지 않더라도 금품을 절취할 생각으로 타인의 주머니에 몰래 손을 넣은 경우(대법원 1986.11.25, 86도2090) [경찰채용 15 1차]

5. 피해자가 **심신상실 또는 항거불능의 상태**에 있다고 인식하고 그러한 상태를 이용하여 간음할 의사로 피해자를 간음하였으나 피해자가 **실제로는 심신상실 또는 항거불능의 상태에 있지 않았던 경우**(대법원 2019.3.28, 2018도16002 전원합의체) [국가9급 20, 국가7급 20, 경찰채용 20 2차, 경찰간부 20, 변호사 20]

위험성 부정(불능범 인정)

1. 에페트린과 빙초산 등을 가열하여 메스암페타민을 제조하려다 **제조기술과 경험 부족**으로 히로뽕 완제품이 아닌 **염산메칠에페트린을 생성**(대법원 1978.3.28, 77도4049) [국가9급 12]

2. **수입자동승인품목**을 제한 또는 금지품목으로 잘못 알고 반제품인 양 가장하여 한 수입허가신청(대법원 1983.7.12, 82도2114)

3. 피고인의 **제소가 사망한 자를 상대로 한 것**이라서 이와 같은 사망한 자에 대한 판결은 그 내용에 따른 효력이 생기지 아니하여 상속인에게 그 효력이 미치지 아니한 경우(대법원 2002.1.11, 2000도1881) [경찰간부 17]

CHAPTER 06 정범과 공범론

01 정범과 공범의 일반이론

Ⅰ 형법상의 공범(최광의의 공범, 범죄참가형태)

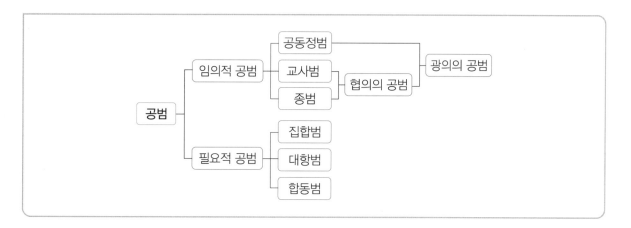

Ⅱ 정범과 공범의 구별

1. 정범의 개념

제한적 정범개념	구성요건에 해당하는 행위를 스스로 행한 사람만이 정범이고 그 이외의 자는 정범이 될 수 없다는 견해 → **교사범·종범 처벌규정은 형벌확장사유**로 파악 [국가9급 14]
확장적 정범개념	구성요건적 결과발생에 조건을 제공한 자는 모두 정범이 된다는 견해(등가설 = 조건설) → **교사범·종범은 형벌축소사유**로 파악
형법의 정범개념	**형법은 제한적 정범개념을 근간**으로 함 → 예 종범의 형을 '정범'보다 감경하는 점(§32②), 교사범을 '죄를 실행한 자'(정범)와 동일하게 처벌(§31①)

2. 정범과 공범의 구별기준

객관설	형식적 객관설	구성요건 해당 행위를 직접 행한 자만이 정범이고, 그 이외의 자는 공범이라는 견해 [비판] 정범의 범위가 너무 제한적, **공동정범과 방조범의 구별** ×

객관설	실질적 객관설	인과관계론의 원인설을 근거로, 결과발생에 직접 원인을 준 자를 정범으로 보는 견해(필요설, 동시설, 우세설 등)
		[비판] 범행계획 무시(형식적 객관설도 동일), 간접정범과 교사범의 구별 ×
주관설	의 의	정범과 공범은 결과에 대해서 조건을 제공한 점에서 차이가 없으므로(**확장적 정범개념, 조건설 = 등가설**) 정범과 공범의 구별은 주관적 요소에 의해서만 가능하다는 견해
	종 류	① 의사설 : 정범의사를 가지고 행위한 자는 정범이고, 공범의사로 행위한 자는 공범이라는 견해 ② 이익설 : 자기의 이익을 위하여 행위를 한 자는 정범이고, 타인의 이익을 위해 행위한 자는 공범이 된다는 견해
	비 판	① 정범의사·공범의사를 기준으로 한 것은 순환론에 불과함 ② 이타적 동기에 의한 범행을 설명할 수 없음
행위 지배설		① 객관적 요소와 주관적 요소를 모두 고려하여 정범과 공범을 구별하는 견해(通·判) ② 정범성의 표지 : **실행지배는 직접정범, 의사지배는 간접정범, 기능적 행위지배는 공동정범** ③ 한계 : 신분범과 자수범을 설명하지 못함

▌ Ⅲ 공범의 종속성

공범 종속성설	교사범·종범이 성립하기 위해서는 적어도 정범이 고의범의 실행행위로 나아가야만 이에 종속하여 공범의 성립이 가능하다는 견해(通·判)
공범 독립성설	교사·방조행위가 이미 반사회적인 범죄로서의 실질을 갖고 있으므로, 정범의 실행행위가 없더라도 교사·방조행위 자체가 있으면 독립적으로 공범이 성립한다는 견해

비 교 [국가7급 17]	구 분	공범종속성설	공범독립성설
	범죄이론	객관주의	주관주의
	공범의 미수	정범 미수 시에만 공범의 미수 인정 **기도된 교사(§31②③) → 특별·예외**	정범 실행 없어도 공범의 미수 인정 **기도된 교사 → 당연·예시**
	간접정범	직접행위자가 정범이 되지 않으므로 이용자는 (공범×) 정범○ → 간접정범 ○	교사·방조행위 자체로 공범 ○ → 간접정범 개념 부정
	공범과 신분	**신분의 연대성을 규정한 §33 본문이** 원칙	**신분의 개별성을 규정한 §33 단서가** 원칙
	자살 관여죄	자살이 범죄가 아님에도 교사·방조자를 처벌하는 것 → 특별규정	공범독립성설의 유력한 근거 → 예시규정

종속성의 정도	① 최소한 종속형식 : 정범의 행위가 구성요건에 해당하면 공범이 성립한다는 형식 ② 제한적 종속형식 : 구성요건에 해당하고 위법하기만 하면 공범이 성립한다는 형식(通) 　→ 자기책임원칙에 부합하므로 타당함 ③ 극단적 종속형식 : 구성요건에 해당하는 위법·유책행위인 경우에 비로소 공범이 성립한다는 형식

종속성의 정도	④ 초극단적 종속형식 : 구성요건해당·위법·유책뿐만 아니라 가벌성의 요건까지 갖추어야 공범이 성립한다는 형식

IV 공범의 처벌근거

❋ 공범의 처벌근거에 관한 학설 개관 [국가7급 17]

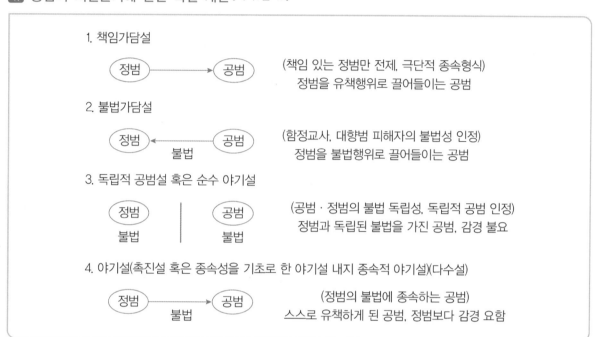

1. 책임가담설

정범 ──▶ 공범   (책임 있는 정범만 전제, 극단적 종속형식)
정범을 유책행위로 끌어들이는 공범

2. 불법가담설

정범 ◀── 공범
   불법   (함정교사, 대향범 피해자의 불법성 인정)
정범을 불법행위로 끌어들이는 공범

3. 독립적 공범설 혹은 순수 야기설

정범 | 공범
불법   불법   (공범·정범의 불법 독립성, 독립적 공범 인정)
정범과 독립된 불법을 가진 공범, 감경 불요

4. 야기설(촉진설 혹은 종속성을 기초로 한 야기설 내지 종속적 야기설)(다수설)

정범 ──▶ 공범
   불법   (정범의 불법에 종속하는 공범)
스스로 유책하게 된 공범, 정범보다 감경 요함

[보충] 종속적 야기설은 기도된 교사를 설명할 수 없으므로, 혼합적 야기설도 주장됨

V 필요적 공범

의 의	2인 이상의 범죄참가가 필수적으로 요구되는 범죄유형
집합범	다수인이 동일한 목표와 방향을 가지고 범함 예 내란죄(§87), 소요죄(§115), 다중불해산죄(§116), 범죄단체조직죄(§114)
대향범	2인 이상의 참여자가 서로 마주하는 방향으로 행위를 하여 동일한 목표를 실현하는 유형 ① 대향자의 법정형이 동일 : 도박죄(§246①), 아동혹사죄(§274), 인신매매죄(§289) ② 대향자의 법정형이 상이 : 수뢰죄(§129①)와 증뢰죄(§133①), 배임수재죄(§357①)와 배임증재죄(§357②) ③ 대향자 일방만 처벌(편면적 대향범) : 각종 누설죄(§127·§317 등)에서 누설의 상대방은 불벌, 범인은닉죄(§151①)에서 범인 자신은 불벌, 음행매개죄(§242)에서 사람은 불벌, 음화등반포죄(§243)에서 매수자는 불벌, 촉탁·승낙에 의한 살인죄(§252①)에서 촉탁·승낙자는 불벌
합동범	다수인이 동일한 목표와 방향을 가지는데, 2인 이상의 범행현장에서의 시간적·장소적 협동을 요함(필요적 공범 긍정설과 부정설 대립) 예 특수도주죄(§146), 특수절도죄(§331②), 특수강도죄(§334②), 특수강간죄(성폭법§4①)

효 과	① 필요적 공범의 외부관여자 : 교사범·방조범 성립 ○ ② **필요적 공범의 내부관여자 : 총칙상 공범규정 적용 ✕** [국가9급 12]

🔗 한줄판례 Summary

필요적 공범의 성립 관련판례

1. 배임수재죄와 배임증재죄는 통상 필요적 공범의 관계에 있기는 하나 이것은 <u>반드시 수재자와 증재자가 같이 처벌받아야 하는 것을 의미하는 것은 아니고</u> 증재자에게는 정당한 업무에 속하는 청탁이라도 수재자에게는 부정한 청탁이 될 수 있다(대법원 1991.1.15, 90도2257). [경찰채용 15 3차]

2. 필요적 공범의 성립에는 <u>행위의 공동을 필요로 하는 것에 불과하고 반드시 협력자 전부가 책임이 있음을 필요로 하는 것은 아니므로</u>, 오로지 공무원을 함정에 빠뜨릴 의사로 직무와 관련되었다는 형식을 빌려 그 공무원에게 금품을 공여한 경우에도 <u>공무원이 그 금품을 직무와 관련하여 수수한다는 의사를 가지고 받아들이면 뇌물수수죄가 성립</u>한다(대법원 2008.3.13, 2007도10804). [경찰채용 15 3차]

🔗 한줄판례 Summary

필요적 공범의 내부관여자에 대하여 공범규정이 적용되지 않는다는 사례

1. 외화취득의 대가로 원화를 지급하고 이를 영수한 경우 영수자는 외화취득대가지급죄의 공범 불성립(대법원 1985.3.12, 84도2747)

2. 정범의 <u>판매목적의 의약품 취득범행</u>과 대향범 관계에 있는 정범에 대한 <u>의약품 판매행위</u>에 대해서는 방조범 불처벌(대법원 2001.12.28, 2001도5158) [법원9급 17]

3. **변호사 아닌 자가 변호사를 고용**한 경우 변호사 아닌 자는 변호사법위반죄가 되나 **변호사는 공범 불성립** (2004.10.28, 2004도3994) [국가9급 12, 법원9급 17, 경찰채용 11]

4. **자가용화물자동차 소유자에게 대가를 지급하여 화물운송용역을 받은 행위**는 공범 불성립(대법원 2005.11. 25, 2004도8819)

5. 세무사 등의 직무상 비밀누설행위와 대향범 관계에 있는 '비밀을 누설받은 행위'에 대하여 공범 불성립(대법원 2007.10.25, 2007도6712)

6. 형법 제127조는 공무원 또는 공무원이었던 자가 법령에 의한 직무상 비밀을 누설하는 행위만을 처벌하고 있을 뿐 직무상 비밀을 누설 받은 상대방을 처벌하는 규정이 없는 점에 비추어, **직무상 비밀을 누설받은 자에 대하여는 공범에 관한 형법총칙 규정이 적용될 수 없다**고 보는 것이 타당하다(대법원 2011.4.28, 2009도3642). [국가9급 12, 법원 17]

7. 거래당사자가 **무등록 중개업자에게 중개를 의뢰하거나 미등기 부동산의 전매를 중개의뢰**한 경우, 중개의뢰인인 거래당사자에게는 중개행위에 관한 공동정범으로 처벌할 수 없다(대법원 2013.6.27, 2013도3246).

8. 금품 등을 공여한 자에게 따로 처벌규정이 없는 이상, 그 공여행위는 그와 대향적 행위의 존재를 필요로 하는 상대방의 범행에 대하여 공범관계가 성립되지 아니하고, <u>오로지 금품 등을 공여한 자의 행위에 대하여만 관여하여 그 공여행위를 교사하거나 방조한 행위</u>도 상대방의 범행에 대하여 공범관계가 성립되지 아니한다(대법원 2014.1.16, 2013도6969).

9. 정보통신망인 국세청의 시스템에 접근권한이 있는 **세무공무원이 취득한 자료를 피고인에게 전달**하였더라도, 직무상 비밀을 누설받은 피고인에게는 공범에 관한 형법총칙 규정이 적용될 수 없다(대법원 2017.6.19, 2017도4240). [경찰간부 19/20]

10. 정치자금을 기부하는 자의 범죄가 성립하지 않더라도 **정치자금을 기부 받는 자가 정치자금법이 정하지 않은 방법으로 정치자금을 제공받는다는 의사를 가지고 받으면** 정치자금부정수수죄가 성립(대법원 2017.11.14, 2017도3449) [국가9급 19, 법원9급 20, 경찰채용 20 1차]

11. 채용 또는 대체하는 행위와 채용 또는 대체되는 행위는 2인 이상의 서로 대향된 행위의 존재를 필요로 하는 관계에 있음에도 **채용 또는 대체된 자**를 형법총칙상의 공범 규정을 적용하여 공동정범, 교사범, 방조범으로 처벌할 수 없음(대법원 2020.6.11, 2016도3048)

한줄판례 Summary

필요적 공범의 외부관여자에 대하여 공범규정이 적용된다는 사례

공무원 또는 중재인이 부정한 청탁을 받고 제3자에게 뇌물을 제공하게 하고 **제3자가 그러한 공무원 또는 중재인의 범죄행위를 알면서 방조한 경우**에는 그에 대한 별도의 처벌규정이 없더라도 방조범에 관한 형법총칙의 규정이 적용되어 **제3자뇌물수수방조죄**가 인정될 수 있다(제3자뇌물수수죄에서 있어서 제3자는 필요적 공범이 아니고 외부관여자임) (대법원 2017.3.15, 2016도19659). [경찰채용 17 2차]

한줄판례 Summary

필요적 공범이 아니므로 공범규정이 적용된다는 사례

2인 이상의 서로 대향된 행위의 존재를 필요로 하는 대향범에 대하여 공범에 관한 형법 총칙 규정이 적용될 수 없다. 이러한 법리는 해당 처벌규정의 구성요건 자체에서 2인 이상의 서로 대향적 행위의 존재를 필요로 하는 필요적 공범인 대향범을 전제로 한다. <u>구성요건상으로는 단독으로 실행할 수 있는 형식으로 되어 있는데 단지 구성요건이 대향범의 형태로 실행되는 경우에도 대향범에 관한 법리가 적용된다고 볼 수는 없다.</u> 마약거래방지법 제7조 제1항에서 정한 '**불법수익 등의 출처 또는 귀속관계를 숨기거나 가장하는 행위**'는 처벌규정의 구성요건 자체에서 2인 이상의 서로 대향된 행위의 존재를 필요로 하지 않으므로 정범의 이러한 행위에 **가담하는 행위에는 형법 총칙의 공범 규정이 적용**된다(대법원 2022.6.30, 2020도7866).

02 간접정범

조문정리

제34조【간접정범, 특수한 교사·방조에 대한 형의 가중】① 어느 행위로 인하여 처벌되지 아니하는 자 또는 과실범으로 처벌되는 자를 교사 또는 방조하여 범죄행위의 결과를 발생하게 한 자는 교사 또는 방조의 예에 의하여 처벌한다.

I 의 의

의 의	① 어느 행위로 인하여 처벌되지 아니하는 자 또는 과실범으로 처벌되는 자를 교사 또는 방조하여 범죄행위의 결과를 발생하게 한 자(§34①) ② 의사지배 : 우월한 사실인식과 의사조종에 의하여 피이용자의 의사를 지배함으로써 자신의 의사를 실현해나가는 간접정범의 정범성의 표지(通)

Ⅱ 간접정범과 신분범 및 자수범

간접정범과 신분범	신분범에서 **신분자는 간접정범이 되나, 비신분자는 간접정범이 될 수 없음** 예 수뢰죄(§129①) : 비공무원은 간접정범이 될 수 없음
간접정범과 자수범	자수범(예 위증, 부정수표단속법상 허위신고 등)에서는 **간접정범은 불성립** [국가7급 13] 예 위증죄(§152) : 선서한 증인이 직접 허위진술해야만 성립 ∴ 제3자는 간접정범이 될 수 없고, 직접적 실행이 없는 자는 공동정범도 될 수 없음

Ⅲ 간접정범의 성립요건 – 피이용자의 범위

1. 피이용자 : 어느 행위로 인하여 처벌되지 않는 자 또는 과실범으로 처벌되는 자

어느 행위로 인하여 처벌되지 아니하는 자	구성요건 해당성 ×	① 이용자의 기망·강요에 의하여 피이용자가 **자살·자상·자기신체추행**한 경우 : 예 동거녀를 강요하여 스스로 콧등을 절단케 한 경우 ② **신분 없는 도구**를 이용하는 경우 : 예 공무원이 사정을 아는 처를 이용하여 뇌물을 받게 한 경우 ③ **고의 없는 도구**를 이용하는 경우 : 예 타인의 재물을 피이용자 소유로 오인케 하고 가져오게 한 경우 ④ **목적 없는 도구**를 이용하는 경우 : 예 행사의 목적 없는 자를 이용하여 통화를 위조케 한 경우
	위법성 ×	① 정당행위를 이용하는 경우 : 예 수사기관에 허위신고하여 타인을 체포·구속케 한 경우 ② 정당방위를 이용하는 경우 : 예 甲이 乙을 살해하기 위하여 乙을 사주하여 丙을 공격하게 하고, 丙의 정당방위 행위를 이용하여 乙을 살해하는 경우 ③ 긴급피난을 이용하는 경우 : 예 스스로 위법한 낙태행위에 착수한 임부가 생명이 위독하게 되자 의사로 하여금 임부의 생명을 구하기 위한 낙태수술을 하게 한 경우
	책임 ×	① 피이용자의 책임무능력상태를 이용하는 경우 ㉠ 형사미성년자를 이용하는 경우 : **판단능력 없는 형사미성년자**를 이용한 경우에는 간접정범 ○, **판단능력 있는 형사미성년자**를 이용한 경우에는 (의사지배가 부정되어) 간접정범 × ㉡ 심신상실자를 이용한 경우 : 간접정범 ○ *cf.* 한정책임능력자(심신미약자, 청각 및 언어 장애인)를 이용한 경우 간접정범 ×, 교사범 ○ ② 피이용자의 금지착오를 이용하는 경우 : 정당한 이유 있는 금지착오를 이용한 경우 간접정범 ○, 정당한 이유가 없는 경우 (착오자가 고의범으로 처벌되므로) 간접정범 ×, 교사범 ○ ③ 피이용자의 기대불가능성을 이용하는 경우 : **강요된 행위**의 피강요자는 책임조각, 강요자는 간접정범 ○(강요죄도 성립 가능)
과실범		이용자가 피이용자의 과실범죄를 이용하는 경우 고의범의 간접정범 ○

2. 이용행위

① 법조문 : "교사 또는 방조"로 규정(§34①)
② 의미 : (피이용자의 고의범의 정범이 아니므로) 교사범·종범의 그것과 동일한 것이 아니고, 사주 또는 이용의 의미
③ 범위 : 처벌되지 아니하는 타인의 행위를 적극적으로 유발하고 이를 이용하여 자신의 범죄를 실현한 자는 간접정범의 죄책을 지게 되고, 그 과정에서 **타인의 의사를 부당하게 억압하여야만 간접정범에 해당하는 것은 아니다**(대법원 2008.9.11, 2007도7204). [국가7급 17]

🔗 한줄판례 Summary

1. **보조공무원**이 행사할 목적으로 허위의 내용이 기재된 문서 초안을 그 정을 모르는 상사에게 제출하여 결재하도록 한 경우 허위공문서작성죄의 간접정범 성립
   cf. 결재를 거치지 않고 임의로 허위내용의 공문서를 완성한 때에는 공문서위조(대법원 1981.7.28, 81도898)
   [국가7급 15, 법원승진 10/15]

2. 자살의 의미를 이해하지 못하고 母의 말이라면 무엇이나 복종하는 **7세, 3세 남짓 된 어린 자식들**에게 함께 죽자고 권유하여 물속에 따라 들어오게 하여 결국 이들을 익사하게 한 경우 살인죄의 간접정범 성립(대법원 1987.1.20, 86도2395) [법원승진 10]

3. 국헌문란의 목적을 가진 자가 이에 대한 고의는 있으나 **그러한 목적이 없는 자**를 이용하여 내란죄를 실행한 경우 간접정범 성립(대법원 1997.4.17, 96도3376) [국가9급 15]

4. 타인을 비방할 목적으로 허위의 기사자료를 **그 정을 모르는 기자**에게 제공하여 신문 등에 보도되게 한 경우에는 출판물에 의한 명예훼손죄의 간접정범이 성립(대법원 2002.6.28, 2000도3045) [국가9급 13, 국가7급 13]

5. 월 2푼의 약정이자에 관한 내용 등을 부가한 차용증을 새로 위조하여 이를 자신의 처의 채권자에게 양도하고 **위조된 사정을 모르는 그 채권자**로 하여금 차용증상의 명의인을 상대로 양수금 청구소송을 제기하도록 한 경우에는 소송사기의 간접정범 성립(대법원 2007.9.6, 2006도3591) [국가9급 13, 국가7급 16, 법원승진 10/15]

6. 정유회사 경영자가 **자세한 내막을 알지 못하여 정치자금법 위반죄를 구성하지 않는 고의 없는 직원들**로 하여금 기부행위를 하게 한 경우에는 정치자금법위반죄의 간접정범 성립(대법원 2008.9.11, 2007도7204) [국가7급 17]

7. 보증인이 아닌 자가 **허위 보증서 작성의 고의 없는 보증인들**을 이용하여 허위의 보증서를 작성하게 한 경우, 부동산소유권 이전등기 등에 관한 특별조치법 제13조 제1항 제3호에 정한 '허위보증서작성죄'의 간접정범 성립(대법원 2009.12.24, 2009도7815)

8. **아동·청소년인 피해자를 협박**하여 성교행위 등(아청법 제2조 제4호)을 하게 하고 화상·영상 등을 생성하고 이를 인터넷사이트 운영자의 서버에 저장시킨 경우 아동·청소년 이용 음란물 제작죄의 간접정범 성립(대법원 2018.1.25, 2017도18443) [경찰간부 22]

9. 피해자를 협박하여 도구로 삼아 피해자의 신체를 이용하여 **스스로 추행행위**를 하게 한 경우 강제추행죄의 간접정범 성립(대법원 2018.2.8, 2016도17733) [국가9급 19/20, 국가7급 18, 경찰채용 18/19 2차, 경찰승진 19]

IV 간접정범의 미수 : 실행의 착수시점

피이용자의 실행행위시설	피이용자가 실행행위를 개시한 때(객관설)
피이용자의 선의·악의 구별설	① 피이용자가 선의인 경우 : 이용자의 이용행위 개시 시 ② 피이용자가 악의인 경우 : 피이용자의 실행행위 개시 시
이용행위시설	이용행위가 법익침해의 위험성을 직접적으로 초래하였거나 이용행위를 완료한 때(주관설, 多)

V 과실에 의한 간접정범과 부작위에 의한 간접정범

과실에 의한 간접정범	의사지배가 결여되어 있으므로 ×
부작위에 의한 간접정범	부작위에 의한 의사지배는 불가하므로 ×(多)

cf. 과실에 대한 간접정범 ○, 부작위에 대한 간접정범 ○

VI 특수교사·방조

✅ 조문정리

제34조【간접정범, 특수한 교사·방조에 대한 형의 가중】② 자기의 지휘, 감독을 받는 자를 교사 또는 방조하여 전항의 결과를 발생하게 한 자는 교사인 때에는 정범에 정한 형의 장기 또는 다액에 그 2분의 1까지 가중하고 방조인 때에는 정범의 형으로 처벌한다.

개 념	자기의 지휘·감독을 받는 자를 교사 또는 방조하여 범죄행위의 결과를 발생하게 한 자 (§34②)
가중처벌 [국가9급 12, 국가7급 16]	① 특수교사 : **정범에 정한 형의 장기 또는 다액의 2분의 1까지 가중** ② 특수방조 : **정범의 형**으로 처벌

03 공동정범

✅ 조문정리

제30조【공동정범】2인 이상이 공동하여 죄를 범한 때에는 각자를 그 죄의 정범으로 처벌한다.

I 서설

의 의	① 2인 이상이 공동하여 죄를 범하는 범죄참가형태(§30) ② 기능적 행위지배 : 2인 이상의 자가 공동의 범행계획에 따라 각자 본질적인 기능을 분담하여 실행함으로써 인정되는 공동정범의 정범성의 표지 ③ 2인 이상의 공동가공의 의사(의사의 상호연락과 이해)와 공동가공의 실행(분업적 역할분담에 의한 본질적 기능의 실행)에 의하여 성립		

	구 분	범죄공동설[구파]	행위공동설[신파]
공동의 의미	내 용	수인이 특정 범죄의 실행을 공동하여 특정 범죄를 실현	수인이 자연적 행위를 공동하여 각자 범죄를 실현
	종 류	• 고의공동설 • 구성요건공동설 • 부분적 범죄공동설	• 자연적 행위공동설 • 구성요건적 행위공동설
	특 징	공범성립 제한 → 책임원칙 충실	공범성립 확대 → 합목적성 추구
	이종·수개의 죄	각 구성요건에 따라 분리 검토	공동정범
	고의범과 과실범의 공동정범	부정	긍정
	과실범의 공동정범	**부정**	**긍정(判)**
	편면적 공동정범	부정	긍정
	승계적 공동정범	부정	긍정
	공모공동정범	**부정**	**부정**

🔗 **한줄판례 Summary**

기능적 행위지배 긍정

1. 乙이 위조된 부동산임대차계약서를 담보로 제공하고 A로부터 돈을 빌려 편취할 것을 계획하면서 甲에게 미리 전화를 하여 임대인 행세를 하여달라고 부탁하여 甲이 A의 남편에게 전화가 오자 자신이 **실제 임대인인 것처럼 행세하여 전세금액 등을 확인해준** 경우(**위조사문서행사죄의 공동정범**, 대법원 2010.1.28, 2009도10139)
2. 국가정보원 사이버팀의 인터넷 댓글 게시와 관련하여 국정원 간부들이 직원들과 순차 공모하여 범행에 대한 기능적 행위지배를 한 경우(국정원법·공선법위반죄의 공동정범, 대법원 2018.4.19, 2017도14322 전원합의체) [국가7급 18]

기능적 행위지배 부정

1. 보호자가 의학적 권고에도 불구하고 치료를 요하는 환자의 퇴원을 강청하여 **치료중단 및 퇴원허용조치를 취한 담당 전문의·주치의**(보라매병원사건, 살인죄의 공동정범 ✕, **작위에 의한 방조범** ○, 대법원 2004.6.24, 2002도995) [국가9급 12]

■ II 성립요건

1. 주관적 요건 : 공동실행의 의사

의 의	2인 이상이 실행행위를 공동으로 한다는 의사의 상호연락과 이해

내 용	① 의사의 상호연락과 이해
	   ⊙ 동시범 : 의사의 상호이해가 없으므로 공동정범 성립 ×(§30 ×, §19 또는 §263 적용)
	   ⓒ 편면적 공동정범 : 의사의 상호이해가 없으므로 공동정범 성립 ×, 동시범 또는 (편면적) 방조범 ○
	② 의사연락의 방법 및 시기
	   ⊙ 명시적·묵시적, 연차적·간접적 의사연락 모두 가능
	   ⓒ 행위실행 이전뿐 아니라 **행위 도중에 이루어지는 것도 가능** [국가9급 16]
	     [判例] 공동정범이 성립하기 위해서 **반드시 공범자간에 사전에 모의가 있어야 하는 것은 아니며,** 우연히 만난 자리에서 서로 협력하여 공동의 범의를 실현하려는 의사가 암묵적으로 상통하여 범행에 공동가공하더라도 공동정범 성립(대법원 1984.12.26, 82도1373) [경찰승진 16]

🔗 한줄판례 Summary

공동가공 의사 인정
1. <u>수강도 범행모의</u> 후 장물 처분 알선만 해도 특수강도죄의 공동정범 성립(대법원 1983.2.22, 82도3103)
2. <u>차인이 매매대금을 일방적으로 결정·공탁하고 임대인과 공모</u>하여 임차인 명의로 소유권이전등기를 경료한 부동산이중매매의 경우, 임대인의 배임행위에 적극 가담한 것으로 인정되어 배임죄의 공동정범 성립(대법원 1983.7.12, 82도180)

공동가공 의사 부정
1. **황소를 훔쳐오면 문제없이 팔아주겠다**고 말한 단순한 알선은 절도의 공모 부정(대법원 1975.2.25, 74도2288)
2. 공동정범은 행위자 상호간에 범죄행위를 공동으로 한다는 공동가공의 의사를 가지고 범죄를 공동실행하는 경우에 성립하는 것으로서, 여기에서의 **공동가공의 의사는 공동행위자 상호간에 있어야 하며** 행위자 일방의 가공의사만으로는 공동정범관계가 성립할 수 없다. 甲과 乙은 술집으로 가던 도중 앞서 가던 **甲과 피해자가 부딪혀 시비가 붙고, 이에 甲은 피해자를 뒤로 밀어 피해자가 바닥에 뒷머리를 부딪치게 하고 술집을 향해 떠났다. 이에 뒤따라오던 乙이 이 장면을 보고 달려와 피해자를 또다시 가격하여 피해자가 뇌저부경화동맥파열상으로 사망**에 이른 경우 공동정범 성립 부정(甲은 乙의 행위에 대하여 전혀 가담하지 않음, 대법원 1985.5.14, 84도2118) [경찰채용 20 2차]
3. 甲은 乙에게 자신을 공무원시험의 특정 고사실에 감독관으로 배치하여 줄 것을 요청하자 **乙은 甲의 요구를 들어주었는데,** 甲은 다른 고사실에서 다른 응시자의 답안지를 빼내어 응시자인 丙과 丁에게 전달하였다면, 乙에게는 위계에 의한 공무집행방해죄의 공동정범 부정(방조범은 성립 가능, 대법원 1996.1.26, 95도2461)
4. <u>오토바이를 절취하여 오면 그 물건을 사 주겠다</u>고 말한 것만으로는 절도죄의 공동정범 부정(대법원 1997.9.30, 97도1940) [경찰채용 09]
5. **여권위조행위에 가담**한 것만으로는 밀항행위의 공동정범 부정(대법원 1998.9.22, 98도1832)
6. K주식회사의 이사 甲이 업무상 횡령을 해야겠다고 乙(K회사의 전직 대표이사이자 현직 고문)에게 보고하자 **乙이 '아무런 말도 없이 창밖만 쳐다보았으므로'** 甲은 乙이 이에 동의한 것으로 알아 횡령을 한 경우, 乙은 업무상 횡령죄의 '공동정범' 부정(방조범은 성립 가능, 대법원 1999.9.17, 99도2889; 2001.11.9, 2001도4792)

7. <u>밀수입해 올 테니 팔아달라는 제의에 대한 승낙</u>한 경우 밀수입범행의 공동의사 부정(대법원 2000.4.7, 2000도576)

8. 피해자 일행을 한 사람씩 나누어 강간하자는 피고인(X) 일행의 제의에 '아무런 대답도 하지 않고 따라다니다가 <u>자신(Y)의 강간 상대방으로 남겨진 공소외인(Z)에게 일체의 신체적 접촉도 시도하지 않은 채 다른 일행이 인근 숲 속에서 강간을 마칠 때까지 Y는 Z와 이야기만 나눈 경우</u>' Y는 강간죄의 공동정범 부정(대법원 2003.3.28, 2002도7477) [경찰승진 23]

9. 병원장으로 취임한 후 <u>진료비 수가항목 재검토를 지시하지 않은</u> 병원장에게 사기죄의 공동정범 부정(대법원 2005.3.11, 2002도5112)

10. 수분양권 매매계약과 관련하여 <u>매수 당시에는 이중매매 사실을 몰랐던 제2매수인(배임죄의 수익자 내지 제3자)</u> 甲은 그 사실을 알고 난 후 매도인 乙의 도움으로 승소판결을 받고 분양권에 대한 소유권이전등기까지 마쳤을 경우, 甲에게는 배임죄의 공동정범 부정(대법원 2009.9.10, 2009도5630)

2. 승계적 공동정범

의 의	선행행위자의 실행행위의 도중에 비로소 의사의 연락이 생겨 범행의 나머지 부분을 수행하는 경우
시간적 한계	① 범행의 기수 이전 : 후행자도 공동정범 성립 ② 범행의 기수 후 종료 전까지 　　㉠ 기수 이후 : 공동정범 × 　　　[판례] 공동정범은 범죄가 기수되기 전에 성립되는 것이고 <u>횡령죄가 기수된 후에 그 내용을 지득하고 그 이익을 공동취득할 것을 승낙한 사실</u>이 있더라도 횡령죄의 공동정범 ×(대법원 1953.8.4, 4286형상20) 　　㉡ 연속범 : 연속된 범행 도중(히로뽕 제조행위)에 가담한 자가 비록 그가 가담 이전에 이루어진 범행을 알았다 하더라도 <u>그 가담 이후의 범행에 대해서만 공동정범</u> ○(대법원 1982.6.8, 82도884)
귀책 범위	후행행위자는 가담한 이후 부분에 대해서만 공동정범 ○ [판례] 업무상 배임죄의 공동정범에 있어서 비록 그가 그 범행에 가담할 때에 이미 이루어진 종전의 범행을 알았다 하더라도 <u>그 가담한 이후의 행위만 공동정범</u> ○(백미 외상판매 사건, 대법원 1997.6.27, 97도163) [경찰승진 23]

3. 과실범의 공동정범

의 의	2인 이상의 과실이 있어 구성요건적 결과를 발생시킨 경우 공동정범이 성립하는가의 문제
학설 판례	① 긍정설 　㉠ 행위공동설(判) 　　ⓐ <u>자연적·사실적·전법률적 행위에 대한 의사의 연락과 행위의 공동</u>이 있으면 된다는 견해 　　　[판례] 공동정범에 있어서 상호 간에 의사의 연락은 <u>반드시 고의의 공동을 요하지 않으므로</u> 과실행위에 있어서도 <u>사실상의 행위를 공동으로 할 의사의 연락이 있으면 인정</u>(대법원 1962.3.29, 4294형상598) 　　ⓑ 비판 : <u>책임주의에 반할 수 있음</u>

학설 판례	ⓛ 이외 긍정설 : 공동행위주체설, 과실공동·기능적 행위지배설, 과실공동·행위공 동설 ② 부정설 　㉠ 범죄공동설 : 특정범죄에 대한 고의의 공동과 실행행위의 공동이 있어야 공동정범 　　이 성립하므로, 고의의 공동이 없는 과실범의 공동정범은 성립할 수 없다는 견해 　㉡ 기능적 행위지배설(通) : 기능적 행위지배는 공동의 범행결의에 의한 의사의 상호 　　연락이 있어야 한다는 견해(과실범에서는 인정될 수 없으므로, 동시범으로 해결) 　　*cf.* 목적적 행위지배설도 부정설

🔗 한줄판례 Summary

과실범의 공동정범 긍정

1. 행위자들이 의사 연락하여 **경관의 검문에 응하지 않고 트럭을 질주**한 경우 업무상 과실치사죄의 공동정범 성립(그대로 가자 사건, 대법원 1962.3.29, 4294형상598)
2. 정기관사의 지휘·감독을 받는 **부기관사**이기는 하나 **사고열차의 퇴행에 관하여 서로 상의·동의**한 이상 퇴행에 과실이 있다면 공동정범 성립(대법원 1982.6.8, 82도781)
3. 터널 굴착공사 도중 사망자가 발생하였을 경우 공사를 도급받은 **건설회사의 현장소장**과 그 공사를 발주한 자인 **한국전력공사 지소장** 사이에 과실범의 공동정범 성립(대법원 1994.5.24, 94도660)
4. 건물 붕괴의 원인이 **건축계획의 수립, 건축설계, 건축공사공정, 건물 완공 후의 유지관리 등에 있어서의 과실**이 복합적으로 작용한 데에 있다면, 각 단계별 관련자들은 업무상 과실치사상죄의 공동정범 성립(삼풍백화점 붕괴 사건, 대법원 1996.8.23, 96도1231)
5. 피고인들에게는 **트러스 제작상, 시공 및 감독의 과실**이 인정되고, 감독공무원들의 **감독상의 과실**이 합쳐져서 이 사건 사고의 한 원인이 되었으며, 피고인들은 이 사건 성수대교를 안전하게 건축되도록 한다는 공동의 목표와 의사연락이 있었다고 보아야 하므로 업무상과실치사상 등 죄의 공동정범 성립(성수대교 사건, 대법원 1997.11.28, 97도1740)
6. **예인선 정기용선자의 현장소장**은 사고의 위험성이 높은 시점에 출항을 강행할 것을 지시하였고, **예인선 선장**은 그 지시에 따라 사고의 위험성이 높은 시점에 출항하는 등 무리하게 예인선을 운항한 결과 예인되던 선박에 적재된 물건이 해상에 추락하여 선박교통을 방해한 경우, 업무상과실일반교통방해죄의 공동정범 성립(대법원 2009.6.11, 2008도11784) [경찰채용 22 2차]

과실범의 공동정범 부정

1. **교통사고운전자의 동승자**에게는 과실범의 공동정범의 책임을 물을 수 있는 특별한 경우가 아닌 한, 교통사고 후 운전자와 공모하여 도주행위에 가담하였다 하여도 특가법상 도주차량운전죄의 공동정범 불성립(대법원 2007.7.26, 2007도2919)

4. 객관적 요건 : 공동의 실행행위

의 의		ⓛ 분업적 역할 분담 하에 각각 실행단계에서 본질적 기능을 수행하는 것 ② 태양 : 각자가 구성요건의 전부를 실행한 경우, 각자가 구성요건의 일부를 실행한 경우, 　구성요건적 행위는 아니지만 불가결한 기능을 실행한 경우 등
내 용	공모관계 이탈	ⓛ 공동실행의 시기 : 원칙적으로 다른 공동자의 실행의 착수 이후부터 실질적 　종료 이전까지의 실행단계에서의 공동실행 필요 ② 공모관계로부터의 이탈이 인정되는 경우 : 살해모의에는 가담하였으나 **다른** 　**공모자들이 실행행위에 이르기 전에 그 공모관계에서 이탈**하였다면 공동정범 　성립 ×(대법원 1986.1.21, 85도2371)

내 용	공모관계 이탈	③ 공모관계로부터의 이탈이 인정되지 않는 경우 　㉠ 다른 공모자가 **이미 실행에 착수한 이후 이탈** : 공동정범 ○(대법원 1984. 　　1.31, 83도2941) 　㉡ **주도적 지위에서 다른 공모자의 실행에 영향**을 미친 때 : 범행을 저지하기 　　위하여 적극적으로 노력하는 등 실행에 미친 영향력을 제거하지 아니하 　　는 한 공모관계 이탈 ×(대법원 2008.4.10, 2008도1274) [국가9급 12/15/ 　　16, 국가7급 11, 법원9급 13/16, 경찰채용 10/13]
	현장성	공동정범에서는 **현장성 不要** *cf.* 합동범

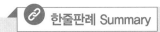

한줄판례 Summary

공동가공의 실행

1. **공범자가** 야간에 창고에 침입하여 천막을 절취하고 **그것을 운반하여 양여 또는 보관**한 자(장물운반죄가 아니라 야간주거침입절도죄의 공동정범, 대법원 1961.11.9, 4294형상374)
2. 공범들과 함께 강도범행 후 신고를 막기 위하여 피해자를 옆방으로 끌고 가 강간한 때에 **피고인은 자녀들을 감시**(강도강간죄의 공동정범, 대법원 1986.1.21, 85도2411)
3. 화염병과 돌멩이들을 진압 경찰관을 향하여 무차별 던지는 시위 현장에 피고인도 이에 적극 참여하여 돌멩이를 던진 경우(화염병 투척·사용의 공동정범, 1992.3.31, 91도3279)
4. 안수기도에 참여하여 **목사가 안수기도의 방법으로 폭행**을 함에 있어서 **신도가** 시종일관 목사의 폭행행위를 보조하였을 뿐만 아니라 더 나아가 **스스로 피해자를 폭행한 경우**(폭행치사죄의 공동정범, 대법원 1994.8.23, 94도1484)
5. (허위작성된 유가증권을 피교부자가 그것을 유통하게 한다는 사실을 인식하고 교부한 행위는 허위작성유가증권행사죄에 해당하고) **행사할 의사가 분명한 자에게 교부하여 그가 이를 행사**한 때(허위작성유가증권행사죄의 공동정범, 대법원 1995.9.29, 95도803)

한줄판례 Summary

공모관계로부터의 이탈 부정

1. 피고인 등이 금품을 강취할 것을 공모하고 피고인은 집 밖에서 망을 보기로 하였으나, 다른 공모자들이 피해자의 집에 침입한 후 **담배를 사기 위해서 망을 보지 않았다**고 하더라도, 피고인은 타 공범자가 범한 **강도상해죄의 공동정범**의 죄책을 면할 수가 없다(대법원 1984.1.31, 83도2941).
2. 포괄일죄의 관계에 있는 **사기범행의 일부를 실행한 후 공범관계에서 이탈**하였으나 다른 공범자에 의하여 나머지 범행이 이루어진 경우, 피고인이 관여하지 않은 부분에 대하여도 공범으로서의 책임을 부담한다(대법원 2002.8.27, 2001도513). [국가9급 15/16, 국가7급 13/14, 법원9급 16, 경찰채용 14]
3. 甲은 **주도적으로** 乙 등과 강도 모의를 하고 乙 등이 피해자를 발견하고 쫓아가자 甲은 "어?"라고만 하고 자신은 비대한 체격 때문에 乙 등을 뒤따라가지 못하고 범행현장에서 200m 정도 떨어진 곳에 앉아 있게 되었으며, 乙 등은 피해자를 폭행하여 지갑을 강취하고 약 7주간의 치료를 요하는 우측 무릎뼈골절 등의 상해를 입힌 경우. 甲은 공모관계로부터 이탈한 것으로 인정되지 않아 강도상해죄의 공동정범으로서의 죄책을 면할 수 없다(대법원 2008.4.10, 2008도1274). [국가7급 14, 경찰채용 09]
4. 甲이 乙과 공모하여 가출 청소년 丙을 유인하고 성매매 홍보용 나체사진을 찍은 후, 자신이 **별건으로 체포되어 수감 중인 동안** 丙이 乙의 관리 아래 성매수의 상대방이 된 대가로 받은 돈을 丙, 乙 및 甲의 처 등이 나누어 사용한 경우, 甲은 비록 수감 중이었어도 乙과 함께 미성년자유인죄, 아청법위반죄의 공동정범이 성립한다(대법원 2010.9.9, 2010도6924).

5. 甲은 다른 공범들과 특정 회사 주식의 시세조종 주문을 내기로 공모한 다음 **시세조종행위의 일부를 실행한 후 공범관계로부터 이탈**하였고, 다른 공범들이 그 이후의 나머지 시세조종행위를 계속한 경우, 甲은 그 이후 나머지 공범들이 행한 시세조종행위에 대하여도 공동정범으로서의 죄책을 부담한다(대법원 2011.1.13, 2010도9927). [경찰채용 22 2차]

6. 해적들인 피고인들이 **두목의 사전지시에 따라** 해군의 구출작전에 대항하여 **선원들을 윙브리지로 세워 해군의 위협사격을 받게 하여 '인간방패'로 사용**한 경우, 이후 총을 버리고 도망간 것을 공모에서 이탈한 것으로 볼 수 없다(대법원 2011.12.22, 2011도12927). [법원행시 18]

5. 공모공동정범

의 의	공모는 하였지만 분업적 역할분담에 의한 실행을 하지 않은 자	
학설 판례	긍정설	① 공동의사주체설(判) : 공모에 의하여 수인 간에 공동의사주체가 형성되고 그 중 범죄의 실행행위가 있으면 실행행위를 분담하지 않아도 공동정범이 성립한다는 견해(대법원 1983.3.8, 82도3248) ② 간접정범유사설(判) : 공모관계에 있는 타인을 자기 의사의 실현의 수단으로 사용하면 공동정범이 성립한다는 견해(대법원 1980.5.20, 80도306) ③ 기능적 행위지배설에 의한 제한적 인정설(少, 근래의 判例) : **기능적 행위지배가 인정되는 공모자(주도적 참여자)는 공동정범이 성립**하고, **단순가담자는 성립하지 않는다**는 견해(대법원 2017.1.12, 2016도15470) [국가9급 17]
	부정설	① 범죄공동설, 행위공동설, 공동행위주체설 ② 기능적 행위지배설(通) : 실행행위를 전혀 분담하지 않은 공모자는 기능적 행위지배가 인정되지 않으므로 공동정범이 될 수 없고, 특수교사·방조(§34 ②) 등으로 해결해야 한다는 견해

 한줄판례 Summary

공모공동정범 긍정
1. **건설노동조합**의 조합원들이 행한 건조물 침입, 업무방해, 손괴, 폭행, 상해 등 범죄행위에 대하여, 위 조합의 **상급단체 간부**에게도 공모공동정범 성립(대법원 2007.4.26, 2007도428)
2. 甲은 乙 등이 시세조종의 방법으로 주가조작을 하는 데 사용하도록 **자신 및 지인들의 증권계좌와 자금을 교부하였을 뿐만 아니라, 적극적으로 투자자들을 유치하여 관리함으로써** 그들 명의의 증권계좌와 자금이 乙 등의 주가조작 범행에 사용되도록 한 경우(甲은 주가조작범행에 대한 공모공동정범 성립, 2009. 2.12, 2008도6551)
3. **건설 관련 회사의 유일한 지배자**가 회사 대표의 지위에서 장기간에 걸쳐 건설공사 현장소장들의 뇌물공여행위를 보고받고 이를 확인·결재하는 등의 방법으로 위 행위에 관여한 경우(뇌물공여죄의 공모공동정범 성립, 2010.7.15, 2010도3544) [경찰채용 12/14]

공모공동정범 부정
1. 전국노점상총연합회가 주관한 도로행진시위에 참가한 **단순가담자**(자신이 가담하지 않은 부분에 대해서는 특수공무집행방해의 공모공동정범 ×, 대법원 2009.6.23, 2009도2994)
2. 주한미군 공여지에 대한 행정대집행과 압수수색영장 집행에 대항하기 위하여 개최된 집회 및 시위에 참가한 **단순가담자**(다른 시위대의 폭력행위로 인한 특수공무집행방해치상죄의 공모공동정범 ×, 대법원 2009.9.24, 2008도6994)

Ⅲ 공동정범과 착오

의 의	공모한 범죄와 실행한 범죄가 일치하지 않는 경우	
구체적 사실의 착오	공모자 중 **일부의 구체적 사실의 착오는 공동정범 전체에 동일하게 적용** 例 甲과 乙이 甲은 망을 보고 乙이 丁을 丙으로 잘못 알고 살해한 경우 : 甲과 乙은 丁에 대한 살인죄의 공동정범	
추상적 사실의 착오	질적 초과	공모범죄와 실행범죄가 전혀 다른 구성요건인 경우 **질적 초과된 부분에 대해서는 공동정범 ×** 例 강도 공범자 중 1인이 강간한 경우 나머지는 강도강간죄 ×(대법원 1988. 9.13, 88도1114) [경찰채용 22 2차]
	실행양적 초과	① 공모자 중 1인이 공모범죄보다 양적 초과 실행행위 　[판례] 중한 결과에 대한 **예견가능성이 있으면 결과적 가중범의 공동정범 ○** ② 결과적 가중범의 공동정범은 **중한 결과를 공동으로 할 의사는 필요 없다.**

🔗 한줄판례 Summary

원칙적 판례 : 예견가능성 ○

1. 공범자 중 수인이 강간의 기회에 상해의 결과를 야기하였다면, 다른 공범자가 그 결과의 인식이 없었더라도 **강간치상죄의 공동정범** ○(대법원 1984.2.14, 83도3120)
2. **특수절도 범인들이 범행 후 다른 길로 도주하다가 그중 1인이 폭행하여 상해한 경우 (준)강도상해죄의 공동정범** ○(대법원 1984.10.10, 84도1887; 1991.11.26, 91도2267)
3. 공무집행을 방해하는 집단행위의 과정에서 일부 집단원이 고의행위로 살상을 가한 경우에도 다른 집단원에게 그 사상의 결과가 예견가능한 것이었다면 다른 집단원도 **특수공무방해치사상의 공동정범** ○(대법원 1990. 6.26, 90도765) [국가9급 17]

예외적 판례 : 예견가능성 ×

1. 甲과 乙이 P의 집에서 물건을 훔쳐 나왔다는 연락을 P가 받고 도주로를 따라 추격하자 甲과 乙이 도주하므로 추격하여 **甲을 체포하여 같이 추격하여 온 동네 사람들에게 인계**하고, 더 추격하여 乙을 체포하는 과정에서 乙에게 구타당하여 상해를 입은 경우 : 乙은 강도상해죄, **甲은 특수절도죄**(대법원 1982.7.13, 82도1352)
2. 甲이 **망을 보다가 도주한 후**에 다른 절도의 공범자 乙이 상해를 가한 경우 : 乙은 강도상해죄, **甲은 특수절도(미수)죄**(대법원 1984.2.28, 83도3321)

Ⅳ 공동정범의 처벌

형법 §30	'각자를 그 죄의 정범으로 처벌'	
내 용	원 칙	일부 실행하여도 전부 책임
	책임의 독립성	① 책임조각사유·인적처벌조각사유 : 해당 사유가 존재하는 자에게만 적용 　例 중지미수 ② 양형 : 동일한 법정형의 범위 내에서 처단형·선고형은 각자 달라질 수 있음

한줄판례 Summary

1인이 강간하고 있는 동안 다른 1인이 피해자의 입을 막고 소리치지 못하도록 도와준 경우에도 강간죄의 공동정범 성립(대법원 1984.6.12, 84도780)

V 동시범

✅ 조문정리

제19조【독립행위의 경합】동시 또는 이시의 **독립행위**가 경합한 경우에 그 결과발생의 원인된 행위가 | 판명되지 아니한 때에는 각 행위를 미수범으로 처벌한다.

1. 총칙상 동시범

의 의	개 념	2인 이상의 행위자가 상호 의사 연락 없이 독립적으로 구성요건을 실현시키는 경우
성립 요건 (§19)		① 2인 이상의 실행행위 ② 의사의 상호 연락이 없어야 함 ∴ **공범관계에 있어 공동가공의 의사가 있었다면 동시범** 　**×**(대법원 1985.12.10, 85도1892) ③ 행위객체 동일 ④ 행위의 시간과 장소가 동일할 필요는 없음 ⑤ **결과발생의 원인된 행위가 판명되지 않아야 함**
효 과		각자를 **미수범**으로 처벌(in dubio pro reo, §19)

2. 상해죄의 동시범의 특례

✅ 조문정리

제263조【동시범】독립행위가 경합하여 **상해의 결과**를 발생하게 한 경우에 있어서 원인된 행위가 판명되지 아니한 때에는 **공동정범의 예에 의한다.**

의 의	① 상해죄의 동시범에 있어서는 원인된 행위가 판명되지 아니한 때에도 인과관계를 인정하는 규정 ② 검사의 입증책임의 어려움을 제거하기 위한 예외규정
성 질	검사에게 부여되는 거증책임을 피고인에게 전환시키는 규정(**거증책임전환규정설**, 多) *cf.* 법률상 추정설, 이원설
적용 요건	① 독립행위의 경합 要 : **가해행위를 한 것 자체가 분명하지 않은 사람**에 대하여는 상해죄의 동시범으로 다스릴 수 없다(대법원 1984.5.15, 84도488). [경찰간부 14]

적용 요건	② 상해의 결과 발생 要 ③ 원인행위가 판명되지 않아야 함
범위 (判例)	① 적용 ○ : **상해죄·폭행치상죄**, **상해치사죄**(대법원 1981.3.10, 80도3321), **폭행치사죄**(대법 원 2000.7.28, 2000도2466) ② 적용 × : **강간치상죄, 과실치사상죄**
효 과	상해죄(폭행치상·상해치사·폭행치사죄)의 기수범 성립

VI 합동범

의 의	2인 이상이 합동하여 죄를 범하도록 규정된 경우 예 특수절도죄(§331②), 특수강도죄(§334②), 특수도주죄(§146), 특수강간죄(성폭§4①) 등
본 질	① 가중적 공동정범설, 공모공동정범설, 현장적 공동정범설, 현장설 ② 현장설 : **범행현장에서 시간적·장소적으로 밀접하게 협동**하는 형태(通·判)
공 범	① 외부관여자로서 교사·방조한 경우 **합동범의 교사범·방조범** ○ ② **합동범의 공동정범** ○(判, 다수설은 반대)

🔗 한줄판례 Summary

합동범 긍정

1. 甲이 乙과 타인의 재물을 절취하기로 공모한 후 야간에 乙은 도구를 이용하여 당구장 출입문의 자물쇠를 떼어내고 甲은 그 부근에서 망을 본 경우(특수절도죄의 합동범, §331②, 대법원 1986.7.8, 86도843)

2. 甲이 그 소유의 차를 운전하여 乙·丙이 인근 주택에 들어가 훔쳐온 물건들을 다른 도시로 운반하여 매각하기로 한 후, 乙·丙의 절도 범행 현장에서 400m 정도 떨어진 곳에서 乙·丙의 절도범행을 지켜보면서 대기하고 있던 경우(특수절도죄의 합동범 ○, 대법원 1988.9.13, 88도1197)

3. 甲이 乙과 함께 절도하기로 공모하고 乙의 형인 A의 집에 같이 들어갔으나 乙이 물건을 훔치는 동안 A의 집 안 가까운 곳에 대기하고 있다가 절취품을 가지고 같이 집을 나온 경우(특수절도죄의 합동범 ○, 대법원 1996.3.22, 96도313)

4. **3인 이상의 범인이 합동절도의 범행을 공모**한 후 적어도 2인 이상의 범인이 범행 현장에서 시간적·장소적으로 협동관계를 이루어 절도의 실행행위를 분담하여 절도범행을 한 경우(범행현장에 존재하지 않는 공모자도 **합동범의 공동정범** ○, 대법원 1998.5.21, 98도321 전원합의체, 단 현장에서 방조만 한 자는 방조범만 성립)
   [국가9급 15, 법원9급 13, 경찰채용 13]

5. 사전의 모의에 따라 강간할 목적으로 피해자들을 유인한 다음 곧바로 암묵적인 합의에 따라 각자 마음에 드는 피해자들을 데리고 불과 100m 이내의 거리에 있는 곳으로 흩어져 동시 또는 순차적으로 피해자들을 각각 강간한 경우(특수강간죄의 합동범 ○, 대법원 2004.8.20, 2004도2870)

합동범 부정

1. **공동피고인(乙)이 영산홍을 땅에서 완전히 캐낸 이후**에 비로소 피고인(甲)이 범행장소로 와서 공동피고인과 함께 그 영산홍을 승용차까지 운반한 경우(甲에게 장물운반죄는 성립하나 특수절도죄는 부정, 대법원 2008. 10.23, 2008도6080)

04 교사범

Ⅰ 의의

⊘ 조문정리

제31조【교사범】① 타인을 교사하여 죄를 범하게 한 자는 죄를 실행한 자와 동일한 형으로 처벌한다.
② 교사를 받은 자가 범죄의 실행을 승낙하고 실행의 착수에 이르지 아니한 때에는 교사자와 피교사자를 음모 또는 예비에 준하여 처벌한다.
③ 교사를 받은 자가 범죄의 실행을 승낙하지 아니한 때에도 교사자에 대하여는 전항과 같다.

의 의	타인을 교사하여 범죄의 실행을 결의하고 실행하게 하는 자(§31①) [판례] 교사범이 성립하기 위해서는 교사자의 교사행위와 정범의 실행행위가 있어야 하는 것이므로, 정범의 성립은 교사범의 구성요건의 일부를 형성하고 **교사범이 성립함에는 정범의 범죄행위가 인정되는 것이 그 전제요건**이 된다(교사자의 이중의 고의에 의한 교사행위 + 정범의 고의적 실행행위 = 교사범, 공범종속성설, 대법원 2000.2.25, 99도1252). [국가7급 12]

Ⅱ 교사범의 성립요건

1. 교사자

교사 행위	의 의	① 범죄를 범할 의사가 없는 자에게 범행결의를 가지게 하는 행위 ② **이미 범행결의를 가지고 있는 자에 대해서는 교사범 ✕** [법원9급 14]
	수 단	① 교사행위로 인정되는 경우 　㉠ 명시적·묵시적 불문 : 설득·부탁·위협·유혹·사례·약속·요청 등 ○ 　㉡ **세부사항 특정 不要** : 정범으로 하여금 일정한 범죄의 실행을 결의할 정도에 이르게 하면 교사범 성립 ○(대법원 1991.5.14, 91도542) [경찰채용 15] 　㉢ 단독교사·**공동교사** 불문 ② 교사행위로 인정되지 않는 경우 　㉠ 막연히 **"범죄를 하라.", "절도를 하라.", "밥값을 구해오라(대법원 1984.5.15, 84도418)."** : 교사 ✕ (∵ 특정범죄에 대한 교사이어야 하므로 막연히 범죄일반에 대하여 교사하는 것은 부족) 　㉡ 부작위에 의한 교사 : ✕
	이 탈	**교사관계로부터의 이탈 : 피교사자 범죄 실행 전에 피교사자의 범죄 실행의 결의 해소 필요**(대법원 2012.11.15, 2012도7407) [경찰승진 23] *cf.* 피교사자가 교사자의 <u>교사행위 당시 일응 승낙하지 아니하였으나, 이후 교사행위에 의하여</u> 범행을 결의·실행하였다면 교사범 성립(대법원 2013.9.12, 2012도2744)
	상대방	① 피교사자는 고의가 생겨야 함 → **과실범에 대한 교사 : 교사범 ✕** ② **피교사자는 책임 불요**(제한적 종속형식) → 간접정범(의사지배 있는 경우)와 교사범의 구별

	교사의 고의	∴ **과실에 의한 교사** : 교사 ×
이중 고의	정범의 고의	① 정범을 통하여 일정한 구성요건적 결과를 발생시킨다는 사실에 대한 인식 필요 [판례] 피고인이 그 자녀들로 하여금 조총련의 간부로 있는 "피고인의 실형에게 단순한 신년인사와 안부의 편지를 하게 한 것" : 반국가단체의 구성원과 그 이익이 된다는 정을 알면서 통신연락을 하도록 교사한 것 ×(대법원 1971.2.23, 71도45) ② **기수의 고의 필요 → 미수의 교사**(agent provocateur) × *cf.* 교사의 미수 : 가벌성 인정

2. 피교사자

인과 관계	의의	① 교사에 의하여 범죄실행의 결의를 가져야 함 → ∴ **편면적 교사** × ② 교사범의 교사가 정범이 죄를 범한 **유일한 조건일 필요는 없음** → **정범의 범죄의** **습벽**과 함께 교사행위가 원인이 되어 정범이 범죄를 실행한 경우에도 교사범 성립 [법원9급 14]
	없는 경우	① **피교사자가 범죄실행을 승낙하지 아니한 경우** : 교사범 ×(실패한 교사, §31③) ② **이미 범행결의를 하고 있는 자에 대하여 교사한 경우** : 교사범 ×(실패한 교사 or 방조범 ○)
실행 행위	정도	① 피교사자는 **실행의 착수**를 해야 함 ② 예비·음모에 그친 경우 : 교사범 ×(효과없는 교사, §31②)
	종속	정범의 실행행위는 구성요건에 해당하고 위법해야 하나, 유책할 필요는 없음(제한 적 종속형식)

🔗 한줄판례 Summary

교사범 긍정

1. **대리응시자들의 시험장의 입장**은 시험관리자의 승낙 또는 그 추정된 의사에 반한 불법침입이라 아니할
수 없고 이와 같은 **침입을 교사한 이상 주거침입교사죄** 성립(대법원 1967.12.19, 67도1281)
2. 일제 드라이버 1개를 사주면서 "**구속되어 도망 다니려면 돈도 필요할 텐데 열심히 일을 하라**(도둑질을
하라)"고 말하였다면 절도의 교사죄 성립(대법원 1991.5.14, 91도542) [경찰승진 16]
3. 범인이 자신을 위하여 **타인(친족 포함)으로 하여금 허위의 자백을 하게 하여** 범인도피죄를 범하게 하는
행위는 방어권의 남용으로 범인도피교사죄 성립(대법원 2000.3.24, 2000도20; 2006.12.7, 2005도
3707) [국가9급 12, 국가7급 17, 법원승진 15]
4. 자기의 형사사건에 관하여 **타인을 교사하여 위증죄를 범하게 하는 것**은 방어권을 남용하는 것이므로 위
증죄의 교사범 성립(대법원 2004.1.27, 2003도5114)
5. 乙의 불륜을 의심한 처 甲은 A에게 乙의 불륜관계를 이용하여 공갈할 것을 교사하여 A가 불륜자료를
수집하였는데 甲은 수고비를 줄테니 촬영한 동영상을 넘기고 **공갈을 단념하라고 만류하였음에도 A는**
甲의 제안을 거절하고 乙을 공갈하여 현금을 받은 경우 甲은 공갈교사죄 성립(대법원 2012.11.15, 2012
도7407) [법원행시 15]
6. 甲이 결혼을 전제로 교제하던 여성 乙의 임신 사실을 알고 **수회에 걸쳐 낙태를 권유**하였다가 거부당하
고, 이후에도 아이에 대한 **친권을 행사할 의사가 없다고 하면서 낙태할 병원을 물색**해 주기도 한 경우,
그 후 乙이 甲에게 알리지 아니한 채 낙태시술을 받았더라도 甲에게 **낙태교사죄** 성립(대법원 2013.
9.12, 2012도2744) [법원승진 15]

교사범 부정

1. A는 자신이 관리하는 건물 5층에 거주하는 B의 가족을 내쫓을 목적으로 A의 아들인 甲을 교사하여 그곳 현관문에 설치된 A 소유 디지털 도어락의 비밀번호를 변경하게 한 경우, **甲이 자기의 물건이 아닌 위 도어락의 비밀번호를 변경하였다고 하더라도 권리행사방해죄가 성립할 수 없고**, 정범인 甲의 권리행사방해죄가 인정되지 않는 이상 교사자인 A도 권리행사방해교사죄 ×(대법원 2022.9.15, 2022도5827)

III 교사의 착오

의의		교사자의 교사내용과 피교사자가 현실로 실행한 행위가 일치하지 않는 경우
종류효과	구체적 사실의 착오	① 교사자의 교사내용과 피교사자의 실행사실이 동일한 구성요건의 범위에 속하는 경우 ② 피교사자의 객체의 착오는 교사자에게 객체의 착오라는 입장과 방법의 착오라는 입장이 대립하는데, **방법의 착오로 보아도 법정적 부합설(판례)에 의하면 고의·기수의 교사 ○**
	추상적 사실의 착오	① 의의 : 교사내용과 피교사자의 실행사실이 서로 다른 구성요건인 경우 ② 교사내용보다 적게 실행한 경우 　㉠ 특수강도를 교사했으나 강도를 실행한 경우 → 단순강도죄의 교사범 　㉡ 교사한 범죄가 예비·음모가 처벌되는 경우 : 강도를 교사했으나 절도를 실행한 경우 **절도죄의 교사범과 (§31②에 의한) 강도예비·음모와의 상상적 경합(→ 형이 중한 강도예비·음모로 처벌)** ③ 교사내용을 초과하여 실행한 경우 　㉠ 질적 초과 : 강도를 교사했는데 강간을 행한 경우 강도교사 부정(강도예비·음모 ○) 　㉡ 양적 초과 　　ⓐ 절도를 교사했는데 강도를 실행한 경우 절도죄의 교사범 　　ⓑ 정범이 실현한 중한 결과에 대하여 **교사자에게 과실이 있는 경우 : 결과적 가중범의 교사범 ○** 　　　예 • **"그 친구 안 되겠어. 자네가 손 좀 봐줘**(대법원 1993.10.8, 93도1873).", **"평생 후회하면서 살도록 병신을 만들라**(대법원 2002.10.25, 2002도4089)."** : 상해치사죄의 교사범 [법원9급 23] 　　　• (but) 교사자가 피교사자에게 피해자를 **"정신 차릴 정도로 때려주라"**고 교사한 경우에는 상해교사죄만 성립(대법원 1997.6.24, 97도1075) [경찰승진 16]

IV 교사범의 처벌

① **정범과 동일한 형(법정형)으로 처벌**(§31①)
② 자기의 지휘·감독을 받는 자를 교사한 경우(특수교사)에는 정범에 정한 형의 장기 또는 다액의 2분의 1까지 가중(§34②)

교사의 미수	기수의 고의를 가진 교사범의 고의가 실현되지 못한 경우 ① **협의의 교사의 미수** : 피교사자가 범죄의 실행에 착수하였으나 미수에 그친 경우 → 미수죄의 교사범(§31①) ② **기도된 교사** ㉠ **효과 없는 교사** : 피교사자가 범죄의 실행은 승낙하였으나 실행의 착수에 나아가지 않은 경우 → 교사자와 피교사자를 음모 또는 예비에 준하여 처벌(§31②) ㉡ **실패한 교사** : 피교사자가 범죄의 실행을 승낙하지 아니한 경우(이미 범죄를 결의하고 있는 경우 포함) → 교사자만 음모 또는 예비에 준하여 처벌(§31③) [법원9급 15, 경찰채용 15] ③ 결론 : 교사의 미수는 가벌성 있음(미수의 교사와 구별)
교사의 교사	간접교사, 연쇄교사(재교사) 모두 교사범으로 처벌 [국가7급 11]

05 종 범

 조문정리

제32조 【종범】 ① 타인의 범죄를 방조한 자는 종범으로 처벌한다.　② 종범의 형은 정범의 형보다 감경한다.

I 의 의

의 의	타인의 범죄행위를 도와준 자(§32①)

II 성립요건

방조자	방조 행위	① 의의·유형 : 정범 실행을 돕는 행위이면 모두 해당 ㉠ 정신적 방조(조언, 격려)와 물질적 방조(흉기제공) ○ ㉡ 작위에 의한 방조, **부작위에 의한 방조** ○ [판례] 방조자가 법적 작위의무 있는 한 정범 범행을 방치한 경우 방조범 성립 [국가9급 17, 법원승진 16]

방조자	**방조
	행위**
		② 방조행위의 시기
		
		  ㉠ **정범의 실행착수 전에 장래의 실행행위를 예상하고 방조** ○(대법원 2013.11.14,
		    2013도7494) [국가9급 17]
		
		    cf. 예비의 방조 : 정범의 실행착수가 없는 경우. 교사범은 §31②·③에 의해 예비·음모 처
		      벌이 가능하나 방조범에는 §32에 이러한 예외규정도 없으므로 **완전히 불벌**(대법원
		      1976.5.25, 75도1549; 1979.11.27, 79도2201)
		
		  ㉡ 정범의 실행행위 중에 방조 ○
		
		  ㉢ **계속범에서 정범의 기수 이후 종료 이전 방조** ○**(승계적 방조)**
		
		    cf. **사후방조**는 독립된 범죄일 뿐 방조범 ×
		
		③ 방조행위와 정범의 실행 간의 **인과관계 : 필요**(보라매병원 사건, 2004.6.24, 2002
		  도995)
		
		④ 정범의 방조행위 인식 不要 ∴ **편면적 방조** ○ (≠ 편면적 공동정범 ×)
		
		⑤ 방조의 방조, 방조의 교사, 교사의 방조 : 모두 방조범 ○

	**이중
	고의**
		① 방조의 고의 : **과실에 의한 방조** ×
		
		② 정범의 고의 : 정범의 실행 부분에 대한 방조자의 기수의 고의 필요
		
		  ㉠ 미필적 고의 足
		
		    [판례] • 방조범에 있어서 정범의 고의는 정범에 의하여 실현되는 범죄의 **구체적 내용을 인**
		        식할 것을 요하는 것은 아니고 미필적 인식 또는 예견으로 충분(대법원 2011.12.8,
		        2010도9500) [국가9급 17]
		      • 사장의 관세법위반을 미필적으로 인식한 위장수출회사의 직원에게 관세법 위반 방
		        조 ○(대법원 2005.4.29, 2003도6056) [법원9급 13, 경찰채용 10]
		
		  ㉡ 정범이 누구인지에 대한 **확정적 인식 不要(확지 不要**, 1977.9.28, 76도4133) [국가
		    9급 17]
		
		  ㉢ 기수의 고의 要 : **미수의 방조** ×

피 방조자		① 정범의 실행의 착수 要 ② 실행착수 없는 경우 : **기도된 방조는 처벌규정이 없으므로 불벌**

🔗 **한줄판례 Summary**

방조범 긍정

1. **밀수출 물품 구입자금에 사용되는 정을 알고 제3자로부터 금원을 차용하여 교부**한 결과 그 금원을 자금의 일부
로 하여 물품을 구입, 밀수출케 한 경우 자금 제공자는 밀수출 방조 ○(대법원 1957.5.10, 4290형상343)
2. **도박하는 자리에서 도금으로 사용하리라는 정을 알면서 채무 변제조로 금원을 교부**하였다면 도박방조 ○(대
법원 1970.7.28, 70도1218)
3. 주식의 관리에 관한 일체의 절차를 정확하게 알고 있는 증권회사의 중견직원들이 정범에게 피해자의 주식을
인출하여 오면 관리하여 주겠다고 하고, 나아가서 부정한 방법으로 인출해 온 주식을 **자신들이 관리하는 증권**
계좌에 입고하여 관리 운용하여 주었다면, 이는 주식 인출절차에 관련된 출고전표인 사문서의 위조, 동 행사,
사기 등 상호 연관된 일련의 범행 전부에 대하여 방조 ○(대법원 1995.9.29, 95도456)
4. A도 핵폐기장 설치 반대시위의 일환으로 행하여진 대학생들의 인천시청 기습점거 시위에 대하여 전혀 모르고
있다가 시위 직전에 주동자로부터 지시를 받고 **시위현장 사진촬영행위**를 한 자는 시위행위 방조 ○(대법원
1997.1.24, 96도2427)
5. 운전면허가 없는 자에게 승용차를 제공하여 그로 하여금 무면허운전을 하게 하였다면 이는 무면허운전 범행
의 방조행위 해당(대법원 2000.8.18, 2000도1914)

6. 소리바다 서비스가 저작권법에 위배된다는 경고와 서비스 중단 요청을 받고도 이를 계속한 경우, MP3 파일을 다운로드 받은 이용자의 행위는 구 저작권법위반(복제)에 해당하고, **소리바다 서비스 운영자**의 행위는 구 저작권법상 복제권 침해행위의 방조 ○(대법원 2007.12.14, 2005도872)

7. 甲과 말다툼을 하던 乙이 '죽고 싶다'고 하며 甲에게 기름을 사오라고 하였고, 그 직후 乙은 **甲이 사다 준 휘발유**를 뿌리고 불을 붙여 자살했다면, 甲의 행위는 자살방조 ○(대법원 2010.4.29, 2010도2328) [국가9급 12]

8. 공중송신권을 침해하는 게시물인 영상저작물에 연결되는 **링크를 자신이 운영하는 사이트에 영리적·계속적으로 게시한 행위**는 전송의 방법으로 공중송신권을 침해한 정범의 범죄를 방조한 행위 ○(대법원 2021.9.9, 2017도19025 전원합의체)

방조범 부정

1. **간첩에게 숙식을 제공하거나 안부편지를 전달해주거나 무전기 매몰 시 망을 보아주는 행위**만으로는 간첩방조 ✕(대법원 1967.1.31, 66도1661) [국가9급 12]

2. 이미 입영기피를 결심한 자에게 **몸조심하라고 악수**를 나눈 정도의 행위만으로는 병역법위반죄 방조 ✕(대법원 1983.4.12, 82도43) [국가9급 12]

3. 인터넷 게임사이트의 온라인게임에서 통용되는 사이버머니를 구입하고자 하는 사람을 유인하여 돈을 받고 위 게임사이트에 접속하여 일부러 패하는 방법으로 사이버머니를 판매한 경우, **정범인 위 게임사이트 개설자의 도박개장행위를 인정할 수 없는 이상** 종범인 도박개장방조죄 ✕(대법원 2007.11.29, 2007도8050)

🔗 **한줄판례 Summary**

부작위에 의한 방조 긍정

1. 은행에 대한 부하직원의 배임행위를 방치한 **은행 지점장**에게 업무상 배임방조 ○(대법원 1984.11.27, 84도1906)

2. 지하실 불법용도변경행위를 방치한 **아파트지하실의 소유자인 임대인**에게 건축법위반방조 ○(대법원 1985.11.26, 85도1906)

3. 입찰보증금 임시 보전(땜방) 용인한 **법원 경매계 총무**에게 업무상 횡령방조 ○(대법원 1996.9.6, 95도2551)

4. 자신이 관리하는 특정 매장의 점포에 가짜 상표가 새겨진 상품이 판매되고 있음에도 방치한 **백화점 직원**에게 상표법위반 및 부정경쟁방지법위반 방조 ○(대법원 1997.3.14, 96도1639) [국가9급 12]

5. 음란만화를 삭제하지 않은 **인터넷 포털사이트 내 오락채널의 총괄팀장과 운영 직원**에게 전기통신기본법위반방조 ○(대법원 2006.4.28, 2003도4128)

부작위에 의한 방조 부정

1. 보호자의 강청에 따라 치료를 요하는 환자에 대하여 **치료중단 및 퇴원을 허용**하는 조치를 취함으로써 환자를 사망에 이르게 한 담당 전문의와 주치의 : 부작위에 의한 방조 ✕, 작위에 의한 방조 ○(대법원 2004.6.24, 2002도995)

🔗 **한줄판례 Summary**

승계적 방조

1. **간호보조원의 무면허진료 후 의사가 이를 진료부에 기재**하면 무면허의료 방조 ○(대법원 1982.4.27, 82도122) [국가7급 17]

2. **약취·유인한 미성년자를 이용하여 재물·이익을 취득·요구하는 행위에 방조**하면 특가법 제5조의2 제2항 제1호(미성년자약취·유인 후 금품요구) 위반죄의 방조범 ○(전체범행 방조, 대법원 1982.11.23, 82도2024)

구체적 사실의 착오	① 종범의 방조내용과 정범의 실행행위가 동일한 구성요건의 범위에 속하는 경우 ② 피방조자의 객체의 착오는 방조자에게는 객체의 착오가 된다는 입장과 방법의 착오가 된다는 입장이 대립하나, 방법의 착오로 보아도 법정적 부합설(판례)에 의하면 고의· 기수의 방조 ○
추상적 사실의 착오	① 의의 : 종범의 방조내용과 정범의 실행행위가 서로 다른 구성요건인 경우 ② 방조내용보다 적게 실행한 경우 : 종범은 정범의 실행행위의 범위 내에서만 방조 ○ ③ 방조내용을 초과하여 실행한 경우 　　㉠ 질적 초과 : 절도를 방조했는데 살인을 실행한 경우 절도방조 부정(불벌) 　　㉡ 양적 초과 : 실행된 범죄가 방조된 범죄와 죄질을 같이하나 그 정도를 초과한 경우 　　　　ⓐ 상해를 방조했는데 살인을 실행한 경우 상해방조 ○ 　　　　ⓑ 중한 결과에 대해서 **방조자에게 과실**이 있는 경우 **상해치사죄(결과적 가중범)의** 　　　　　**방조** ○ 　　　　ⓒ **방조자에게 과실이 없는 경우**(각목을 건네 준 방조) **결과적 가중범의 방조** ×(폭행 　　　　　치사방조가 아닌 특수폭행방조만 성립, 대법원 1998.9.4, 98도2061)

Ⅳ   처 벌

① 정범의 형(법정형)보다 **필요적 감경**(§32②)

[판례] 법정형을 정범보다 감경한다는 것이지 선고형을 감경한다는 것이 아니므로, 종범에 대한 선고형이 정범보
다 가볍지 않다 하더라도 위법이라 할 수 없음(대법원 2015.8.27, 2015도8408)

② 자기의 지휘 또는 감독을 받는 자를 방조한 경우(특수방조)에는 정범의 형으로 처벌(§34②)

06   공범과 신분

✓ 조문정리

제33조 【공범과 신분】 신분이 있어야 성립되는 범죄
　에 신분 없는 사람이 가담한 경우에는 그 신분 없는
　사람에게도 제30조부터 제32조까지의 규정을 적
　용한다. 다만, 신분 때문에 형의 경중이 달라지는

경우에 신분이 없는 사람은 무거운 형으로 벌하지
아니한다.
[전문개정 2020.12.8.]

형법 §33	본문	단서
通說	진정신분범의 성립·과형의 근거	부진정신분범의 성립·과형의 근거
少·判	• 진정신분범의 성립·과형의 근거 • 부진정신분범의 성립의 근거	부진정신분범의 과형의 근거

§33 본문의 의미	① 통설 : **진정신분범의 성립과 과형의 근거** ② 소수설·판례 : **진정신분범의 성립과 과형의 근거이자 부진정신분범의 성립의 근거** ③ ∴ 진정신분범의 경우에는 견해 대립 없음 　예 • 공무원 아닌 자도 공무원의 뇌물수수 범행에 가담한다면 수뢰죄의 공범 ○ 　　• 공무원 아닌 자가 작성권한 있는 공무원과 공모하면 허위공문서작성죄(§227)의 　　　공동정범 ○
§33 단서의 의미	① 통설 : **부진정신분범의 성립과 과형의 근거** ② 소수설·판례 : **부진정신분범의 과형의 근거** ③ 부진정신분범의 경우에는 통설과 판례가 대립함 　예 甲이 乙을 교사하여 乙의 父 丙을 살해케 한 경우, **통설은 甲에게 보통살인죄의 교사 　　범이 성립하고 그 형으로 처벌**해야 한다는 입장이고, **판례는 甲에게 존속살해죄의 교 　　사범이 성립하나 보통살인죄의 교사범의 형으로 처벌**해야 한다는 입장

🔗 한줄판례 Summary

진정신분범에 가공한 비신분자의 경우(§33 본문 적용)

1. 부동산이중매매에 있어서 제2매수인이 타인의 사무처리자인 매도인을 교사 또는 적극 공모가공하여 이중매매를 한 경우 배임죄의 교사범·공동정범 성립(대법원 1983.7.12, 82도180)
2. 정부관리기업체의 과장대리급 이상이 아닌 직원도 다른 과장대리급 이상 직원들과 함께 뇌물수수죄의 공동정범 성립(대법원 1992.8.14, 91도3191)
3. 군인 등 신분이 없다 하더라도 군무이탈죄의 공동정범 성립(대법원 1992.12.24, 92도2346)
4. 일부 조합원의 집단에 의한 쟁의행위가 정당행위에 해당하지 아니하고, 병가 중의 참가자도 그렇지 아니한 참가자들과의 공범관계가 인정된다고 보아 직무유기죄 성립(대법원 1997.4.22, 95도748) [국가7급 17]
5. 공무원의 재해대장 및 농가별농작물피해조사대장 허위작성에 공동한 일반인은 허위공문서작성죄의 공동정범 성립(대법원 2006.5.11, 2006도1663) [국가7급 17]
6. 공무원 아닌 자가 공무원의 공적 지위를 이용한 선거운동 기획에 참여하면 공직선거법위반죄의 공동정범 성립(대법원 2007.10.25, 2007도4069)

부진정신분범에 가담한 비신분자의 경우(§33 본문과 단서 적용)

1. 실자와 더불어 남편을 살해한 처에게 존속살해죄(부진정신분범. 通說은 다름)의 공동정범 성립(대법원 1961. 8.2, 4294형상284)
2. 비점유자가 업무상 점유자와 공모하여 횡령한 경우 비점유자도 형법 제33조 본문에 의하여 업무상 횡령죄(부진정신분범)의 공동정범 성립하나 과형에 있어서 단순횡령죄의 공동정범의 형으로 처벌(면의 총무계장이 면장과 공모하여 업무상 횡령죄를 저지른 경우 총무계장에 대해서는 횡령죄의 형으로 처단, 대법원 1989.10.10, 87도1901)
3. 배임증재죄를 범한 자라도 배임수재자의 배임행위에 공동하면 업무상 배임죄(부진정신분범)의 공동정범 성립, 단순배임죄의 공동정범의 형으로 과형(아파트하자보수추진위원회의 총무의 배임행위에 가공한 건설업자 사건, 대법원 1999.4.27, 99도883) [국가9급 12]

이외 §33 단서 적용 사례

1. 상습도박자가 단순도박자의 도박을 방조하면 상습도박방조 성립(대법원 1984.4.24, 84도195)
2. 신분관계로 인하여 형의 경중이 있는 경우에 신분이 있는 자가 신분이 없는 자를 교사하여 죄를 범하게 한 때(모해목적 있는 자가 모해목적이 없는 증인을 교사하여 위증하게 한 경우) **형법 제33조 단서는 형법 제31조 제1항에 우선**하므로 모해위증교사죄 성립(대법원 1994.12.23, 93도1002) [국가9급 17]

 한줄판례 Summary

§33 본문이 적용되지 않는다는 판례

1. 친족 간의 정치자금 기부행위 불벌을 규정한 정치자금법 제45조 제1항 단서의 법적 성격은 **책임조각사유**이므로, 친족관계 없는 자와 공모하여 정치자금을 기부한 친족관계 있는 자는 §33 본문의 적용이 배제되어 책임이 조각된다(대법원 2007.11.29, 2007도7062).
2. 공직선거법 제257조 제1호에 정한 **기부행위제한 위반죄**의 신분에 대하여 **유추해석금지원칙**이 적용되므로, 각 **기부행위의 주체로 인정되지 아니하는 자**가 기부행위의 주체자 등과 공모하여 기부행위를 했다 하여도 공동정범이 성립하지 않음(대법원 2008.3.13, 2007도9507; 2007.4.26, 2007도309; 2006.1.26, 2005도8250)

Ⅱ 소극적 신분과 공범

소극적 신분의 개념	신분관계가 존재할 경우 범죄가 성립하지 않는 경우	
	예 범죄불구성적 신분 : 변호사법(의료법)위반에 있어서 변호사(의사)의 신분 등	
소극적 신분과 공범	비신분자가 신분자의 범행에 가담한 경우	비신분자의 범죄는 역시 성립 ×(通)
	신분자가 비신분자의 범행에 가담한 경우	범죄를 구성하는 비신분자의 범행에 가담한 경우 **소극적 신분자도 공범 성립**
		[판례] 의료인일지라도 의료인이 아닌 자의 의료행위에 공모하여 가공하면 **무면허의료행위의 공동정범**으로서의 죄책을 진다(대법원 1986.2.11, 85도448). [국가9급 12, 경찰채용 09/12/14]

 한줄판례 Summary

소극적 신분자에게 공범 성립

1. 치과기공사에게 진료를 시킨 **치과의사**에게 무면허의료행위 교사 O(대법원 1986.7.8, 86도749) [경찰채용 14]
2. **의료인(소극적 신분자)**이 의료인 자격이 없는 일반인(비의료인)의 의료기관 개설행위에 공모하여 가공한 경우 의료법위반죄의 공동정범 O(대법원 2001.11.30, 2001도2015; 2017.4.7, 2017도378) [법원9급 20]
3. **의사인 피고인**이 그 사용인 등을 교사하여 의료법 위반행위를 하게 한 경우 피고인은 의료법의 관련 규정 및 형법 총칙의 공범규정에 따라 의료법 위반 교사 O(대법원 2007.1.25, 2006도6912).

구 분	처벌 내용
공동정범	각자를 정범으로 처벌(§30)
동시범	원인된 행위가 판명되지 아니한 때에 각 행위를 미수범으로 처벌(§19) ※ 특례규정 : 상해죄 → 공동정범의 예에 의함(§263)
교사범	정범(실행한 자)의 형으로 처벌(§31①) ※ 기도된 교사 • 효과 없는 교사 → 교사자와 피교사자를 음모 또는 예비에 준하여 처벌(교사를 받은 자가 범죄의 실행을 승낙하고 착수에 이르지 아니한 경우)(§31) • 실패한 교사 → 교사자를 음모 또는 예비에 준하여 처벌(교사를 받은 자가 범죄의 실행을 승낙하지 아니한 경우)(§31③)
종범 (방조범)	정범의 형보다 감경(필요적 감경)(§32②) ※ 기도된 방조 : 불벌
공범과 신분	• 진정신분범 → 비신분자인 공범도 신분범의 공동정범·교사범·종범 성립(§33 본문) • 부진정신분범(신분관계로 인하여 형의 경중이 있는 경우) → 비신분자(신분없는 자)는 중한 형으로 벌하지 아니함(§33 단서)
간접정범	교사 또는 방조의 예에 의하여 처벌(§34①)
특수교사	정범에 정한 형의 장기 또는 다액에 그 1/2까지 가중처벌(자기의 지휘·감독을 받는 자를 교사한 경우)(§34②)
특수방조	정범의 형으로 처벌(자기의 지휘·감독을 받는 자를 방조한 경우)(§34②)

💡 퍼써 정리 I 공범론 관련 개념

구 분	例	인정(긍정)·처벌할 것인가
공동정범	편면적 공동정범	부정 ※ 경우에 따라 동시범 또는 종범
	승계적 공동정범	개입한 이후의 행위에 대해서만 책임 부담
	과실범의 공동정범	긍정(判), 부정(通)
	공모공동정범	긍정(判), 부정(多)
간접정범	간접정범의 미수	간접정범의 미수로 처벌 / 착수시기 : 이용행위시설(多)
	과실에 의한 간접정범	부정
	부작위에 의한 간접정범	부정
교사·방조	과실에 의한 교사	부정 / 이유 : 교사의 고의 要
	교사의 미수	처벌(§31②③ : 기도된 교사 = 효과 없는 교사 + 실패한 교사)
	미수의 교사(함정수사)	교사범 × / 이유 : 기수의 고의 要
	편면적 교사	부정
	과실범에 대한 교사	부정 / 이유 : 정범은 고의범이어야 / 해결 : 간접정범

교사·방조	교사의 교사 (간접교사·연쇄교사)	교사범 긍정
	부작위에 의한 방조	긍정 / 비교 : 부작위에 의한 교사 → 부정
	승계적 방조	긍정
	사후방조	방조 × ※ 사후종범은 종범 × 독립된 범죄 ○ 예 범인은닉 등
	과실에 의한 방조	부정 / 이유 : 방조의 고의 要
	미수의 방조	부정 / 이유 : 기수의 고의 要
	기도된 방조(방조의 미수)	처벌규정 없어 불벌
	편면적 방조	긍정
	예비의 방조	부정
	종범의 종범, (간접방조, 연쇄방조) 교사의 종범, 종범의 교사	긍정 ※ 모두 다 방조범

CHAPTER 07 범죄의 특수한 출현형태

01 과실범

✅ 조문정리

제14조【과실】 정상적으로 기울여야 할 주의(注意)를 게을리하여 죄의 성립요소인 사실을 인식하지 못한 행위는 **법률에 특별한 규정이 있는 경우만 처** 벌한다.
[전문개정 2020.12.8.]

Ⅰ 서 설

1. 과실의 의의와 종류

<table>
<tr>
<td rowspan="12">의 의</td>
<td colspan="3">① 개념 : 정상적으로 기울여야 할 주의를 게을리 하여 타인의 법익을 침해하는 것으로서, 법률에 특별한 규정이 있는 경우에 한하여 처벌하는 범죄
② 형법상의 과실범 처벌규정 : 화·일·폭·교·상·사·장·가스·가스</td>
</tr>
<tr>
<th>보통 과실범</th>
<th>업무상 과실범</th>
<th>중과실범</th>
</tr>
<tr>
<td>실화죄(§170)</td>
<td>업무상 실화죄(§171)</td>
<td>중실화죄(§171)</td>
</tr>
<tr>
<td>과실일수죄(§181)</td>
<td>無</td>
<td>無</td>
</tr>
<tr>
<td>과실폭발물파열죄(§172)</td>
<td>업무상 과실폭발물파열죄</td>
<td>중과실폭발물파열죄</td>
</tr>
<tr>
<td>과실교통방해죄(§189①)</td>
<td>업무상
과실교통방해죄(§189②)</td>
<td>중과실교통방해죄(§189②)</td>
</tr>
<tr>
<td>과실치상죄(§266)</td>
<td>업무상 과실치상죄(§268)</td>
<td>중과실치상죄(§268)</td>
</tr>
<tr>
<td>과실치사죄(§267)</td>
<td>업무상 과실치사죄(§268)</td>
<td>중과실치사죄(§268)</td>
</tr>
<tr>
<td>無</td>
<td>업무상 과실장물죄(§364)</td>
<td>중과실장물죄(§364)</td>
</tr>
<tr>
<td>과실가스·전기등방류죄
(§173의2)</td>
<td>업무상 과실가스·
전기등방류죄(§173의2)</td>
<td>중과실가스·
전기등방류죄(§173의2)</td>
</tr>
<tr>
<td>과실가스·전기등공급방해죄
(§173의2)</td>
<td>업무상 과실가스·
전기등공급
방해죄(§173의2)</td>
<td>중과실가스·
전기등공급방해죄(§173의2)</td>
</tr>
</table>

종 류	인식 없는 과실 인식 있는 과실	① 인식 없는 과실 : 결과발생의 가능성에 대한 인식 자체가 없는 경우 ② 인식 있는 과실 : 결과발생의 가능성은 인식하였으나 결과를 인용하지 않은 경우 ③ 형법 §14 : '인식'은 인식과 의사이므로, **형법은 위 두 과실을 모두 규정** ④ **형법상 범죄의 성립에 있어서 구별의 실익이 없음** *cf.* 양형에 영향을 미칠 가능성은 있고, 인식 인식 있는 과실은 미필적 고의와의에 있어서 의미를 가짐
	업무상과실 중과실	① 업무상 과실 : 업무로 인하여 보통의 경우보다 결과발생에 대한 주의의무 or 예견의무 or 예견가능성이 높아서 가중처벌 되는 과실범의 유형 ② 중과실 : 극히 근소한 주의를 함으로써 결과발생을 예견할 수 있었음에도 불구하고 주의의무를 현저히 태만히 하여 이를 예견하지 못하였으므로 가중처벌 되는 과실범의 유형 ③ 형법상 업무상 과실과 중과실은 동일하게 취급

 한줄판례 Summary

업무상 과실 또는 중과실 인정

1. 성냥불이 꺼진 것을 확인하지 아니한 채 플라스틱 휴지통에 던진 것은 중과실 O(대법원 1993.7.27, 93도135) [국가7급 17]
2. 84세 여자 노인과 11세 여자아이를 상대로 안수기도를 하면서 배와 가슴을 손으로 세게 때리고 누르는 행위로 사망에 이르게 한 경우 중과실치사죄 O(대법원 1997.4.22, 97도538) [국가9급 11, 국가7급 17]
3. 공휴일 또는 야간에 구치소장을 대리하는 당직간부인 교도관에게 수용자들의 생명·신체에 대한 위험을 방지할 의무인 업무상 과실치사죄의 업무 O(대법원 2007.5.31, 2006도3493)
4. 건축자재인 철판 수백 장의 운반을 의뢰한 생산자 甲이 **절단면이 날카롭고 무거운 철판을 묶기에 매우 부적합한 폴리에스터 끈을 사용하여** 철판 묶음 작업을 한 탓에 철판 쏠림 현상이 발생하였고, 이로 인하여 철판을 차에서 내리는 과정에서 철판이 쏟아져 내려 화물차 운전자 A가 사망한 경우 업무상과실치사 O(대법원 2009.7.23, 2009도3219) [경찰채용 2차 22]

업무상 과실 또는 중과실 부정

1. 임대건물의 균열로 인한 가스 중독 사고 시 임대인에게는 중과실치사 ×(대법원 1984.1.24, 81도615; 1986.6.24, 85도2070)
2. 연탄아궁이로부터 80센티미터 떨어진 곳에 쌓아 둔 스펀지요, 솜 등이 넘어져 화재발생 시 중과실 ×(대법원 1989.1.17, 88도643) [국가7급 17]
3. 오락실 전기공사를 무자격전기기술자에게 맡긴 호텔 경영자는 중과실 ×(대법원 1989.10.13, 89도204)
4. 러시안룰렛 게임을 제지하지 않은 경찰관에게 중과실 ×(대법원 1992.3.10, 91도3172) [국가7급 17]
5. 인화성 물질이 없던 창고 내에 촛불을 붙인 초를 놓고 30분 후 창고에 갈 예정인 경우 화재발생 시 경과실 O, 중과실 ×(대법원 2007.5.31, 2006도3493)
6. 건물의 소유자로서 건물을 비정기적으로 수리하거나 건물의 일부분을 임대하였다는 사정만으로는 업무상 과실치사상죄에 있어서의 업무 ×(대법원 2009.5.28, 2009도1040) [경찰채용 20 1차]
7. 교사가 초등학생에게 난로의 소화를 명하고 퇴거한 후 불이 난 경우 교사에게 중실화죄 ×(대법원 1960.7.13, 4292형상580)

2. 과실의 체계적 지위

과실의 이중기능	① 고전적 범죄체계와 신고전적 범죄체계에서는 책임요소설, ② 목적적 범죄체계에서는 구성요건요소설을 취했으나, ③ 합일태적 범죄체계에서는 과실을 **구성요건에서는 객관적 주의의무의 위반, 책임에서는 주관적 주의의무위반**으로 파악(通)

▌II 성립요건

1. 구성요건 – 객관적 주의의무위반과 그 제한, 인과관계

객관적 주의의무 위반	① 구성요건적 과실 : 주관설(少)에 의하면 행위자 개인의 주의능력을 기준으로 판단하나, **객관설(평균인표준설, 通·判)은 객관적인 일반인의 주의능력을 표준으로 주의의무를 게을리 한 것**으로 파악 [판례] 의료과오사건에서 의사의 과실이 있는지는 **같은 업무 또는 분야에 종사하는 평균적인 의사가 보통 갖추어야 할 통상의 주의의무**를 기준으로 판단하여야 한다(대법원 2011.4.14, 2010도10104) ② 객관설의 적용 : 평균적 주의능력을 가지지 못한 자가 객관적 주의의무를 위반한 경우 구성요건적 과실은 인정하고 책임에서 주관적 주의의무 준수를 고려해 책임 조각

 한줄판례 Summary

객관적 주의의무위반 인정

1. **좌우 주시의무를 태만**히 하여 횡단자를 뒤늦게 발견한 운전사(대법원 1966.5.31, 66도548)
2. **호텔 사장과 영선과장이 화재경보 스위치를 봉하고 비상문을 고정**시키는 등 행위로써 화재에 대한 업무상 주의의무를 위반한 과실과 화재로 인한 숙박객의 사상의 경우(대법원 1984.2.28, 83도3007)
3. **전날 밤에 세워둔 버스를 출발하기 전** 차체 밑에 장애물을 확인하지 않은 버스운전사(대법원 1988.9.27, 88도833)
4. 근육에 새면 조직괴사 등 부작용을 일으킬 수 있는 **마취제 에폰톨을 간호조무사에게 정맥주사하게 한** 의사(대법원 1990.5.22, 90도579)
5. 야간에 한산한 시골 국도를 운전하던 중 **맞은편에 전조등을 켠 차량과 교행 직후 도로상에 누워있는 피해자**를 치어 피해자가 사망한 경우(대법원 1991.5.28, 91도840)
6. **음주운전 단속 경찰관이 정지신호**를 보내오는 것을 발견한 운전자가 일정속도로 진행하여 경찰관을 상해에 이르게 한 경우(대법원 1994.10.14, 94도2165)
7. 조증환자에게 클로르포르마진 투여로 기립성 저혈압이 발생했는데 전원조치를 취하지 않은 채 **전해질이상 유무를 확인하지 않고 포도당액을 주사하여 환자를 사망**에 이르게 한 의사(대법원 1994.12.9, 93도2524)
8. 기도부종으로 인한 호흡장애 환자의 상태를 확인하지 않은 의사 및 **의사를 불러달라는 환자 보호자의 요청을 듣지 아니한 담당간호사**(대법원 1994.12.22, 93도3030)
9. **마주 오던 차에 충격당해 자기 앞으로 쓰러지는 보행자를 피하지 못하고 역과시킨 택시 운전자**(대법원 1995.12.26, 95도715)
10. **야간에 선행사고로 전방에 정차해 있던 승용차와 그 옆에 서 있던 피해자를 충돌한 경우 고속도로상 제한최고속도 이하로 감속운전하지 않은 차량운전자**(대법원 1999.1.15, 98도2605) [경찰채용 20 1차]

11. 선행차량에 이어 피고인 운전차량이 피해자를 연속하여 역과하는 과정에서 피해자가 사망한 경우, 피고인 운전차량의 역과와 피해자의 사망 사이에 인과관계 인정(대법원 2001.12.11, 2001도5005)
12. 타인의 팔을 잡아당겨 도로를 횡단하게 만든 자(대법원 2002.8.23, 2002도2800)
13. 비가 내리는 야간에 화물차량을 운전하는 자가 제한최고시속보다 감속하지 않은 경우(대법원 2005. 2.18, 2003도965)
14. 복지원 알코올중독자 자살한 경우 그를 독방에 방치한 운영자(대법원 2005.3.24, 2004도8137)
15. 강제도선구역 내에서 조기 하선한 도선사(업무상 과실선박파괴죄, 대법원 2007.9.21, 2006도6949)
16. 의사 등의 진찰을 받도록 하지 않고 산모에게 알리고 그 지시만 따른 산후조리원 신생아 집단관리 책임자(대법원 2007.11.16, 2005도1796) [국가7급 16]
17. 골프경기를 하던 중 골프공을 쳐서 아무도 예상하지 못한 자신의 등 뒤편으로 보내어 등 뒤에 있던 경기보조원(캐디)에게 상해를 입힌 경우(중대한 규칙위반으로 과실치상, 대법원 2008.10.23, 2008도6940) [국가9급 11]
18. 도급계약의 경우 법령에 의하여 도급인에게 수급인의 업무에 관하여 구체적인 관리·감독의무 등이 부여되어 있거나 도급인이 공사의 시공이나 개별 작업에 관하여 구체적으로 지시·감독하였다는 등의 특별한 사정이 있는 경우(대법원 2009.5.28, 2008도7030)
19. 과실로 처방된 것임을 알 수 있었음에도 그대로 주사한 종합병원의 간호사에게 업무상과실치상 긍정(대법원 2009.12.24, 2005도8980)
20. 산부인과 의사가 제왕절개수술 시행 중 태반조기박리를 발견하고도 환자의 출혈 여부 관찰을 간호사에게 지시하였다가 수술 후 약 45분이 지나 대량출혈을 확인하고 전원(轉院) 조치하였으나 그 후 A가 사망한 경우(대법원 2010.4.29, 2009도7070)
21. 산부인과 의사가 전원(轉院)받는 병원 의료진에게 환자가 고혈압환자이고 제왕절개수술 후 대량출혈이 있었던 사정을 설명하지 않은 경우(대법원 2010.4.29, 2009도7070)
22. 공사감리자가 관계 법령과 계약에 따른 감리업무를 소홀히 하여 건축물 붕괴 등으로 인하여 사상의 결과가 발생한 경우(대법원 2010.6.24, 2010도2615; 1994.12.27, 94도2513)
23. 골프장의 경기보조원이 골프경기참가자를 골프 카트에 태우면서 출발에 앞서 안전 손잡이를 잡도록 고지하지 않고, 이를 잡았는지 확인하지도 않은 채 출발 후 각도 70°가 넘는 우로 굽은 길에서 속도를 줄이지 않고 급하게 우회전하여 그가 골프카트에서 떨어져 상해를 입은 경우(대법원 2010.7.22, 2010도1911) [경찰채용 2차 22]
24. 간호사가 수술 직후의 환자에 대한 진료를 보조하면서 1시간 간격으로 4회 활력징후를 측정하라는 담당 의사의 지시에 따르지 아니하였고 그 후 위 환자가 과다출혈로 사망한 경우(대법원 2010.10.28, 2008도8606) [경찰채용 2차 22]
25. 택시운전자인 피고인이 심야에 밀집된 주택 사이의 좁은 골목길이자 직각으로 구부러져 가파른 비탈길의 내리막에 누워 있던 피해자의 몸통 부위를 자동차 바퀴로 역과하여 사망에 이르게 하고 그 자리에서 도주한 경우(대법원 2011.5.26, 2010도17506) [경찰채용 20 1차]

객관적 주의의무위반 부정
1. 트럭 뒤에서 발판에 뛰어오른 자(트럭운전자는 업무상 과실치사죄 ×, 대법원 1969.1.21, 68도1661)
2. 트럭적재함(안에 사람 있음)에 대하여 중기인 쇼벨을 운전하여 돌을 부어 주는 자(대법원 1979.9.11, 79도1616)
3. 장물 여부에 관하여 매도인의 주민등록증에 의한 인적사항 일체를 사실대로 기재한 중고품매입상(대법원 1984.2.14, 83도2982)
4. 발차 순간 피해자가 뒷바퀴 밑으로 들어간 경우(버스운전자는 업무상 과실치사죄 ×, 대법원 1984.7.10, 84도687)
5. 교사가 징계목적으로 학생의 손바닥을 때리기 위해 회초리를 들어 올리다가 옆에서 구경하는 다른 학생의 눈을 찔러 상해를 입힌 경우(대법원 1985.7.9, 84도822)
6. 방향지시등을 켜지 않고 1차선에서 우회전하는 화물차를 뒤에서 충돌한 2차선상의 승용차 운전자(대법원 1991.9.10, 91도1746)
7. 버스정류장에서 버스가 출발하던 과정에서 넘어진 승객에 대한 버스운전자(대법원 1992.4.28, 92도56)

8. **정신병동 입원환자가 화장실 창문으로 탈출**하다가 떨어져 사망한 경우 당직간호사(대법원 1992.4.28, 91도1346) [국가7급 14]

9. 내리막길에서 버스의 브레이크가 작동되지 않아 대형사고를 피하기 위해 **인도 턱에 버스를 부딪쳐 정차시키려고** 하였으나 버스가 인도 턱을 넘어 보행자를 사망에 이르게 한 경우의 버스 운전사(대법원 1996. 7.9, 96도1198)

10. **출산 후** 출혈로 저혈량성 쇼크에 빠진 산모에게 수액·혈액을 투여한 후 **폐부종**이 발병하여 사망한 경우의 의사(대법원 1997.10.10, 97도1678)

11. **제왕절개수술 전 혈액 준비**(대법원 1997.4.8, 96도3082) ≠ 산모의 태반조기박리 대응조치로 응급 제왕절개 수술을 하는 산부인과 의사는 미리 혈액을 준비하여야 할 업무상 주의의무 긍정(대법원 2000. 1.14, 99도3621)

12. 자신의 차로를 운행하면서 **단지 1차로에 근접하여 운전**(대법원 1998.4.10, 98도297)

13. 초등학교 6학년생이 **파도수영장에서 물놀이 도중 사망**한 경우 안전요원과 관리책임자(대법원 2002. 4.9, 2001도6601)

14. 간호사가 의사 입회 없이 **간호실무수습생**에게 의사 처방에 의한 **정맥주사**를 시킨 경우의 의사(대법원 2003.8.19, 2001도3667)

15. **타워크레인** 설치작업을 전문업자에게 **도급**을 준 건설회사 현장소장(대법원 2005.9.9, 2005도3108)

16. **제왕절개 수술 후 폐색전증**으로 사망한 경우 담당 산부인과 의사(대법원 2006.10.26, 2004도486)

17. **태아가 역위로 조기분만**되면서 난산으로 분만 후 사망한 경우 산부인과 의사(대법원 2006.12.7, 2006 도1790)

18. 야간 당직간호사가 **당직의사에게 제대로 알리지 않은** 경우 의사(대법원 2007.9.20, 2006도294)

19. **차량 급발진**으로 인한 사고(대법원 2008.6.12, 2007도5389)

20. **백혈병환자의 항암치료**(진료방법의 선택에 대한 의사의 재량 인정, 대법원 2008.8.21, 2008도3090)

21. 술을 마시고 찜질방에 들어온 자가 **찜질방 직원 몰래 후문으로 나가 술을 더 마신** 다음 후문으로 다시 들어와 발한실에서 잠을 자다가 사망한 경우 찜질방 직원 및 영업주(대법원 2010.2.11, 2009도9807)

22. 담당의사로부터 익수환자 이송 도중 A에 대한 앰부 배깅과 진정제투여 업무만을 지시받은 병원 인턴(**산소통의 산소잔량을 체크하지 않은** 부분은 과실 ×, 대법원 2011.9.8, 2009도13959) [경찰채용 22 2차]

23. 지하철 공사구간 현장안전업무 담당자가 공사현장에 인접한 기존의 횡단보도 표시선 안쪽으로 돌출된 **강철빔 주위에 라바콘 3개를 설치하고 신호수 1명을 배치**하였는데, 피해자가 위 횡단보도를 건너면서 강철빔에 부딪혀 상해를 입은 경우(대법원 2014.4.10, 2012도11361) [경찰채용 22 1차]

24. 의사가 고령의 간경변증 환자에게 수술에 대한 설명의무를 위반한 경우, **환자가 당해 수술의 위험성을 충분히 인식**하고 있어 설명의무를 다하였더라도 거부하지 않았을 것을 인정되는 경우(설명의무 위반과 환자의 상해 또는 사망 간의 인과관계 부정, 대법원 2015.6.24, 2014도11315) [국가9급 19/20, 경찰채용 20 2차, 경찰간부 20]

허용된 위험	① 의의 : 현대 사회에서 불가피하게 생기는 위험 ② 법적 성격 : 허용된 위험은 사회생활상 요구되는 주의의무의 한계를 제시한다고 보아 이 범위 내에서 발생한 결과의 객관적 귀속 부인(**객관적 주의의무의 제한원리**로서 구성요건해당성배제사유, 多)
신뢰의 원칙	① 의의 : 교통규칙을 준수하는 운전자는 특별한 사정이 없는 한 상대방도 교통규칙을 준수하리라는 것을 신뢰하면 족하다는 원칙 → 의료행위나 공장의 작업과정 등 분업적 공동작업이 필요한 경우 적용 ② 법적 성격 : **객관적 주의의무의 제한원리** ③ 적용범위 　㉠ 수평적 분업관계 : 사실상 분업으로는 부족하고 의무를 분담하는 수평적 분업관계에서 적용

신뢰의
원칙
	ⓛ 수직적 분업관계
	 ⓐ 원칙 : **지휘·감독의무가 있으므로 신뢰의 원칙 제한** [법원승진 14]
	  예 주된 의사와 수련의 사이 or 의사와 간호사의 사이 [국가9급 16]
	 ⓑ 예외 : 분담 가능한 특정 의료행위를 다른 의사에게 **전적으로 위임한 경우**에는
	  신뢰의 원칙 적용
	④ 적용한계
	 ⓐ **스스로 규칙에 위반**하여 행위한 경우 : 신뢰의 원칙 적용 × but 행위자의 규칙위
	  반이 결과발생의 결정적 요인이 아닌 경우에는 신뢰의 원칙 인정 可
	  [판례] 우측에 진행 중인 손수레를 피하려고 중앙선을 약간 침범하여도 '후방차량의 무모한
	   추월'로 일어난 사고에 대해서는 책임 ×(대법원 1970.2.24, 70도176)
	 ⓑ 상대방이 **이미 교통규칙을 위반**하여 신뢰관계를 기대할 수 없는 경우 : 신뢰의 원칙
	  적용 ×
	  [판례] 상대방이 이미 중앙선을 넘어 자동차를 운행하고 있거나 그것이 예상되는 객관적 사
	   정이 있는 때에는 충돌을 방지할 주의의무 있음(대법원 1984.3.13, 83도1859;
	   1984.4.10, 84도79)
	 ⓒ 교통규칙을 위반할 것이 예상되는 특별한 사정이 있는 경우 : 신뢰의 원칙 적용 ×
	  예 교통사고 빈발 지역, 어린이보호구역 등

🔗 **한줄판례 Summary**

신뢰의 원칙 긍정 : 고/자/인/무/신/중/육/교/소/횡

1. **약사**가 **제약회사**에서 공급받은 약품을 사용하여 약을 조제한 것을 피해자가 복용한 후 사망한 경우(약사는 업무상 과실치사죄 ×, 대법원 1976.2.10, 74도2046) [국가9급 17]
2. 상대방 차량이 **중앙선을 침범**하여 진입할 것까지 예견하고 감속하는 등 조치를 강구하여야 할 주의의무는 없다(대법원 1982.4.13, 81도2720). [국가9급 17]
3. 고속도로상에서 운행 중인 피고인에게 반대차선에서 진행해오던 차량이 **갑자기 중앙선을 침범**하여 피고인의 운행차선으로 들어올 것까지 예상하고 이에 대비하여 운전을 해야 할 주의의무가 있다고 할 수 없다(대법원 1984.5.29, 84도520). [국가7급 14]
4. **신호등**에 따라 교차로를 직진하는 운전자(대법원 1985.1.22, 84도1493)
5. **육교**가 설치되어 있는 차도를 주행하는 자동차운전자(대법원 1985.9.10, 84도1572)
6. **자동차전용도로**를 주행 중인 자동차운전자에게는 진행차량 사이를 뚫고 횡단하는 보행자가 있을 것을 예상하여야 할 주의의무가 없다(대법원 1990.1.23, 89도1395). [법원9급 12]
7. **횡단보도의 신호**가 적색인 상태에서 반대차선에 정지 중인 차량 뒤에서 갑자기 보행자가 건너오는 사례 (대법원 1993.2.23, 92도2077) [법원9급 12, 국가9급 17] ≠ 횡단보도의 신호가 녹색신호에서 적색신호로 바뀔 무렵 전후의 자동차 운전자는 업무상 주의의무가 있다(대법원 1986.5.27, 86도549).
8. **고속도로**를 무단횡단하는 보행자를 충격하여 사고를 발생시킨 운전자(대법원 2000.9.5, 2000도2671) ≠ **제동거리 밖**에서 도로를 횡단하려는 자를 발견한 경우(대법원 1981.3.24, 80도3305)
9. **내과의사**가 **신경과 전문의**의 협의진료 결과를 신뢰한 경우(대법원 2003.1.10, 2001도3292)
10. 5차선 도로 우측 **소방도로**에서 갑자기 튀어나온 오토바이에 대해 1차로 운전자에게 주의의무가 없다(대법원 2007.4.26, 2006도9216).
11. **수련병원의 전문의와 전공의 등의 관계**처럼 의료기관 내의 직책상 주된 의사의 지위에서 지휘·감독 관계에 있는 다른 의사에게 특정 의료행위를 위임하는 **수직적 분업**의 경우에는, **그 다른 의사에게 전적으로 위임된 것이 아닌 이상** 주된 의사는 자신이 주로 담당하는 환자에 대하여 다른 의사가 하는 의료행위의 내용이 적절한 것인지 여부를 확인하고 감독하여야 할 업무상 주의의무가 있다. …… 여러 사정에 비추어 **해당 의료행위가 위임을 통해 분담 가능한 내용의 것이고 실제로도 그에 관한 위임이 있었다면** (특별한 사정이 없는 한) 위임한 의사는 위임받은 의사의 과실로 환자에게 발생한 결과에 대한 책임이 있다고 할 수 없다(대법원 2022.12.1, 2022도1499).

신뢰의 원칙 부정

1. <u>간호사가 혈액봉지를 잘못 교체</u>하여 환자가 사망한 경우 의사는 책임을 면할 수 없다(대법원 1998.2.27, 97도2812).
2. <u>수련의</u>의 잘못된 처방으로 환자가 상해를 입게 된 경우 주치의 겸 정형외과 전공의에게 지휘감독의무가 있다(대법원 2007.2.22, 2005도9229). [법원9급 13]

결 과	구성요건적 결과의 발생 : 과실범은 모두 결과
인과 관계	<u>주의의무위반과 결과 간의 인과관계</u> : 주의의무를 다하였어도 결과발생을 회피할 수 없었다면 × *cf.* 객관적 귀속의 척도 중 주의의무위반관련성 : 적법한(합법적) 대체행위의 이론

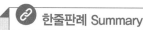

한줄판례 Summary

과실범의 인과관계 인정
1. <u>직접 충돌하지 않아도 인과관계 인정</u>(열차건널목 사건, 대법원 1989.9.12, 89도866)
2. 연탄가스 중독환자의 퇴원 후 동일한 사고와 의사의 <u>병명을 가르쳐주지 않은 과실</u>(대법원 1991.2.12, 90도2547)
3. <u>전원 전 의사의 과실</u>로 인하여 이미 회복이 어려운 상태에 빠진 경우(대법원 1996.9.24, 95도245)
4. 산부인과 의사가 제왕절개수술 후 대량출혈이 있었던 환자를 전원 조치하였으나 전원받는 병원 의료진의 조치가 다소 미흡하여 도착 후 약 1시간 20분이 지나 수혈이 시작된 경우, <u>산부인과 의사의 전원지체 등의 과실로 신속한 수혈 등의 조치가 지연</u>되어 환자가 사망한 경우(대법원 2010.4.29, 2009도7070) [국가7급 16]

과실범의 인과관계 부정
1. <u>안전거리 미준수와 추돌사고</u>(대법원 1983.8.23, 82도3222)
2. 작업반장이 <u>현장소장의 작업중단지시를 무시</u>하고 작업을 지시함으로써 발생한 사고(대법원 1984.4.10, 83도3365)
3. 혈청의 생화학적 반응검사를 하지 않은 과실은 있으나 인과관계는 없는 경우(<u>할로테인 마취 사건</u>, 대법원 1990.12.11, 90도694) [국가9급 16]
4. <u>과속운전</u>과 대향차선상 상대차량의 신호위반·중앙선침범으로 교통사고 발생 사이에 인과관계 부정(대법원 1993.1.15, 92도2579)
5. <u>승객이 차에서 내려 도로상에 발을 딛고 선 뒤에 일어난 사고</u>는 승객의 추락방지의무를 위반하여 운전함으로써 일어난 사고에 해당하지 아니한다(대법원 1997.6.13, 96도3266).
6. 직진신호에 따라 교차로를 통과하는 운전자의 <u>과속행위</u>와 2차선의 접속도로 운행차량이 갑자기 금지된 좌회전을 함으로써 일어난 교통사고(대법원 1998.9.22, 98도1854)
7. 선행 교통사고와 후행 교통사고 중 어느 쪽이 원인이 되어 사망하였는지가 분명하지 않은 경우 <u>후행 교통사고자</u>에게 인과관계 부정(대법원 2007.10.26, 2005도8822)

2. 과실범의 위법성

위법성 조각사유	고의범과 마찬가지로 정당방위, 긴급피난, 피해자의 승낙, 정당행위 등이 적용 예 운동경기 <u>규칙을 준수하는 중 또는 경미한 규칙 위반 중</u>에 상해가 발생한 경우에는 과실치상죄 성립 × but 골프경기 중 <u>골프공을 아무도 예상치 못한 자신의 등 뒤편으로 보내</u> 경기보조원에 상해를 입힌 경우에는 '사회적 상당성'을 벗어나 과실치상죄 성립(대법원 2008.10.23, 2008도6940)
주관적 정당화요소	과실범의 특성상 객관적으로 위법성이 조각되는 상황에는 주관적 정당화요소가 필요하지 않고 위법성 조각(주관적 정당화요소 불요설, 多, 반대견해 有)

🔗 한줄판례 Summary

환자의 생명과 자기결정권을 비교형량하기 어려운 **특별한 사정이 있다**고 인정되는 경우에 의사가 자신의 직업적 양심에 따라 환자의 양립할 수 없는 두 개의 가치 중 어느 하나를 존중하는 방향으로 행위한 경우(무죄, 대법원 2014.6.26, 2009도14407)

3. 과실범의 책임

고의범과 동일한 책임요소	책임능력, 위법성의 인식, 기대가능성
주관적 주의의무위반 주관적 예견가능성	**개인적 능력과 행위자의 지식 등을 고려**하여 판단(과실의 이중개념)

02 결과적 가중범

⊘ 조문정리

제15조 【사실의 착오】 ② 결과 때문에 형이 무거워지는 죄의 경우 그 결과의 발생을 예견할 수 없었을 때에는 **무거운 죄로** 벌하지 아니한다.
[전문개정 2020.12.8.]

Ⅰ 서 설

		고의가 있는 기본범죄보다 더욱 무거운 결과가 발생한 경우 그 무거운 결과에 대하여 예견가능성이 있을 때 성립하는 범죄(§15②) [법원승진 16]
의 의	개인적 법익	상해치사죄, 폭행치사상죄, 낙태치사상죄, 유기치사상죄, 체포·감금치사상죄, 강간·강제추행치사상죄, 인질치사상죄, 강도치사상죄, 해상강도치사상죄, 재물손괴치사상죄, 중상해죄, 중유기죄, 중권리행사방해죄(중강요죄), 중손괴죄
	사회적 법익	현주건조물방화치사상죄, 연소죄 [법원9급 10], 현주건조물일수치사상죄, 교통방해치사상죄, 먹는 물혼독치사상죄, 폭발성물건파열치사상죄, 가스·전기방류치사상죄, 가스·전기공급방해치사상죄
	국가적 법익	특수공무방해치사상죄
	※ 결과적 가중범 : '~**치**~죄'(단, 과실치사상죄 ×), '**중**~죄'(단, 중체포·중감금죄 ×), '**연**'소죄	
본 질	고의의 기본범죄에 더하여 무거운 결과에 대한 **예견가능성** 필요(**책임주의**) : 고의와 **과실**의 결합	

Ⅱ 종 류

진정결과적 가중범	고의의 기본범죄 + **과실**에 의한 중한 결과 예 연소죄(§168), 상해치사죄(§259), 폭행치사죄(§262) 등 대부분의 결과적 가중범
부진정결과적 가중범	① 고의의 기본범죄 + **과실 또는 고의**에 의한 중한 결과 [법원승진 16] 　예 **현주건조물방화치사상죄**(§164②), 교통방해치상죄(§188), **특수**공무방해치상죄(§144②) 　　[국가7급 13], 중상해죄(§258), 중유기죄(§271③) 등 ② 부진정결과적 가중범과 고의범의 죄수에 관한 판례의 입장 [국가9급 17, 법원9급 22] 　㉠ **고의범의 형이 더 중한 경우 : 상상적 경합** 　㉡ **고의범의 형이 더 중하지 않은 경우 : 법조경합(부진정결과적 가중범의 1죄)**
고의의 결과적 가중범	기본범죄가 고의에 의한 결과적 가중범
과실의 결과적 가중범	기본범죄가 과실에 의한 경우로서 **형법상 존재하지 않음**

🔗 한줄판례 Summary

① 현주건조물방화치사죄는 부진정결과적 가중범이고 **현주건조물방화치사죄와 살인죄는 법조경합관계로서 현주건조물방화치사죄의 1죄만 성립**(대법원 1983.1.18, 82도2341) [국가9급 17]
② **현주건조물방화치사죄와 강도살인죄는 상상적 경합**(대법원 1998.12.8, 98도3626)
③ 현주건조물방화치사죄와 존속살해죄는 상상적 경합(대법원 1996.4.26, 96도485) [국가7급 13]
④ 특수공무집행방해치상죄보다 폭처법상 집단흉기등상해죄가 더 무겁지 않으므로 **특수공무집행방해치상죄의 1죄** 성립(대법원 2008.11.27, 2008도7311) [국가7급 17]

Ⅲ 구성요건

기본범죄	① 기본범죄는 **고의범**이어야 함 : 진정 / 부진정 결과적 가중범 모두 고의 필요 [국가9급 21] ② 기본범죄는 **기수·미수 불문**
인과관계	① 기본범죄와 중한 결과 간에는 상당인과관계 필요(判) ② (합법칙적 조건설에 의하면, 객관적 귀속의 척도로서) 중한 결과는 기본범죄에 내포된 　전형적인 고유한 위험이 직접적으로 실현된 것이어야 함(직접성원칙)
예견가능성	① 중한 결과에 대한 예견가능성은 과실과 동일한 의미(通) ② 부진정 결과적 가중범은 중한 결과에 대한 고의가 있을 때에도 성립

상당인과관계(및 예견가능성) 인정

1. 폭행·협박을 가하여 간음하려는 행위와 이에 극도의 흥분을 느끼고 공포심에 사로잡혀 이를 피하려다 사상에 이르게 된 경우 강간치상죄 ○(대법원 1978.7.11, 78도1331)

2. 과거 동거녀에게 동거할 것을 요구하며 주먹으로 얼굴·가슴을 수없이 때려 두개골 결손으로 사망케 한 경우 상해치사죄 ○(대법원 1984.12.11, 84도2183)

3. 과도를 겨냥한 택시강도는 강도치상죄 ○(대법원 1985.1.15, 84도2397)

4. 외상이 생길 정도로 **심하게 폭행**을 가함으로써 평소에 오른쪽 관상동맥폐쇄 및 심실의 허혈성 심근섬유화증세 등의 심장질환을 앓고 있던 피해자가 관상동맥부전과 허혈성심근경색 등으로 사망한 경우 폭행치사죄 ○ (대법원 1989.10.13, 89도556) [법원승진 14]

5. 가연물질이 많은 대학도서관 옥내에서 공무집행을 방해할 목적으로 화염병을 투척하는 경우 특수공무방해치사상죄 ○(대법원 1990.6.22, 90도767)

6. 당구치는 기구로 문을 내려쳐 부수자 위협을 느낀 피해자가 화장실 창문 밖으로 숨으려다가 실족하여 떨어짐으로써 사망한 경우 **폭행치사죄의 공동정범** ○(대법원 1990.10.16, 90도1786) [법원승진 14, 경찰채용 15 2차]

7. 아파트 안방에 감금된 피해자가 가혹행위를 피하려고 창문을 통하여 아파트 아래 잔디밭에 뛰어 내리다가 사망한 경우 **중감금치사죄** ○(대법원 1991.10.25, 91도2085)

8. 호텔 객실에 감금한 후 강간하려 하자 피해자가 완강히 반항하던 중 피고인이 **대실시간 연장을 위해 전화하는 사이에** 객실 창문을 통해 탈출하려다가 지상에 추락하여 사망한 경우 강간치사죄 ○(대법원 1995.5.12, 95도425)

9. 의도적으로 피해자를 술에 취하도록 유도하고 수차례 강간한 후 의식불명 상태에 빠진 피해자를 비닐창고로 옮겨 놓아 저체온증으로 사망케 한 경우 강간치사죄 ○(대법원 2008.2.29, 2007도10120)

10. 피고인이 고속도로 2차로를 따라 자동차를 운전하다가 1차로를 진행하던 甲의 차량 앞에 급하게 끼어든 후 곧바로 정차하여, 甲의 차량 및 이를 뒤따르던 차량 두 대는 연이어 급제동하여 정차하였으나, 그 뒤를 따라 오던 乙의 차량이 앞의 차량들을 연쇄적으로 추돌케 하여 乙을 사망에 이르게 하고 나머지 차량 운전자 등 피해자에게 상해를 입힌 경우 **교통방해치사상죄** ○(대법원 2014.7.24, 2014도6206) [법원9급 22]

상당인과관계(및 예견가능성) 부정

1. 피해자가 **진화작업에 열중한 나머지 화상**을 입게 된 경우에 방화자에게는 중한 결과인 상해에 대한 예견가능성이 없다고 보아 방화치상죄 ×(대법원 1966.6.28, 66도1)

2. **욕설을 하고 피해자의 어깻죽지를 잡고 조금 걸어가다가 놓아준** 데 불과한 정도의 폭행의 경우 예견가능성 부정(대법원 1982.1.12, 81도1811)

3. 강간을 당한 피해가가 강간을 당함으로 인하여 생긴 수치심과 장래에 대한 절망감으로 **음독자살**한 경우 강간치사죄 ×(대법원 1982.11.23, 82도1446) [경찰승진 23]

4. 강제추행을 하자 피해자가 봉고차에게 뛰어내려 사망한 경우 강제추행치사죄 ×(대법원 1988.4.12, 88도178)

5. 함께 여관에 들어가서 경미한 폭행수단으로 성관계를 시도하던 자가 **화장실에 간 사이** 강간을 모면하기 위하여 4층 여관방의 창문을 넘어 뛰어내리다가 상해를 입은 경우 강간치상죄 ×(대법원 1993.4.27, 92도3229)

6. **상해를 가한 후 강제추행**을 한 경우 강제추행치상죄 ×(대법원 2009.7.23, 2009도1934)

결과적 가중범의 공동정범	① 기본범죄에 대한 공동이 있거나 중한 결과에 대한 예견가능성이 있으면 성립(判) [국가9급 17] ② **중한 결과를 공동으로 할 의사는 필요 없음**

결과적 가중범의 미수	논의의 전제	① 기본범죄 ○ + 중한 결과 × = 결과적 가중범 자체가 성립하지 않음 ② 결과적 가중범의 미수가 문제되는 경우 : **기본범죄 미수 + 중한 결과 발생** ③ 결과적 가중범의 미수의 의미 : 결과적 가중범에도 미수범의 임의적 감경?
	진정결과적 가중범	① **결과적 가중범의 미수범 처벌규정은 존재**함(예 인질치사상죄, 강도치사상죄, 해상강도치사상죄, 현주건조물일수치사죄, 성폭법상 특수(강도)강간치사상죄 등) ② **진정결과적 가중범의 미수**에 관하여 다수설·판례는 **부정설**(대법원 1972.7.25, 72도1294; 1986.9.23, 86도1526) ③ 진정결과적 가중범은 중한 결과에 대한 과실을 요한다는 점에서 과실범의 미수가 불가능한 것처럼 **진정결과적 가중범의 미수는 인정되지 않음** 　예 강간미수 + 치상 = 강간치상의 미수 ×, 강간치상의 기수 ○ [국가9급 12/14, 법원승진 14] 　예 **특수강간미수 + 치상 : 특수강간치상의 미수 ×, 특수강간치상의 기수 ○**(대법원 2008.4.24. 2007도10058) → 성폭법상 미수범 처벌규정은 특수강간상해 ○, 특수강간치상 ×
	부진정결과적 가중범	중한 결과에 대하여 고의가 있어도 성립하므로 이론적으로 미수가 가능하나, **처벌규정이 존재하지 아니하므로 부정**됨(多)
교사/방조		**교사자·방조자가 중한 결과에 대하여 과실**이 인정되면 결과적 가중범의 교사범·방조범 ○

03 부작위범

I 작위와 부작위

작 위	규범적으로 하지 않아야 할 행위를 하는 것(**금지규범의 위반**)
부작위	규범적으로 해야 할 행위를 하지 않는 것(**명령·요구규범의 위반**)
보충성	① 보충관계 : 부작위범은 작위범이 성립하지 않을 때에만 성립(**부작위범의 보충성**, 대법원 2004.6.24, 2002도995) ② 단, 판례는 "하나의 행위가 작위범과 부작위범을 동시에 충족하는 경우" 긍정(대법원 2008.2.14, 2005도4202 등)

어떠한 범죄가 적극적 작위 또는 소극적 부작위에 의하여도 실현될 수 있는 경우에, 행위자가 **자신의 신체적 활동**이나 물리적·화학적 작용을 통하여 적극적으로 타인의 법익 상황을 악화시킴으로써 결국 그 타인이 법익을 침해하기에 이르렀다면, 이는 **작위에 의한 범죄**로 봄이 원칙[국가9급 12/17, 법원9급 17]

Ⅱ 부작위범의 종류 : 진정부작위범과 부진정부작위범

	진정부작위범	부진정부작위범
형식설 (多)	① 구성요건 자체가 부작위범으로 되어 있음 ② **부작위에 의한 부작위범** 예 다중불해산죄(§116), 전시군수계약불이행죄(§103①), 전시공수계약불이행죄(§107①), 집합명령위반죄(§145②), 퇴거불응죄(§319②) 등	① 구성요건은 작위범으로 되어 있음 ② **부작위에 의한 작위범** 예 살인죄 등 작위범을 부작위로 범하는 경우
실질설	① 양자의 실질적 특징을 중시하여, 진정부작위범은 거동범이고 부진정부작위범은 결과범이라는 견해 ② 비판 : 부진정부작위범에는 결과범뿐만 아니라 거동범도 있을 수 있음	

일정한 기간 내에 잘못된 상태를 바로잡으라는 행정청의 지시를 이행하지 않았다는 것을 구성요건으로 하는 범죄는 이른바 **진정부작위범**으로서 그 의무이행기간의 경과에 의하여 범행이 기수에 이름과 동시에 작위의무를 발생시킨 행정청의 지시 역시 그 기능을 다한 것으로 보아야 한다(대법원 1994.4.26, 93도1731). [경찰승진 23]

Ⅲ 부작위범의 구성요건

조문정리

제18조 【부작위범】 위험의 발생을 방지할 의무가 있거나 자기의 행위로 인하여 위험발생의 원인을 야기한 자가 그 위험발생을 방지하지 아니한 때에는 그 발생된 결과에 의하여 처벌한다.

1. 구성요건에 들어가기에 앞서 : 일반적 행위가능성

① 해운대 앞바다에 빠진 아들에 대하여 서울에 있는 아버지에게는 일반적 행위가능성(일반적 행위능력)이 없음
② 구성요건요소가 아니라 행위론의 문제이므로, 일반적 행위가능성은 구성요건적 고의의 인식대상이 아님

2. 부작위범의 공통의 구성요건

구성요건적 상황	① 의의 : 작위의무의 이행이 요구되는 상황 ② 진정부작위범 : 형법각칙의 구성요건에 규정 예 퇴거불응죄(§319②) : 퇴거요구 ③ 부진정부작위범 : 구성요건상 결과 발생의 위험 　예 아들이 연못에 빠져 익사 직전에 있는 경우, 교통사고 피해자가 쓰러져 있는 　경우
부작위	요구된 행위의 부작위
개별적 행위가능성	구체적인 행위자가 요구되는 행위를 각각의 경우에 할 수 있는 가능성 예 익사 위험에 빠진 자식을 보는 수영을 할 줄 모르는 아버지 → 개별적 행위능력 ×, 　구성요건 ×

> 🔗 **한줄판례 Summary**
>
> 모텔 방에 투숙하여 담배를 피운 후 재떨이에 담배를 끄게 되었으나 담뱃불이 완전히 꺼졌는지 여부를 확인하지 않은 채 불이 붙기 쉬운 휴지를 재떨이에 버리고 잠을 잔 과실로 담뱃불이 휴지와 침대시트에 옮겨붙게 함으로써 화재가 발생한 경우, (작위의무는 있으나) **화재를 용이하게 소화할 수 있었다고 보기 어려워** 부작위에 의한 현주건조물방화치사상죄 ×(대법원 2010.1.14, 2009도12109, 2009감도38)

3. 부진정부작위범의 특유의 구성요건 : 동치성(보증인적 지위, 행위정형의 동가치성)

결과발생		① 부진정부작위범 중 결과범의 경우 결과의 발생 및 부작위와 결과 간의 상당인과관계 필요 ② 진정부작위범은 거동범이므로 설명 不要
보증인적 지위	의의	위험발생을 방지할 법적 의무를 보증인적 의무(작위의무)라 하고 보증인적 의무를 발생시키는 지위를 보증인적 지위라 함
	작위 의무	〈작위의무의 체계적 지위〉 ① 위법성요소설 　㉠ 내용 : 작위의무자의 부작위는 위법하므로 작위의무는 위법성요소라는 　　견해 　㉡ 비판 : ⓐ 보증인적 지위 없는 자의 부작위도 모두 구성요건에 해당한다 　　고 보게 되어 **구성요건해당성이 지나치게 확장**됨, ⓑ **구성요건의 징표적** 　　**기능에 반함** ② 구성요건요소설(보증인설) 　㉠ 내용 : 작위의무자의 부작위는 구성요건상 작위와 같아 작위의무는 구성 　　요건요소라는 견해 　㉡ 비판 : ⓐ 작위의무까지 모두 구성요건요소로 보게 되면 **구성요건은 위법** 　　**성의 인식근거라는 통설에 반함**, ⓑ **작위범과의 체계적 균형에 어긋남** ③ 이분설(通) : **보증인적 지위**는 부진정부작위범의 **구성요건요소**이나 **보증인적** 　**의무**는 **위법성의 요소**로 보는 견해

보증인적 지위	작위 의무 발생 근거	① 형식설 　㉠ 내용 : 작위의무의 형식 내지 형태에 따라 작위의무의 근거를 제시하는 견해 　㉡ 작위의무의 발생근거 　　ⓐ **법령**에 의한 작위의무 : 민법상 친권자·후견인의 보호의무(§913·928), 친족 간의 부양의무(§974), 부부 간의 부양의무(§826), 도로교통법에 의한 **교통사고운전자의 구호의무**(§54), 경찰관의 요보호자 보호조치의무(경직법 §4), 의사의 진료의무(의료법 §16) 등 　　ⓑ **계약 등 법률행위**에 의한 작위의무 : 고용계약에 의한 보호의무, 간호사나 간병인과 환자 간의 진료계약·간병계약 등에서 비롯되는 보호의무 등 　　ⓒ **조리**에 의한 작위의무 : **사회상규·신의칙**를 근거로 하는 작위의무로서, **도덕상 또는 종교상의 의무는 포함되지 않음**. [국가9급 12] → 동거하는 고용자에 대한 고용주의 보호의무, 관리자 위험발생방지의무, 목적물의 하자에 대한 신의칙상 고지의무 등 　　ⓓ **선행행위**에 의한 작위의무 : **자기의 행위로 인하여 위험발생의 원인을 야기한** 자는 그 위험발생을 방지해야 함(§18에서 명문의 규정). 선행행위는 **위법 要**

② 기능설(실질설)

보호 의무	자연적 결합관계	부부간의 부양의무, 직계혈족 간의 부양의무, 친족 간의 부양의무 등
	밀접한 공동체관계	등산·탐험·해저잠수 등 신뢰관계를 통하여 발생하는 상호보호의무
	보호적 지위인수	수영교사와 수영학습자, 등산안내자와 등산객 보모와 유아
안전 의무	선행행위	운전자의 사고자에 대한 후속구조의무, 과실로 감금한 자의 석방의무 등 선행행위에 근거한 보증의무
	감독의무	위험시설의 소유주가 타인의 법익을 침해하지 않도록 할 의무 등 감독의무에 근거한 보증의무
	제3자의 행위	정신병자의 보호자나 자녀의 부모로서 이들이 타인의 법익을 침해하지 않도록 할 의무 등 제3자의 행위에 대한 안전조치의무

③ 절충설 : 형식설과 기능설(실질설)은 상호보완관계에 있음(결합설, 多·判)

행위유형 동가치성	의 의	부진정부작위범의 원래의 구성요건은 '작위범'이므로 부작위가 작위에 의한 구성요건 실현과 같다고 평가되어야 함 [국가9급 12]
	적용 대상	① 순수한 결과야기적 결과범 : 단순한 결과범은 부작위로 인하여 결과가 발생하면 족하고 추가적인 동가치성 판단은 不要 ② 행태의존적 결과범 : 사기죄(§347), 공갈죄(§350), 특수폭행죄(§261)나 특수협박죄(§284) 등 특정한 행위방법에 의한 결과발생을 요하는 범죄(결과관련적 거동범이라고도 함)는 부작위가 이러한 작위범의 행위태양과 상응하는 모습이어야 함 → 동가치성 판단 여부 : 판단 要 [국가9급 17]

부작위범이 성립하는 사례

1. 입찰업무 담당 공무원이 입찰보증금이 횡령되고 있는 사실을 알고도 이를 방지할 조치를 취하지 아니함으로써 새로운 횡령범행이 계속된 경우, <u>부작위에 의한 업무상 횡령죄의 종범</u>에 해당한다(대법원 1996. 9.6, 95도2551). [법원9급 13, 법원승진 09]

2. <u>압류된 골프장시설을 보관하는 회사의 대표이사</u>가 위 압류시설의 사용 및 봉인의 훼손을 방지할 수 있는 적절한 조치 없이 골프장을 개장하게 하여 봉인이 훼손되게 한 경우, <u>부작위에 의한 공무상표시무효죄</u>에 해당한다(대법원 2005.7.22, 2005도3034). [경찰채용 22 2차]

3. 법무사가 아닌 사람이 법무사로 소개되거나 호칭되는 데에도 <u>자신이 법무사가 아니라는 사실을 밝히지 않은 채 법무사 행세를 계속</u>하면서 근저당권설정계약서를 작성하였다면, <u>자신이 법무사가 아님을 밝힐 계약상 또는 조리상의 법적인 작위의무가 인정</u>되므로 부작위에 의한 법무사법위반죄에 해당한다(대법원 2008.2.28, 2007도9354). [법원9급 13, 법원승진 09, 경찰채용 22 2차]

4. 위치추적 전자장치의 피부착자 甲이 그 장치의 구성 부분인 <u>휴대용 추적장치를 분실한 후 3일이 경과하도록 보호관찰소에 분실신고를 하지 않고 돌아다닌</u> 경우, 분실을 넘어서서 상당한 기간 동안 휴대용 추적장치가 없는 상태를 방치한 부작위는 전자장치부착법상 전자장치의 효용을 해한 행위에 해당한다(대법원 2012.8.17, 2012도5862). [경찰채용 22 2차]

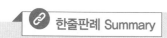

법령에 의한 작위의무

1. <u>귀책사유 없는 사고차량의 운전자</u>도 구호조치의무·신고의무는 <u>고의·과실·유책·위법의 유무에 관계없이 부과된 의무</u>이므로 인정(대법원 2002.5.24, 2000도1731) [국가9급 11, 국가7급 14]

2. <u>사실혼관계의 배우자</u>에게도 유기죄의 법률상 보호의무는 인정(대법원 2008.2.14, 2007도3952 but 동거 내지 내연관계만으로는 부정)

조리에 의한 작위의무

1. 대출자금으로 빌딩을 경락받았으나 분양이 저조하여 자금조달에 실패한 甲과 乙은 수분양자들과 사이에 대출금으로 충당되는 중도금을 제외한 계약금과 잔금의 지급을 유예하고 1년의 위탁기간 후 재매입하기로 하는 등의 **비정상적인 이면약정**을 체결하고 점포를 분양하였음에도, 금융기관에 대해서는 그러한 이면약정의 내용을 감춘 채 분양 중도금의 집단적 대출을 교섭하여 중도금 대출 명목으로 금원을 지급받은 경우, 대출 금융기관에 대하여 비정상적인 이면약정의 내용을 알릴 신의칙상 의무 인정(대법원 2006. 2.23, 2005도8645) [경찰채용 22 2차]

2. <u>음란만화가 게재되는 것을 알게 된 팀장과 직원</u>에게는 조리상 삭제의무 인정(대법원 2006.4.28, 2003도4128)

3. (음란만화 사건에서) 주식회사와 대표이사에게도 조리상 의무를 인정하여 부작위에 의한 방조범 긍정(대법원 2006.4.28, 2003도80)

행위정형의 동가치성

1. 살인죄 등 부진정부작위범의 경우에는 보호법익의 주체가 법익에 대한 침해위협에 대처할 보호능력이 없고, 부작위행위자에게 침해위협으로부터 법익을 보호해 주어야 할 법적 작위의무가 있을 뿐 아니라, 부작위행위자가 그러한 보호적 지위에서 법익침해를 일으키는 사태를 지배하고 있어 <u>작위의무의 이행으로 결과발생을 쉽게 방지할 수 있어야 부작위로 인한 법익침해가 작위에 의한 법익침해와 동등한 형법적 가치가 있는 것</u>으로서 범죄의 실행행위로 평가 可(대법원 2015.11.12, 2015도6809) [국가9급 16/19, 국가7급 17, 경찰채용 19 2차]

2. 자신의 공사를 위하여 쌓아두었던 <u>건축자재를 공사완료 후에 단순히 치우지 않은 행위</u>는 동가치성 ×(부작위에 의한 업무방해죄 ×, 대법원 2017.12.22, 2017도13211) [경찰채용 19 2차]

Ⅳ 부작위범의 위법성과 책임

부작위범의 위법성	**의무의 충돌** 상황에서는 의무자가 방치된 의무보다 **고가치 또는 동가치의 의무를 이행한** 경우에는 정당화적 의무의 충돌로서 부작위의 위법성 조각
부작위범의 책임	부작위범에 있어서 **보증인적 의무(작위의무)에 대한 착오는 금지착오**로 취급 *cf.* 보증인적 지위에 대한 착오는 구성요건착오, 보증인적 의무에 대한 착오는 금지착오

Ⅴ 부작위범 관련 문제

<table>
<tr><td colspan="2">부작위범과
과실범</td><td>① 진정부작위범, 부진정부작위범을 가리지 않고 과실범 처벌규정이 있는 경우 성립 ○
② 현행형법상 진정부작위범은 과실범 처벌규정이 없음
③ 과실의 부진정부작위범(망각범) : 성립 ○(촛불 사건, 대법원 1994.8.26, 94도1291)</td></tr>
<tr><td rowspan="2">부작위범의
미수</td><td>진정
부작위범의
미수</td><td>① 진정부작위범은 거동범이므로 미수 ×
② 진정부작위범임에도 형법상 미수범 처벌규정이 있는 경우 ○ : 집합명령위반죄와 퇴거불응죄, [경찰간부 22] 다만 사실상 성립할 여지가 거의 없음(多)</td></tr>
<tr><td>부진정
부작위범의
미수</td><td>① 부진정부작위범은 대체로 결과범이므로 미수 ○
② 실행의 착수 : 행위자의 범행계획상 부작위에 의하여 법익에 대한 직접적인 위험을 발생시킨(또는 위험을 증대시킨) 때</td></tr>
<tr><td rowspan="3">부작위범과
공범</td><td>부작위에
의한 공범</td><td>① 부작위에 의한 교사 × [경찰승진 23]
② 부작위에 의한 방조 ○</td></tr>
<tr><td>부작위에
대한 공범</td><td>① 부작위범에 대한 교사 ○
② 부작위범에 대한 방조 ○(보라매병원 사건의 의사는 부작위범에 대한 작위에 의한 방조 ○, 대법원 2004.6.24, 2002도995)</td></tr>
<tr><td>부작위범의
공동정범</td><td>다수의 부작위범에게 공통의 의무가 부여 + 그 의무를 공통으로 이행할 수 있을 때 = 성립(대법원 2008.3.27, 2008도89) [법원9급 13, 법원승진 09]</td></tr>
<tr><td colspan="2">부작위범의
처벌</td><td>① 진정부작위범은 각칙상 규정에 의하여 처벌
② 부진정부작위범은 작위범과 동일하게 처벌(임의적 감경을 규정한 독일형법과의 차이)</td></tr>
</table>

 한줄판례 Summary

부작위범의 미수 부정

1. (업무상) 배임죄에서 부작위를 실행의 착수로 볼 수 있기 위해서는 **작위의무가 이행되지 않으면 사무처리의 임무를 부여한 사람이 재산권을 행사할 수 없으리라고 객관적으로 예견되는 등으로 구성요건적 결과 발생의 위험이 구체화한 상황**에서 부작위가 이루어져야 한다. 피해자 조합이 이 사건 환지예정지의 가치상승을 청산절차에 반영하지 못할 위험이 구체화한 상황에서 피고인이 그러한 작위의무를 위반하였다고 보기는 어려우므로, 피고인이 부작위로써 업무상배임죄의 실행에 착수하였다고 볼 수 없다(대법원 2021.5.27, 2020도15529).

부작위범의 공동정범 부정

1. 부작위범 사이의 공동정범은 <u>다수의 부작위범에게 공통된 의무가 부여되어 있고 그 의무를 공통으로 이행할 수 있을 때에만 성립</u>한다. 공중위생영업의 신고의무는 '공중위생영업을 하고자 하는 자'에게 부여되어 있고, 여기서 '영업을 하는 자'란 영업으로 인한 권리의무의 귀속주체가 되는 자를 의미하므로, <u>영업자의 직원이나 보조자</u>의 경우에는 영업을 하는 자에 포함되지 않는다(대법원 2008.3.27, 2008도89).

2. 진정부작위범인 주식 등 변경 보고의무 위반으로 인한 자본시장법 위반죄의 공동정범은 그 의무가 수인에게 공통으로 부여되어 있는데도 <u>수인이 공모하여 전원이 그 의무를 이행하지 않았을 때</u> 성립할 수 있다(대법원 2022.1.13, 2021도11110). [경찰채용 22 2차]

CHAPTER 08 죄수론

01 죄수론의 일반이론

의 의		범죄의 수를 정하는 문제를 다루는 이론
죄수 결정의 기준	행위표준설	① 자연적 의미의 행위의 수에 의하여 죄수를 결정하는 견해(객관주의) ② 합의에 의한 성관계로 범죄를 구성하는 경우(**미성년자의제강간죄·의제강제추행죄**, 1982.12.14, 82도2442), 어떠한 범죄에 대하여 **정책적으로 강력하게 대응**하고자 하는 경우 등(마향대관피카무)
	법익표준설	① 법익의 수를 가지고 죄수를 결정하는 견해(객관주의) ② **위조통화행사죄와 사기죄, 신용카드부정사용죄와 절도죄/사기죄** 등
	의사표준설	① 행위자의 범죄의사의 수를 기준으로 죄수를 결정하는 견해(주관주의) ② **연속범·영업범 등의 포괄일죄** 등
	구성요건 표준설	① 해당하는 구성요건의 수를 기준으로 죄수를 결정하는 견해(원칙적 표준) ② **특가법상 일정액 이상의 연간 포탈세액**이면 1죄(대법원 1982.6.22, 82도938, 2007.2.15, 2005도9546 전원합의체) 등

💡 퍼써 정리 | 죄수결정의 기준 : 구성요건표준설이 원칙이나 다른 기준들도 고려함

구 분		개 념	행 위	침해되는 구성요건
일 죄	단순일죄	1개의 행위로 1개의 죄	1개	1개
	법조경합	특별·보충·흡수관계	1개 또는 수개	1개
	포괄일죄	결/계/접/연/집	수개	1개
수 죄	상상적 경합	실질적 수죄, 과형상 일죄	1개	수개
	경합범	실질적 수죄, 과형상 수죄	수개	수개

✵ 죄수론의 구조 개관

학 설	상상적 경합	연속범
행위표준설	일죄	수죄
법익표준설	수죄	일죄
의사표준설	일죄	일죄
구성요건표준설	수죄	수죄

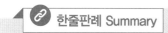

행위표준설

1. 히로뽕 완제품을 제조할 때 함께 만든 액체 **히로뽕 반제품**을 땅에 묻어 두었다가 약 1년 9월 후에 앞서 제조 시의 공범 아닌 자 등의 요구에 따라 그들과 함께 위 반제품으로 그 **완제품을 제조**한 경우 포괄일죄를 이룬다 고 할 수 없으므로 형법 제37조 전단의 경합범으로 의율처단하여야 한다(대법원 1991.2.26, 90도2900).

2. 상관으로부터 집총 및 군사교육 명령을 수회 받고도 그때마다 이를 거부한 경우 그 **명령 횟수만큼의 항명죄**가 즉시 성립한다(대법원 1992.9.14, 92도1534).

3. 수입물품의 수입신고를 하면서 과세가격 또는 관세율 등을 **허위로 신고하여 수입**하는 경우에는 그 수입신고 시마다 1개의 죄가 성립한다(대법원 2000.11.10, 99도782). = 관세법상 **무신고수입죄**(대법원 2000.5.26, 2000도1338) = 서로 다른 시기에 수회에 걸쳐 이루어진 간이 정액환급절차에 의한 관세부정환급행위는 각 각 1개의 관세부정환급죄를 구성하므로 실체적 경합(대법원 2002.7.23, 2000도1094)

4. **여러 날에 걸친 무면허운전**행위(대법원 2002.7.23, 2001도6281) [국가9급 15, 경찰간부 22]

법익표준설

1. **위조통화행사죄와 사기죄**는 보호법익을 달리하므로 위조통화를 행사하여 재물을 불법영득한 때에는 위조통 화행사죄와 사기죄의 양죄는 경합범의 관계에 있다(대법원 1979.7.10, 78도840. 다수설은 상상적 경합). [법원 승진 12]

2. 흉기로 찔러 죽인다고 해악을 고지하여 **협박**한 후 다시 주먹과 발로 수회 구타하여 **상해**를 입힌 경우에는 다 른 법익을 침해한 것이므로 위 행위들이 같은 무렵에 같은 장소에서 행해진 것이라 하여도 위 두 행위(협박과 상해)는 별개의 독립된 행위로서 실체적 경합의 관계에 있다(대법원 1982.6.8, 82도486).

3. **아파트의 각 세대를 분양받은 각 피해자**에 대하여 소유권이전등기절차를 이행하여 주어야 할 업무상의 임무 가 있었다면, 각 피해자의 보호법익은 독립된 것이므로, 피해자별로 독립한 수개의 업무상 배임죄의 관계에 있다(대법원 1994.5.13, 93도3358).

4. **신용카드부정사용죄와 사기죄**는 그 보호법익이나 행위의 태양이 전혀 달라 실체적 경합관계에 있다(대법원 1996.7.12, 96도1181).

5. 강도가 시간적으로 접착된 상황에서 **가족을 이루는 수인**에게 폭행·협박을 가하여 집안에 있는 재물을 탈취한 경우 그 재물은 가족의 공동점유 아래 있는 것으로서, 이를 탈취하는 행위는 단일한 강도죄를 구성한다(대법 원 1996.7.30, 96도1285). [법원승진 09]

6. **수인의 피해자에 대하여 각 별로 기망행위를 하여 각각 재물을 편취**한 경우에는 그 범의가 단일하고 범행방법이 동일하다고 하더라도 피해자별로 독립한 사기죄가 성립된다(대법원 2001.12.28, 2001도6130). [국가9급 21]

7. '주민등록 또는 주민등록증에 관하여 허위의 사실을 신고 또는 신청한 자'를 처벌하는 **주민등록법위반죄**는 문 서의 진정에 대한 공공의 신용을 그 직접적 보호법익으로 하는 **사문서위조죄 및 위조사문서행사죄**와 그 보호 법익 및 구성요건의 내용을 서로 달리하는 것이므로 각기 독립된 별개의 구성요건이라 할 것이다(대법원 2007. 8.23, 2007도2551).

8. **수인의 사업자**로부터 재화를 공급받는 자가 각 그 납세의무자와 공모하여 부가가치세를 포탈한 경우에도 조 세포탈의 주체는 어디까지나 각 납세의무자이고 재화를 공급받는 자는 각 납세의무자의 조세포탈에 가공한 공범에 불과하므로, 그 죄수는 **각 납세의무자별로 각각 1죄가 성립**하고 이를 포괄하여 1죄가 성립하는 것은 아니다(대법원 2008.4.24, 2007도11258).

의사표준설에 의하여 일죄를 인정한 판례

1. **뇌물수수의 단일한 범의의 계속** 하에 일정기간 동종행위를 같은 장소에서 반복한 것이 분명하므로 피고인의 수회에 걸친 뇌물수수행위는 포괄일죄를 구성한다(대법원 1982.10.26, 81도1409).

2. 절취한 카드로 가맹점들로부터 물품을 구입하겠다는 단일한 범의를 가지고 그 범의가 계속된 가운데 동종의 범행인 **동일한 신용카드 부정사용행위를 동일한 방법으로 반복**하여 행하였다면 포괄하여 일죄에 해당한다(대 법원 1996.7.12, 96도1181).

02 일 죄

I 법조경합

1. 의 의

1개 또는 수개의 행위가 **외견상 수개의 구성요건에 해당하는 것처럼 보이지만 실제로는 그 수개의 법조 간의 관계상 일죄로** 인정되는 경우를 말한다. [국가9급 11]

2. 유 형

특별관계 : 특별법은 일반법에 우선됨		
의 의	한 구성요건이 다른 구성요건의 모든 요소를 구비하고 더 나아가 특별한 표지까지 포함한 경우에는 특별관계에 있게 됨(특별법우선의 원칙) [국가9급 11]	
주요 예	**일반법(×)**	**특별법(○)**
	보통살인죄(§250①)	존속살해죄(§250②), 촉탁·승낙살인죄(§252①)
	단순절도죄(§329)	특수절도죄(§331)
	단순폭행죄(§260①)	특수폭행죄(§261)
	상해죄, 과실치사죄(부분범죄)	상해치사죄(§259①)(결과적 가중범)
	절도죄(§329)	강도죄(§333)
	배임죄(§355②)	횡령죄(§355①)
보충관계 : 기본법은 보충법에 우선됨		
의 의	① 어떤 구성요건이 다른 구성요건의 적용이 없을 때에만 보충적으로 적용되는 경우로서 기본법 우선의 원칙에 따라 보충법 적용 배제 ② 보충관계 중 명시적 보충관계는 법률의 규정에 의한 것을 말하고, 묵시적 보충관계는 형벌법규의 해석에 의한 것을 말함	

구 분		보충법(×)	기본법(○)
주요 예	**명시적 보충관계**	일반이적죄(§99)	외환유치죄(§92) ~ 간첩죄(§98)
		일반건조물방화죄(§166)	현주건조물방화죄(§164) 공용건조물방화죄(§165)
		일반물건방화죄(§167)	건조물등방화죄(§164~§166)
	묵시적 보충관계	예비	미수·기수
		미수	기수
		추상적 위험범	구체적 위험범
		위험범(유기죄)	침해범(살인죄)
		방조범	교사범·공동정범
		교사범	공동정범
		모욕죄	명예훼손죄
		준사기죄 등(준A죄)	사기죄 등(A죄)

흡수관계 : 전부법은 부분법을 폐지함

의 의	전형적으로 어떤 범죄가 기본범죄의 실현 이전(불가벌적 사전행위)이나 실현 도중(불가벌적 수반행위) 혹은 그 후에(불가벌적 사후행위) 행해지는 경우 부분법은 흡수되어 적용 배제
종 류	① 불가벌적 수반행위 : 주된 범죄를 범하는 과정에 수반되는 경미한 범죄(문서를 위조할 때 행한 인장위조·동행사, 신용카드부정사용을 할 때 행한 사문서위조·동행사 등) ② 불가벌적 사후행위 　㉠ 의의 : 주된 범죄 이후 행한 구성요건해당적 행위가 선행범죄에 흡수되는 경우 　㉡ 요건 : ⓐ **일정한 범죄의 구성요건에 해당**, ⓑ **선행범죄가 침해한 법익의 양을 초과하지 않을 것**, ⓒ **제3자의 독자적 법익을 침해하지 않을 것**

	선행 전부법(○)	사후 부분법(×)
불가벌적 사후행위	재물절취	재물손괴
	자기앞수표 절취	환금
	기차승차권 절취	환불
	재물횡령	제3자에게 매각
	재물사취	제3자에게 매각
	장물보관	횡령

불가벌적 사후행위 아닌 예	• 절취·강취한 예금통장으로 예금인출을 하는 행위 • 절취한 전당표로 전당물을 찾는 행위 • 횡령한 공금을 장부에 허위기재하여 조세포탈까지 한 행위 • 사문서위조 후 이를 행사하는 행위 • 절취한 도품을 선의의 제3자에게 매각하는 행위(선의의 제3자가 민법 §250의 도품반환특례에 의해 2년간 반환청구권 행사를 할 수 있으므로 별개의 사기죄 구성됨) • 부동산을 제3자에게 근저당권을 설정한 후 다시 다른 자에게 매각하는 행위

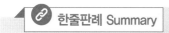

특별관계를 인정한 판례

1. 건설산업기본법위반(허위견적제출)죄와 입찰방해죄의 죄수관계 : 건설산업기본법위반죄만 성립(대법원 2007.7.26, 2007도2032; 2008.9.11, 2008도3932)
2. 폭처법위반(집단·흉기등상해)죄와 특수공무집행방해치상죄 : **특수공무집행방해치상죄만 성립**(대법원 2008.11.27, 2008도7311)
3. 교통사고처리특례법위반죄(업무상과실치사상죄)와 특정범죄가중처벌 등에 관한 법률상 위험운전치사상죄는 흡수관계(내지 특별관계) : **특가법상 위험운전치사상죄만 성립**(대법원 2008.12.11, 2008도9182) [법원승진 16] ≠ **특가법상 위험운전치사상죄와 도로교통법상 음주운전죄는 별개의 범죄로써 실체적 경합** (대법원 2008.11.13, 2008도7143)
4. 같은 장소에서 같은 방법으로 동일한 범의를 가지고 한 일련의 무면허 의료행위 중 '돈을 받은 행위'와 '돈을 받지 않은 행위' : **보건범죄단속특별조치법위반죄의 일죄만 성립**(대법원 2010.5.13, 2010도2468).

특별관계를 부정한 판례 : 상상적 경합 내지 실체적 경합 인정

1. **도로교통법(재물일반에 대한 과실손괴)위반죄와 형법상 업무상 과실자동차파괴 등 죄**는 특별관계가 아니라 별개의 구성요건(대법원 1983.9.27, 82도671)
2. 자동차의 효율적 관리를 법익으로 하는 비목적범인 **자동차관리법위반죄**와 공기호에 대한 공공의 신용을 법익으로 하는 목적범인 형법 제238조 제1항의 **공기호부정사용죄**는 특별관계 부정(대법원 1997.6.27, 97도1085)
3. 건설산업의 건전한 발전이라는 사회적 법익을 법익으로 하는 **건설산업기본법위반죄와 형법상 배임수재죄**는 특별관계 부정(대법원 2008.9.11, 2008도3932)

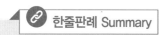

불가벌적 수반행위 긍정

1. **같은 시간, 같은 장소에서 상해를 입히고 협박을 한 경우 → 상해 + 협박 = 상해**(대법원 1976.12.14, 76도3375) ≠ 흉기로 찔러 죽인다고 말하여 **협박** 후 주먹과 발로 구타하여 **상해**한 경우 → 상해죄와 협박죄의 실체적 경합(대법원 1992.8.18, 92도1395)
2. **매매를 위하여 마약을 소지**하는 행위는 매매행위에 흡수(대법원 1977.12.13, 77도1380)
3. **인장을 위조**하고 그 **인장을 날인**하여 **사문서를 위조**한 경우, 인장위조·동행사죄는 사문서위조죄에 흡수 (대법원 1978.9.26, 78도1787) [법원승진 09/16]
4. **향정신성의약품수수죄에 수반되는 소지죄**는 수수죄에 흡수(대법원 1990.1.25, 89도1211) [국가9급 11] ≠ 대마매매죄를 위해 **대마를 소지**한 행위는 별도의 대마소지죄 구성(대법원 1990.7.27, 90도543), **수수한 메스암페타민을 투약하고 잔량을 은닉하는 방법으로 소지**하면 별도의 소지죄 구성(대법원 1999.8. 20, 99도1744) [국가7급 16]
5. 가맹점에 신용카드를 제시하고 매출표에 서명하여 이를 교부하는 일련의 행위 : **매출표에 관한 사문서위조 및 동행사의 죄**는 **신용카드부정사용죄**에 흡수되어 신용카드부정사용죄의 1죄만 성립(대법원 1992.6. 9, 92도77) [국가7급 16]
6. **폭행 또는 협박**으로 **강간**한 경우 폭행죄는 강간죄에 흡수(대법원 2002.5.16, 2002도51 전원합의체) [법원승진 16]

불가벌적 수반행위 부정

1. 벙커C유에 저질유를 혼합·감량하는 **석유사업법위반행위나 계량법위반행위**는 **사기죄**에 흡수되지 않고 경합범 성립(대법원 1980.5.13, 80도716)
2. **사문서위조 및 동행사죄**가 조세범처벌법상 조세포탈의 수단으로 행해진 경우에도 **조세포탈죄**에 흡수되지 않음(대법원 1989.8.8, 88도2209)

3. 수인이 공모공동하여 **향정신성의약품을 매수**한 후 그 **공범자 사이에 그중 일부를 수수**한 경우, 향정신성의약품매매죄와 별도로 향정신성의약품수수죄 성립(대법원 1998.10.13, 98도2584)

4. **업무방해**과정에서 **공동재물손괴**가 일어났으나 피해자가 다른 경우 실체적 경합(대법원 2007.5.11, 2006도9478) [법원승진 16]

5. **업무방해**의 과정에서 행하여진 **재물손괴나 협박**이 경미하지 않은 경우 실체적 경합(대법원 2009.10.29, 2009도10340)

6. **업무방해죄**에 있어서 **폭행**행위는 불가벌적 수반행위에 해당하지 않아 흡수관계 부정(대법원 2012.10.11, 2012도1895) [경찰채용 22 1차]

🔗 한줄판례 Summary

불가벌적 사후행위 긍정

1. **열차승차권**을 절취한 자가 역 직원에게 현금과 교환한 경우 절도죄 외에 사기죄 부정(대법원 1975.8.29, 75도1996)

2. **장물보관** 이후 **횡령**(대법원 1976.11.23, 76도3067) [국가9급 11, 법원9급 14/17, 법원승진 16] = 피고인이 업무상 과실로 장물을 보관하고 있다가 처분한 행위는 별도로 횡령죄 부정(대법원 2004.4.9, 2003도8219)

3. **횡령물**의 **처분**행위(대법원 1978.11.28, 78도2175) = 타인을 공갈하여 재물을 교부케 한 경우에는 공갈죄를 구성하는 외에 그것을 소비하고 타에 처분하였다 하더라도 횡령죄를 구성하지 않음(대법원 1986.2.11, 85도2513) [법원9급 17]

4. 당초부터 피해자를 기망하여 **편취한 약속어음을 피해자에 대한 피고인의 채권변제에 충당**한 행위는 별도의 횡령죄 부정(대법원 1983.4.26, 82도3079) ≠ 편취한 약속어음을 **그 사실을 모르는 제3자에게 할인받는** 행위는 어음편취와는 별개의 사기죄 구성(대법원 2005.9.30, 2005도5236)

5. 절취한 **자기앞수표**를 현금 대신 교부한 행위는 사기죄 부정(대법원 1987.1.20, 86도1728) [법원9급 17]

6. 장물인 **자기앞수표**를 현금 대신 교부한 행위는 장물취득죄 외에 별도의 사기죄 부정(대법원 1993.11.23, 93도213)

7. **배임에 의한 국고손실죄**의 공동정범인 공무원이 다른 공범으로부터 **그 범행에 의하여 취득한 금원의 일부를 받은** 경우, 뇌물수수죄 부정(대법원 1997.2.25, 94도3346)

8. 명의신탁 받아 보관 중인 토지를 임의 매각한 횡령행위의 완료 후에 **그 매각대금**을 이용하여 다른 토지를 취득하였다가 제3자에게 담보로 제공함으로써 행하여진 횡령물의 처분행위는 별개의 횡령죄 부정(대법원 2006.10.13, 2006도4034)

9. 공동상속인 중 1인이 상속재산인 임야를 보관 중 다른 상속인들로부터 매도 후 분배 또는 소유권이전등기를 요구받고도 그 **반환을 거부**한 경우 이때 이미 횡령죄가 성립하고, 그 후 그 임야에 관하여 다시 제3자 앞으로 **근저당권설정등기**를 경료해 준 행위는 불가벌적 사후행위(대법원 2010.2.25, 2010도93) [국가7급 12, 법원9급 14]

10. 甲주식회사 대표이사인 피고인이 자신의 채권자 乙에게 차용금에 대한 담보로 **甲회사 명의 정기예금에 질권을 설정**하여 주었는데(업무상 배임), 그 후 乙이 피고인의 동의하에 **정기예금계좌에 입금되어 있던 甲 회사 자금을 전액 인출**한 경우(횡령 ×)(대법원 2012.11.29, 2012도10980) [법원9급 14] ≠ 甲 주식회사의 대표이사와 실질적 운영자인 A 등은 공모하여, 자신들이 乙에 대해 부담하는 개인채무 지급을 위하여 **甲 회사로 하여금 약속어음을 공동발행**하게 하고 위 채무에 대하여 **연대보증**하게 한 후에 **甲 회사를 위하여 보관 중인 돈을 임의로 인출하여 乙에게 지급**하여 위 채무를 변제 → A 등의 죄책은 (업무상) 배임죄와 (업무상) 횡령죄의 실체적 경합(대법원 2011.4.14, 2011도277)

11. 종친회 회장이 위조한 종친회 규약 등을 공탁관에게 제출하는 방법으로 종친회를 피공탁자로 하여 **공탁된 수용보상금을 출급받아 편취**한 후, 이를 보관하던 중 종친회의 요구에 대하여 정당한 이유 없이 **반환을 거부**한 행위(대법원 2015.9.10, 2015도8592) [국가7급 17, 경찰채용 20 2차]

불가벌적 사후행위 부정

1. <u>전당표</u> 절취 후 전당물을 편취한 행위는 별개의 사기죄 구성(대법원 1980.10.14, 80도2155)

2. 판매목적으로 히로뽕을 제조하여 판매한 경우, **제조행위와 판매행위**는 경합범(대법원 1983.11.8, 83도 2031) = 허가 없이 의약품을 제조하여 이를 판매한 행위는 별개의 죄(대법원 1984.10.23, 84도1945) ≠ 아편·헤로인 매수·판매는 영업범으로서 포괄일죄(대법원 1960.5.31, 4293형상170)

3. 회사의 대표기관으로서 **편취**한 돈을 다시 **횡령**한 행위는 사기죄와 업무상 횡령죄의 실체적 경합(대법원 1989.10.24, 89도1605) = 1인 회사의 주주 겸 대표이사가 회사의 사업진행 중 **수분양자들을 기망하여 편취한 분양대금을 횡령**한 행위는 사기죄와 업무상 횡령죄의 실체적 경합(대법원 2005.4.29, 2005도 741) [국가7급 12, 경찰채용11] = 주식회사의 대표이사가 타인을 기망하여 신주를 인수하게 한 후 그로부터 **납입 받은 신주인수대금을 횡령**한 것은 별개의 업무상 횡령 구성(대법원 2006.10.27, 2004도6503)

4. **강취**한 은행예금통장을 가지고 은행직원을 기망하여 **예금환급 명목으로 금원을 인출**한 행위는 강도, 사문서위조, 동행사, 사기죄 구성(대법원 1990.7.10, 90도1176)

5. 회사대표자가 **회사자금을 인출 횡령**함에 있어 경비지출을 과다계상하여 장부에 기장해 이를 토대로 법인세 등의 조세를 납부한 **조세포탈**행위를 횡령의 불가벌적 사후행위 부정(대법원 1992.3.10, 92도147)

6. <u>절취</u>한 **신용카드의 부정사용**행위는 절도범행의 불가벌적 사후행위 부정(대법원 1996.7.12, 96도1181) [법원승진 16]

7. 사람을 **살해**한 자가 그 사체를 다른 장소로 옮겨 **유기**하였을 때는 불가벌적 사후행위 부정(대법원 1997.7.25, 97도1142)

8. 위탁자로부터 당좌수표 할인을 의뢰받은 피고인이 제3자를 **기망하여 당좌수표를 할인 받은** 다음 그 **할인금을 임의소비**한 경우, 사기죄와 횡령죄의 실체적 경합(대법원 1998.4.10, 97도3057)

9. 명의수탁자가 신탁 받은 부동산의 일부에 대한 **토지수용보상금 중 일부를 소비**하고 이어 **수용되지 않은 나머지 부동산 전체에 대한 반환을 거부**한 경우, 그 반환거부행위는 그 금원 횡령죄의 불가벌적 사후행위가 아닌 별개의 횡령죄 구성(대법원 2001.11.27, 2000도3463) [국가9급 11]

10. **컴퓨터등사용사기죄**의 범행으로 예금채권을 취득한 다음 자기의 현금카드를 사용하여 **현금자동지급기에서 현금을 인출**한 경우, 현금을 인출한 행위는 아예 절도·사기의 구성요건에 해당하지 않아 불가벌적 사후행위가 부정되어 그 인출된 현금은 **장물 부정**(대법원 2004.4.16, 2004도353)

11. **편취하거나 장물로 취득**한 해상용 면세 경유를 판매하면서 **부가가치세를 포탈**한 행위는 별개의 조세포탈죄 구성(대법원 2004.5.28, 2004도1297)

12. 1인 회사의 주주가 자신의 개인채무를 담보하기 위하여 **회사 소유의 부동산에 대하여 근저당권설정등기**를 마쳐 주어 배임죄가 성립한 이후에 **그 부동산에 대하여 새로운 담보권을 설정**해 주는 행위는 별도의 배임죄 구성(대법원 2005.10.28, 2005도4915) [법원9급 14, 법원승진 16]

13. 회사 자금으로 **구속적부심 변호사비용지출**행위에 이은 **보석을 위한 변호사 비용 지출**한 행위는 별도의 업무상 횡령 구성(대법원 2006.9.8, 2005도9861)

14. 자동차를 **절취**한 후 **자동차등록번호판을 떼어내고** 다른 차에 **부착**하고 **운행**한 행위는 별도의 자동차관리법위반죄·공기호부정사용죄·부정사용공기호행사죄 구성(대법원 2007.9.6, 2007도4739) [국가7급 17]

15. 채무자가 자신의 부동산에 甲 명의로 **허위의 금전채권에 기한 담보가등기**를 설정하여 강제집행면탈죄가 성립된 후, 그 부동산을 乙에게 양도하여 乙 명의로 이루어진 가등기양도 및 **본등기**를 경료한 행위(대법원 2008.5.8, 2008도198) [국가7급 17]

16. 영업비밀이 담긴 타인의 재물을 **절취**하여 그 **영업비밀을 부정사용**한 행위는 절도죄와는 별개의 영업비밀부정사용죄 구성(대법원 2008.9.11, 2008도5364) [국가7급 17]

17. 타인의 부동산을 보관 중인 자가 불법영득의사를 가지고 그 부동산에 **저당권설정등기**를 마침으로써 횡령행위가 기수에 이르렀다 하더라고 그 후 해당 부동산을 **매각**한 경우 별도의 횡령죄 구성(대법원 2013.2.21, 2010도10500 전원합의체) [법원승진 16]

18. **법원을 기망하여 승소판결을 받고** 그 확정판결에 의하여 **소유권이전등기**를 경료한 경우에는 사기죄와 별도로 공정증서원본불실기재죄 성립(대법원 1983.4.26, 83도188) [법원9급 17]

의 의	수개의 행위가 포괄적으로 1개의 구성요건에 해당하여 1죄를 구성하는 경우	
유 형	결합범	수개의 범죄가 결합되어 1죄가 되는 유형 예 강도살인죄(§338) = 강도죄(§333) + 살인죄(§250), 강도강간죄(§339) = 강도죄(§333) + 강간죄(§297)(≠ 강간 후 강도하면 실체적 경합; 대법원 1988.9.9, 88도1240)
	계속범	기수 이후 위법행위 계속 중 동일 구성요건 충족 시 선행범죄의 포괄1죄로 되는 유형 예 감금 중인 피해자를 잠시 풀어주어 산책시키다가 다시 잡아 가두거나 감금 중 도주한 피해자를 바로 잡아 다시 감금한 행위 : 포괄하여 1개의 감금죄
	접속범	시간적·장소적으로 불가분하게 접속하여 동종범죄가 행하여져 포괄1죄로 되는 유형 예 방안에서 소유자를 달리하는 두 사람의 물건을 절취하는 경우(대법원 1970.7.21, 70도1133), **강간한 부녀를 200미터쯤 끌고 가다가 1회 더 강간**한 경우(대법원 1970.9.29, 70도1516) 등 *cf.* • 절도범이 甲의 집에 침입하여 그 집의 방안에서 그 소유의 재물을 절취하고 그 무렵 그 집에 세 들어 사는 乙의 방에 침입하여 재물을 절취하려다 미수에 그친 경우는 실체적 경합(대법원 1989.8.8, 89도664) [국가9급 17, 법원승진 12] • 피해자를 **강간치상 한 후 약 1시간 후 피고인의 집으로 끌고 가 다시 1회 강간**한 경우에는 실체적 경합범(대법원 1987.5.12, 87도694) [국가9급 15]
	연속범	연속한 수개의 행위가 단일한 범죄의사의 연속으로 포괄1죄로 되는 유형(多·判)
	집합범	동종행위가 수회 반복되고 직업성·영업성 또는 상습성에 의해 포괄1죄로 되는 유형(多·判) 예 영업범(의료법상 무면허의료행위죄), 상습범(상습절도, 상습강도 등)
효 과	실체법상 일죄가 됨	
	① **공소시효는 최종의 범죄행위 종료 시로부터 기산**(대법원 2002.10.11, 2002도2939) ② 기판력이 사실심판결선고 이전 행위에 미침(대법원 1967.8.29, 67도703) [법원승진 12] ③ 포괄일죄 도중에 **다른 종류의 범죄에 대한 판결이 확정**된 경우에는 포괄일죄는 둘로 나뉘지 않으므로, 판결이 확정된 죄와 포괄일죄 간 경합범 관계 ×(대법원 2003.8.22, 2002도5341) ④ 포괄일죄인 상습범 도중에 **동종의 상습범의 확정판결**이 있는 경우에는 확정판결 전후의 범행은 두 개의 죄로 분단(대법원 2000.3.10, 99도2744)	

🔗 **한줄판례 Summary**

계속범 긍정

1. **같은 날 음주운전은 계속범**이므로 포괄1죄 ○(대법원 2007.7.26, 2007도4404; 2022.10.27, 2022도8806) [경찰승진 23] ≠ **여러 날 무면허운전한 것은 실체적 경합**(대법원 2002.7.23, 2001도6281)

계속범 부정

1. 폭처법 제4조의 **폭력단체조직죄**는 계속범이 아니라 **즉시범**(대법원 1992.2.25, 91도3192)
2. **주거침입죄로 판결 확정 후 퇴거하지 않은** 행위는 별개의 주거침입죄 구성(대법원 2008.5.8, 2007도11322)

연속범 인정 (수/공/사/증/의/약/오/횡/신)

1. **동일인에 대한 살인예비 + 살인미수 + 살인기수 = 살인기수죄**만 성립(대법원 1965.9.28, 65도695)[경찰간부 22]

2. 형법 §98①의 간첩죄를 범한 자가 **탐지수집**한 기밀을 **누설**한 경우(대법원 1974.7.26, 74도1477)

3. 공무원이 골재채취허가 과정에 협조해 달라는 청탁과 함께 동일인으로부터 20일 사이에 3차례에 걸쳐 다른 장소에서 금품을 받은 경우(대법원 1983.11.8, 83도711)[법원9급 16] = 4개월여 사이에 10여 회에 걸쳐 동일 회사의 대표이사 또는 상무이사로부터 뇌물을 받은 것(대법원 1979.8.14, 79도1393)[법원9급 16] = 공무원이 동일한 업무와 관련하여 동일한 업자로부터 수차례에 걸쳐 뇌물을 수수한 행위(대법원 1978.12.13, 78도2545; 1983.11.8, 83도711; 1990.9.25, 90도1588)

4. 증권거래법상 시세조종행위금지 위반죄의 일죄(대법원 2002.6.14, 2002도1256) = 증권거래법상 불공정거래행위금지위반죄의 일죄(대법원 2002.7.22, 2002도1696) = 주식시세조종의 목적으로 허위매수주문행위, 고가매수주문행위 및 통정매매행위 등을 반복한 경우의 죄수(대법원 2009.4.9, 2009도675)

5. **1인의 피해자를 상대로 한 연속적 사기**행위(대법원 2002.7.12, 2002도2029)

6. 단일하고 계속된 범의하에 일정기간 계속하여 약국개설자가 의료기관개설자와 처방전 알선의 대가로 금원을 제공하는 담합행위를 한 경우 약사법위반죄의 포괄일죄(대법원 2003.12.26, 2003도6288)

7. 유사석유제품의 보관·판매로 인한 석유사업법 위반죄(대법원 2006.5.11, 2006도1252) ≠ 유사석유제품 제조한 석유사업위반 및 소방법위반으로 **경찰에 단속된 후 기소중지되어 1달 이상 범행을 중단**하였다가 다시 유사석유제품을 제조함으로써 석유대체연료사업법위반 및 위험물안전관리법위반의 범행을 한 경우는 실체적 경합(대법원 2006.9.8, 2006도3172).

8. 사이버스토킹의 포괄일죄(대법원 2009.2.26, 2009도39)

9. 수개의 업무상 배임행위가 있더라도 피해법익이 단일하고 범죄의 태양이 동일할 뿐만 아니라, 그 **수개의 배임행위가 단일한 범의에 기한 일련의 행위**라고 볼 수 있는 경우(대법원 2009.7.23, 2007도541)[법원9급 15]

10. **하나의 매출·매입처별세금계산서합계표**에 여러 가지 사항에 관하여 허위의 사실을 기재하였더라도 전체로서 하나의 매출·매입처별세금계산서합계표를 허위로 작성하여 정부에 제출하는 것이므로 하나의 조세범처벌법 위반죄 성립(대법원 2009.8.20, 2008도9634)

11. 자신들이 개설한 인터넷 사이트를 통해 회원들로 하여금 음란한 동영상을 게시하도록 하고, 다른 회원들로 하여금 이를 다운받을 수 있도록 하는 방법으로 정보통신망을 통한 **음란한 영상의 배포, 전시를 방조**한 행위가 단일하고 계속된 범의 아래 일정기간 계속하여 이루어졌고 피해법익도 동일한 경우, 포괄일죄(**연속범의 법리는 방조범에도 동일하게 적용**, 대법원 2010.11.25, 2010도1588)

12. **현금카드를 빌려주지 않으면 가루로 만들어 버리겠다**고 말하여 현금카드 1장을 교부 이후 17회에 걸쳐 위 카드를 이용하여 현금자동지급기에서 현금을 인출한 행위는 별도로 절도죄를 구성하지 않고 공갈죄의 포괄일죄(대법원 2017.3.15, 95도1728)[경찰채용 22 1차]

13. 피고인이 수개의 선거비용 항목을 허위기재한 **하나의 선거비용 보전청구서**를 제출하여 대한민국으로부터 선거비용을 과다 보전받아 이를 편취하였다면 이는 일죄로 평가되어야 하고, 각 선거비용 항목에 따라 별개의 사기죄가 성립하는 것은 아님(대법원 2017.5.30, 2016도21713)

14. **범죄단체를 구성하거나 이에 가입한 자가 더 나아가 구성원으로 활동**하는 경우(포괄일죄, 대법원 2015.9.10, 2015도7081)[국가9급 21, 국가7급 19] ≠ **범죄단체구성·활동죄와 그 범죄집단의 개별적 범행은 실체적 경합** (대법원 2022.9.7, 2022도6993)

연속범 부정 : 실체적 경합

1. **금전갈취를 위한 수회의 협박 서신이나 전화**한 경우 1개의 협박행위마다 1개의 공갈미수죄가 성립(행위표준설 중시)(대법원 1958.4.11, 4290형상360)

2. 반복된 **히로뽕 제조**행위 간에 **9개월의 간격이 있고 범행장소가 상이**하여 포괄일죄로 보기 어렵다고 한 경우 (대법원 1982.11.9, 82도2055)

3. **수차에 걸친 약취·유인의 미수와 기수**행위 사이에 범의의 갱신이 있는 경우(대법원 1983.1.18, 82도2823; 1983.1.18, 82감도611)

4. **강간치상 1시간 후 장소를 옮겨 강간**한 사례 → 접속범 내지 연속범 모두 부정(대법원 1987.5.12, 87도694)

   [법원승진 12]

5. **동일한 피해자**에 대한 3회의 금원편취 행위를 **범의의 단일성이 없어 실체적 경합**으로 본 경우(대법원 1989.11.28, 89도1309)

6. **수인의 피해자에 대하여 각 별로 기망행위를 하여 각 재물을 편취**한 경우 사기죄의 죄수 기준은 피해자의 수이고 의사가 단일하더라도 법익이 다르니 실체적 경합(대법원 2000.7.7, 2000도1899) [법원9급 12, 법원승진 12]

7. **수개의 배임적 대출행위**에 있어서 **대출의 상대방이나 대출의 일시 등이 상이**하여 단일한 범의에 기한 일련의 배임행위로서 포괄일죄를 인정하기 어렵고, 동일인 대출한도를 초과한 대출행위가 수회에 걸쳐 행하여진 경우 역시 포괄일죄 부정(대법원 2004.4.28, 2004도927)

8. **담보가 별도로 제공된 수차례의 부당대출**행위 → 업무상 배임죄의 수죄(대법원 2005.10.28, 2005도5996)

9. 컴퓨터로 음란 동영상을 제공한 제1범죄행위로 **서버컴퓨터가 압수된 이후 다시 장비를 갖추어** 동종의 제2범죄행위를 하고 제2범죄행위로 인하여 약식명령을 받아 확정된 경우 포괄일죄가 아니라 실체적 경합 긍정(대법원 2005.9.30, 2005도4051) = 판결이 확정된 '구 음반·비디오물 및 게임물에 관한 법률 위반 범죄사실'과 위 판결 확정 이전에 범하여진 위 범죄사실과 유사한 내용의 '이 사건 각 공소사실'에 대하여, 피고인이 운영한 게임장이 단속되어 **관련 증거물이 압수된 후 영업을 재개할 때마다** 범의의 갱신이 있고 별개의 범죄가 성립한다고 보아 위 각 음비법위반죄를 모두 유죄로 인정(대법원 2010.11.11, 2007도8645)

10. '수출입거래를 가장한 신용장 개설 방법에 의한 사기죄'와 '분식회계에 의한 재무제표 등을 이용한 신용장 개설 방법에 의한 사기죄'는 포괄일죄 부정(대법원 2010.5.27, 2007도10056)

11. **조세범처벌법 위반죄**의 기판력이 사실심판결 선고 전의 **특가법 위반죄**의 사실에 미친다고 볼 수 없음(포괄일죄 부정, 대법원 2015.6.23, 2015도2207)

12. 비의료인이 의료기관을 개설하여 운영하는 도중 **개설자의 명의를 다른 의료인 등으로 변경**한 경우(포괄일죄 ×, 개설자 명의별로 별개의 범죄가 성립하고 각 죄는 실체적 경합 ○, 대법원 2018.11.29, 2018도10779)

   [국가9급 21, 경찰간부 19/20]

🔗 한줄판례 Summary

집합범 인정 : 포괄일죄 인정

1. **무면허의료행위**는 영업범(대법원 1966.9.20, 66도928) [법원9급 15] = 위법 양곡도매행위(대법원 1980.8.26, 80도47) = 양담배 판매(대법원 1984.5.15, 84도233) = 가짜 벌꿀 매입행위(대법원 1995.1.12, 93도3213) = 무허가 유료직업소개행위(대법원 1993.3.26, 92도3405) = 불량만화 제작(대법원 1996.4.23, 96도417) = 의료법상 **의료매개사주행위**(대법원 1998.5.29, 97도1126)

2. **상습으로 특수절도, 특수절도미수, 야간주거침입절도, 절도**를 한 경우 상습특수절도죄의 포괄일죄(대법원 1975.5.27, 75도1184) ≠ 특가법 §5의4⑤(누범 절도)와 절도죄의 관계는 포괄일죄 부정(대법원 2008.11.27, 2008도7270)

3. **특가법상 상습절도죄와 그 수단인 주거침입죄**는 상습절도죄의 일죄(대법원 1984.12.26, 84도1573 전원합의체) ≠ 특가법상 누범 절도죄와 주거침입죄의 관계는 실체적 경합(대법원 2008.11.27, 2008도7820)

4. 강도상습성의 발현으로 보여지는 **강도예비죄**와 특가법상 **상습강도죄**는 상습강도죄의 일죄(대법원 2003.3.28, 2003도665)

5. 컴퓨터로 음란 동영상을 제공한 제1범죄행위로 **서버컴퓨터가 압수된 이후 다시 장비를 갖추어** 동종의 제2범죄행위를 하고 제2범죄행위로 인하여 약식명령을 받아 확정된 경우 포괄일죄가 아니라 실체적 경합 긍정(대법원 2005.9.30, 2005도4051) = 판결이 확정된 '구 음반·비디오물 및 게임물에 관한 법률 위반 범죄사실'과 위 판결 확정 이전에 범하여진 위 범죄사실과 유사한 내용의 '이 사건 각 공소사실'에 대하여, 피고인이 운영한 게임장이 단속되어 **관련 증거물이 압수된 후 영업을 재개할 때마다** 범의의 갱신이 있고 별개의 범죄가 성립한다고 보아 위 각 음비법위반죄를 모두 유죄로 인정(대법원 2010.11.11, 2007도8645)

6. **성인사이트를 개설하고 직원까지 고용**한 경우 상습사기죄의 상습성 ○(대법원 2006.9.8, 2006도2860)

7. **게임장 경품제공 영업** : 영업범으로 포괄일죄(대법원 2007.3.29, 2007도595)

8. **폭처법상 상습상해와 폭처법상 공동공갈**은 상습폭력범죄의 포괄일죄(대법원 2008.8.21, 2008도3657)

9. '수출입거래를 가장한 신용장 개설 방법에 의한 사기죄'와 '분식회계에 의한 재무제표 등을 이용한 신용장 개설 방법에 의한 사기죄'는 포괄일죄 부정(대법원 2010.5.27, 2007도10056)

집합범 부정 판례 : 포괄일죄 부정

1. **흉기를 휴대하여 저지른 폭력행위**와 **흉기 등을 휴대하지 않은 폭력행위** 사이에 폭처법 제2조 제1항 소정의 상습폭력죄 포괄일죄 부정(대법원 2001.11.30, 2001도5657)
2. 저작재산권 침해행위는 저작권자가 같더라도 저작물별로 침해되는 법익이 다르므로, **각각의 저작물에 대한 침해행위는 원칙적으로 각 별개의 죄**를 구성하고, 죄수관계는 경합범 관계(대법원 2012.5.10, 2011도12131)
   [국가9급 21]

집합범 관련 판례

1. '비상습범'으로 기소되어 판결이 확정된 경우, 뒤에 드러난 다른 범죄사실이나 그 밖의 사정을 부가하여 전의 확정판결의 효력을 '상습범'에 대한 판결로 바꾸어 적용할 수 없음(대법원 2004.9.16, 2001도3206 전원합의체; 2010.2.11, 2009도12627; 2010.5.27, 2010도2182)
2. 특가법 제5조의4 제1항에 의한 상습절도죄의 경우(상습절도죄는 상습절도미수 행위 자체를 범죄의 구성요건으로 정하고 그에 관하여 무기 또는 3년 이상의 징역형을 법정하고 있는 점 등을 고려할 때) **형법 제25조 제2항에 의한 '미수감경'이 허용되지는 않음**(대법원 2010.11.25, 2010도11620)

03 수 죄

I 상상적 경합

> **조문정리**
>
> 제40조 【상상적 경합】 한 개의 행위가 여러 개의 죄에 해당하는 경우에는 가장 무거운 죄에 대하여 정한 형으로 처벌한다.
> [전문개정 2020.12.8.]

의 의	1개의 행위를 통하여 동일 또는 수개의 형벌법규를 수차 침해하는 것(관념적 경합, §40)
성 질	하나의 행위이지만 수개의 형벌법규를 침해하므로 수죄 ∴ 상상적 경합은 실질(본질)상 수죄, 과형(처분)상 1죄(多數說·判例)
요 건	① 행위의 단일성과 동일성 : **법적 평가를 떠나 사회관념상 행위(判)가 1개**일 것 ② 수개의 죄에 해당될 것 : 이종의 상상적 경합, 동종의 상상적 경합 ③ 법조경합의 관계가 아닐 것
구체적 적용	고의범과 과실범	예 甲이 乙의 개를 죽이려고 총을 쏘았는데 빗나가 乙이 사망한 경우 손괴미수와 과실치사의 상상적 경합 ○
	결과적 가중범	결과적 가중범과 고의범의 상상적 경합 ○ 예 공무집행방해죄와 폭행치상죄의 상상적 경합, 현주건조물방화치사죄와 강도살인죄의 상상적 경합
	부작위범	부작위범과 부작위범은 행위의 동일성이 인정되어 상상적 경합 가능

구체적 적용	작위범과 부작위범	작위범 + 부작위범 = 작위범만 성립 ∵ 행위의 동일성 × → 상상적 경합 × 예 허위공문서작성죄·범인도피죄·위계공무집행방해·증거인멸·건축법위반교사 등의 작위범 　+ 직무유기죄(부작위범) = 상상적 경합 ×(判) *cf.* 직무유기죄 + (위법사실 은폐목적 ×) 허위공문서작성행위 = 실체적 경합 *cf.* 범인도피와 직무유기 중에서 검사가 직무유기죄로만 공소제기 ○
	계속범	강간하려고 감금한 경우 **강간미수와 감금죄는 별죄로서 상상적 경합** *cf.* 감금 중에 강간의 고의가 생겨 강간한 경우 감금죄와 강간죄의 실체적 경합
	연결효과	① 사안 : 예비군 중대장 甲이 그 소속 예비군으로부터 금원을 받고 그가 예비군 훈련에 불참하였음에도 불구하고 참석한 것처럼 허위내용의 중대 학급편성명부를 작성·행사한 경우 ② 성립 : 수뢰 후 부정처사죄와 허위공문서작성죄의 상상적 경합과 수뢰 후 부정처사죄와 허위작성공문서행사죄의 상상적 경합의 실체적 경합 ③ 과형 : **상상적 경합관계에 있는 수뢰 후 부정처사죄와 대비하여 가장 중한 죄에 정한 형으로 처단하면 족한 것이고 경합가중을 할 필요 없음**(행위의 부분적 동일성에 의한 연결효과에 기한 상상적 경합, 대법원 1983.7.26, 83도1378, 유사판례로 공도화변조·동행사와 수뢰후부정처사의 건은 대법원 2001.2.9, 2000도1216) [국가9급 17, 국가7급 12, 법원9급 12, 경찰채용 23 1차]
	교통사고	① 주취운전 + 업무상 과실치사상 = 실체적 경합 ② 무면허운전 + 업무상 과실치사상 = 실체적 경합 *cf.* 도로교통법상 업무상 과실재물손괴죄 + 형법상 업무상 과실치사상죄 = 상상적 경합
	선거범	선거범과 상상적 경합관계에 있는 다른 범죄에 대하여는 형법 제40조에 의하여 그중 가장 중한 죄에 정한 형으로 처벌해야 하고, 그 처벌받는 **가장 중한 죄가 선거범인지 여부를 묻지 않고 선거범과 상상적 경합관계에 있는 모든 죄는 선거범으로 취급**(대법원 2021.7.21, 2018도16587) [경찰채용 22 2차] *cf.* 선거범과 다른 죄(실체적 경합의 경우)에 대하여는 이를 분리 선고하여야 하므로(공선법 §18③) **형법상 경합범 처벌례에 관한 조항의 적용을 배제하고 분리하여 형을 따로 선고하여야 한다**(대법원 2004.4.27, 2002도315; 2021.7.21, 2018도16587).
효 과	실체법적 효과	① 수개의 죄 중에서 가장 무거운 죄에 대하여 정한 형(법정형)으로 처벌(§40) ② 결합주의 : **형의 상한과 하한을 모두 대조하여 전체적으로 중한 형으로**(대법원 1984.2.28, 83도3160) ③ **경죄에 규정된 벌금형**(대법원 2008.12.24, 2008도9169), **몰수·추징**(대법원 2006.1.27, 2005도8704)도 선고 可
	소송법적 효과	상상적 경합은 실질상은 수죄라 하더라도 과형상 일죄이므로 소송법상 1개의 사건으로 취급 ∴ 기판력, 공소제기, 상소의 효력은 상상적 경합관계에 있는 죄 전체에 미침

상상적 경합 인정 판례

1. **여러 사람이 함께 공무를 집행**하는 경우에 이에 대해 폭행을 하고 공무집행을 방해하는 경우 상상적 경합(대법원 1961.9.28, 4294형상415) = 범죄피해신고를 받고 출동한 **두 명의 경찰관**에게 욕설을 하면서 차례로 폭행을 하여 신고 처리 및 수사 업무에 관한 정당한 직무집행을 방해한 것은 2개의 공무집행방해죄의 상상적 경합(대법원 2009.6.25, 2009도3505) [국가9급 17]

2. **관세품을 절취**하는 방법으로 인취한 경우 관세법위반죄와 절도죄(대법원 1977.9.13, 77도2055) = 밀수품을 강도행위에 의하여 취득한 경우 강도와 관세법위반(관세장물취득)(대법원 1982.12.28, 81도1875)

3. **유사휘발유판매행위(석유사업법위반)와 사기죄는 상상적 경합**(유사실, 대법원 1980.12.9, 80도384) ≠ 벙커C유에 저질유를 혼합·감량하는 석유사업법 위반행위나 계량법 위반행위는 사기죄에 흡수되지 않고 경합범 성립(대법원 1980.5.13, 80도716)

4. 자동차 운전자가 다른 차량을 들이받아 그 차량을 손괴하고 동시에 같은 차량에 타고 있던 승객에게 상해를 입힌 경우, **도로교통법상 과실재물손괴죄와 형법상 업무상 과실치상죄는** 동일한 업무상 과실로 발생한 수개의 결과(대법원 1986.2.11, 85도2658) = 차의 운전자가 업무상 과실로 사람을 상해에 이르게 함과 동시에 물건을 손괴하고 도주한 경우 **(사람을 상해한 후 구호의무를 다하지 않은) 특정범죄가중처벌 등에 관한 법률 위반죄 및 (물건손괴 후 필요한 조치를 취하지 않은) 도로교통법 제106조 소정의 죄**는 상상적 경합(대법원 1993.5.11, 93도49) = 음주 또는 약물의 영향으로 정상적인 운전이 곤란한 상태에서 자동차를 운전하여 사람을 상해에 이르게 함과 동시에 다른 사람의 재물을 손괴한 때에는 **특정범죄가중처벌 등에 관한 법률 위반(위험운전치사상)죄** 외에 업무상과실 재물손괴로 인한 **도로교통법 위반죄**가 성립하는데, 위 2개의 죄의 죄수 관계는 상상적 경합(대법원 2010.1.14, 2009도10845)

5. **수인 명의의 1장의 문서위조**(문서위조죄의 죄수결정기준은 명의인의 수, 대법원 1987.7.21, 87도564) [경찰채용 09]

6. 강도미수 + 강간미수 + 과실치상 = **강도강간미수죄와 강도치상죄의 상상적 경합**(대법원 1988.6.28, 88도820)

7. **계주가** 계속된 범의로 같은 장소에서 반복하여 여러 계원들로부터 계불입금을 편취한 경우 피해자별로 사기죄의 포괄일죄가 되면서 이들 **포괄일죄 상호간은 상상적 경합** 성립 : 그중 일부 계원들로부터의 편취행위에 대한 확정판결의 기판력이 나머지 계원들에 대한 편취행위에도 미침(대법원 1990.1.25, 89도252)

8. 여관 종업원에 대한 강도상해와 여관 주인에 대한 특수강도(대법원 1991.6.25, 91도643) [법원9급 12] ≠ 여관 종업원에 대한 강도상해와 투숙객들에 대한 특수강도는 실체적 경합(대법원 1991.6.25, 91도643)

9. 비방 목적으로 **허위사실유포를 통한 명예훼손과 업무방해는 상상적 경합**(대법원 1993.4.13, 92도3035; 2007.11.15, 2007도7140) = 명예훼손죄와 공직선거법상 후보자비방죄의 죄수(대법원 1998.3.24, 97도2956)

   [비교정리]
   - 특가법상 위험운전치사상 + 도교법상 업무상과실재물손괴죄 : 상·경
   - 특가법상 위험운전치사상(○) + 교특법상 업무상과실치사상(×) : 1죄
   - 특가법상 위험운전치사상(○) + 도교법상 음주운전죄(○) : 실·경
   - 무면허운전 + 주취운전 : 상상적 경합(대법원 1987.2.24, 86도2731)

10. 당좌수표를 조합 이사장 명의로 발행하여 그 소지인이 지급제시기간 내에 지급제시하였으나 거래정지처분의 사유로 지급되지 아니하게 한 사실(부정수표단속법위반)과 동일한 수표를 발행하여 조합에 대하여 재산상 손해를 가한 사실(업무상 배임죄) : 상상적 경합(**부배상**, 대법원 2004.5.13, 2004도1299) [국가7급 14]

11. 1개의 행위가 공직선거법위반죄와 정당법위반죄의 각 구성요건을 충족하는 경우, 양죄의 관계는 특별관계가 아니라 상상적 경합(대법원 2003.4.8, 2002도6033) ≠ 정당 당비의 대납행위가 공직선거법 위반(기부행위)죄에 해당하는 경우, 동시에 차명 또는 가장기부행위로서 정치자금법 위반죄에는 해당하지 않음(대법원 2007.2.22, 2006도7058)

   [비교정리]
   - (조합장이 조합직원을 기망하여 예금인출금을 편취한 경우) 업무상 배임죄 + 사기죄 = 상상적 경합(**배사상**, 대법원 2002.7.18, 2002도669 전원합의체)

- (사기의 수단으로 발행한 수표가 지급거절된 경우) 부정수표단속법위반죄 + 사기죄 = 실체적 경합(**부사실**, 대법원 2004.6.25, 2004도1751)
- 동일인 한도초과 대출로 상호저축은행에 손해를 가하여 상호저축은행법 위반죄와 업무상배임죄가 모두 성립한 경우(**부배상 또는 상배상**, 대법원 2008.7.10, 2008도3357; 2011.2.24, 2010도13801)
- 부정의약품제조(보건범죄특별법 §3①2. 위반죄) + 사기죄 = 실체적 경합(**부사실**, 대법원 2004.1.15, 2001도1429)
- 변호사법상 알선수재죄 + 사기죄 = 상상적 경합(**알사상**, 대법원 2006.1.27, 2005도8704)
- 유사수신규제법위반죄 + 사기죄 = 실체적 경합(**유사실**, 대법원 2008.2.29, 2007도10414)
- (회사 명의의 합의서를 임의로 작성·교부함으로써 회사에 손해를 가한 경우) 사문서위조·동행사죄 + 업무상 배임죄 = 상상적 경합(**배사실**, 대법원 2009.4.9, 2008도5634)
- 공직선거법상 공천관련금품수수죄 + 사기죄 = 상상적 경합(**공사상**, 대법원 2009.4.23, 2009도834) [경찰채용 10]
- (건물관리인 甲이 건물주 乙로부터 월세임대차계약 체결업무를 위임받고도 임차인 丙 등을 속여 전세임대차계약을 체결하고 그 보증금을 편취한 경우) 甲의 乙에 대한 배임죄 + 丙에 대한 사기죄 = 실체적 경합(**배사실**, 대법원 2010.11.11, 2010도10690)
- (특정인을 중소기업중앙회장으로 당선되도록 할 목적으로 선거인에게 재산상 이익을 제공하면서 그 비용을 자신이 이사장으로 있었던 협동조합의 법인카드로 결제한 경우) 선거인에 대한 재산상 이익 제공으로 인한 중소기업협동조합법 위반죄 + 협동조합에 재산상 손해를 가한 것으로 인한 업무상배임죄 = 실체적 경합(**협배실**, 대법원 2023.2.23, 2020도12431).

12. 공직선거법상 **후보자기부행위제한위반죄와 선거일후답례금지위반죄**(대법원 2007.9.21, 2007도4724)
13. 형법상 **일반교통방해죄**와 (교통에 방해가 될 만한 물건을 도로에 방치한) **도로교통법위반죄**(대법원 2007.12.14, 2006도4662)
14. 게임장운영업자가 같은 일시, 장소에서 손님에게 같은 게임기(경마게임기)를 이용하여 게임하게 하고 그 결과에 따라 경품을 제공한 행위는 (게임물을 이용하여 사행행위를 하게 한) 게임산업진흥법위반죄와 (사행성 유기기구인 경마게임기를 이용하여 사행행위를 업으로 한) 사행행위법위반죄의 상상적 경합(대법원 2008.7.24, 2007도9684)
15. **수개의 접근매체(공인인증서)를 한꺼번에 양도**하여 범한 수개의 전자금융거래법 위반죄(대법원 2010.3.25, 2009도1530) [법원9급 22]
16. **주거에 침입하여 강간하려다 미수에 그침과 동시에 자기의 형사사건의 수사 또는 재판과 관련하여 수사단서를 제공하고 진술한 것에 대한 보복 목적으로 그를 폭행**한 경우 특가법위반(보복범죄등)죄 및 성폭법위반(주거침입강간등)죄가 각 성립하고 두 죄는 상상적 경합(대법원 2012.3.15, 2012도544, 2012전도12)
17. **뇌물을 수수함에 있어서 공여자를 기망**한 경우 뇌물죄와 사기죄는 상상적 경합관계(대법원 2015.10.29, 2015도12838) [법원9급 22, 경찰승진 23]
18. 피해견이 자신의 개를 공격하자 개주인이 피해견의 등을 엔진톱으로 절단하여 죽게 한 행위는 **동물보호법위반죄(잔인한 방법으로 죽이는 행위)와 재물손괴죄**의 상상적 경합(대법원 2016.1.28, 2014도2477)
19. 공무원이 직무관련자에게 제3자와 계약을 체결하도록 요구하여 계약 체결을 하게 한 경우 **제3자뇌물수수죄와 직권남용권리행사방해죄**가 각각 성립하고 양죄는 상상적 경합(대법원 2017.3.15, 2016도19659) [경찰채용 20/23 1차]
20. **하나의 유사상표 사용 행위로 수 개의 등록상표를 동시에 침해**한 경우(상상적 경합, 대법원 2020.11.12, 2019도11688)

Ⅱ 경합범

제37조【경합범】판결이 확정되지 아니한 수개의 죄 또는 금고 이상의 형에 처한 판결이 확정된 죄와 그 판결확정 전에 범한 죄를 경합범으로 한다.

1. 서 설

의 의		수개의 행위가 수개의 죄에 해당하는 경우로서, 판결이 확정되지 아니한 수개의 죄 또는 금고 이상의 형에 처한 판결이 확정된 죄와 그 판결확정 전에 범한 죄(실체적 경합, §37)
종 류	동시적 경합범	수개의 행위를 통하여 범한 수죄의 전부에 대하여 판결이 확정되지 아니하여 동시에 판결될 것을 요하는 범죄 간의 관계(§37 전단)
	사후적 경합범	수죄 중에서 일부의 죄에 관하여 금고 이상의 형에 처한 확정판결이 있는 경우에, 판결이 확정된 범죄와 그 판결이 확정되기 전에 범한 죄 사이의 관계(§37 후단) *cf.* 아직 판결을 받지 아니한 죄가 이미 판결이 확정된 죄와 **동시에 판결할 수 없었던 경우**에는 형법 §37 후단의 경합범 관계 ✕(대법원 2014.3.27, 2014도469) [법원 9급 16]

2. 성립요건 : 수개의 행위로 수개의 죄를 범할 것

실체법적 요건	수개범죄	수개의 동종 또는 이종의 구성요건의 침해(동종의 경합범과 이종의 경합범)
	수개행위	수개의 행위일 것
소송법적 요건	동시적 경합범	① 전부의 판결 미확정 ② 수개의 죄가 동시에 판결될 상태에 있어야 함(병합심리 가능)
	사후적 경합범	① 판결이 확정된 죄와 그 **판결확정 전에 범한 죄**(판결확정 후의 죄 ✕) 　예 甲이 시간적 순서대로 범한 ABC의 죄를 차례로 범하고 C죄에 대해 금고 이상의 형에 처한 확정판결이 있은 후 DE의 죄를 범한 경우 → AB죄와 C죄는 사후적 경합범이며, D죄와 E죄는 동시적 경합범 but ABC죄와 DE죄 상호 간은 경합범 ✕ ② **금고 이상의 형에 처한 판결이 확정**될 것 　㉠ 확정된 **벌금형** 판결의 전에 범한 죄와 후에 범한 죄 상호 간 → **§37 전단의 경합범** ○ 　㉡ 확정판결이 있었던 사실 그 자체 의미 : 형의 실효나 집행유예의 실효 여부 불문 ③ 판결확정 전에 범한 죄 : **판결확정 전에 범죄가 성립하고 종료되어야 함**(대법원 2007.1.25, 2004도45)

실체적 경합 인정 판례

1. **횡령교사와 횡령물 취득(장물취득)**(대법원 1969.6.24, 69도692) = **절도교사와 장물취득**(대법원 1986. 9.9, 86도1273) [법원승진 11]

2. 피해자를 2회 강간하여 상해를 입힌 자가 피해자에게 용서를 구하였으나 피해자가 이에 불응하면서 강 간사실을 부모에게 알리겠다고 하자 피해자를 살해하여 범행을 은폐시키기로 마음먹고 목을 졸라 질식 사망케 한 경우 **강간치상죄와 살인죄의 경합범**(대법원 1987.1.20, 86도2360) [법원9급 17]

3. 예금통장을 강취하고 예금자 명의의 예금청구서를 위조한 다음 이를 은행원에게 제출행사하여 예금인출 금 명목의 금원을 교부받은 경우 : 강도, 사문서위조, 동행사, 사기(대법원 1991.9.10, 91도1722) [법원 승진 09]

4. 방문판매법상 무등록(다단계판매)영업행위와(다단계조직이용) 금전거래만 하는 영업행위의 죄수(대법원 2001.3.27, 2000도5318) = 방문판매법위반죄와 사기죄(대법원 2010.2.11, 2009도12627) = 다단계 판매조직 등을 이용하여 금전거래를 하는 행위만으로는 유사수신행위라고 볼 수 없고 나아가 장래에 출 자금의 전액 또는 이를 초과하는 금액을 지급할 것을 약정할 때에 비로소 방문판매 등에 관한 법률위반 죄와 별개의 구 유사수신행위의 규제에 관한 법률위반죄를 구성함(대법원 2010.5.27, 2009도14725; 2003.1.24, 2002도6427)

5. **주취운전과 음주측정불응**에 의한 각 도로교통법 위반죄(대법원 2004.11.12, 2004도5257)

6. 근로기준법 제36조 위반(**퇴직금미지급**)죄와 같은 법 제42조 제2항 본문 위반(**임금미지급**)죄(대법원 2005. 5.13, 2004도8620)

7. 구 조세범 처벌법 제11조의2 제4항의 무거래 세금계산서 교부 및 수수죄는 **각 세금계산서마다** 하나의 죄가 성립(대법원 2010.1.14, 2008도8868)

8. '자신의 집에 메스암페타민을 숨겨두어 소지한 행위'와 그 후 '투약하고 남은 것을 일반 투숙객들의 사용 에 제공되는 모텔 화장실 천장에 숨겨두어 소지한 행위'는 별개의 독립한 마약류관리에 관한 법률 위반 (향정)죄 성립(대법원 2011.2.10, 2010도16742)

9. 근로소득에 대한 원천징수를 이행하지 않았다는 내용의 구 조세범 처벌법 위반죄의 구성요건은 근로소 득 지급이 아니라 근로소득에 대하여 원천징수를 하지 아니하였다는 것이므로 근로소득자 전부에 대하 여 하나의 포괄일죄가 성립하되, 매월분의 근로소득을 지급할 때 소득세를 원천징수하지 아니한 죄와 연말정산에 따른 소득세를 원천징수하지 아니한 죄가 각 성립하고, 위 각 죄는 실체적 경합범의 관계(대 법원 2011.3.24, 2010도13345)

3. 효 과

(1) 동시적 경합범의 처벌

	제38조【경합범과 처벌례】① 1. 가장 무거운 죄에 대하여 정한 형이 사형, 무기징역, 무기금 고인 경우에는 가장 무거운 죄에 대하여 정한 형으로 처벌한다.
흡수 주의	① 경합범에 해당하는 무기징역형이 사후에 징역 20년 형으로 감형되었다 하더라도 <u>그 감형된 형만을 집행할 수 있을 뿐</u> 몰수나 벌금, 과료 이외의 다른 형은 집행 不可 ② 경합범관계에 있는 각 죄에 대하여 각 2년 6월의 징역형과 무기징역형이 별도로 선고·확 정된 경우에는 위 <u>무기징역형이 사후에 징역 20년으로 감형되었다</u>고 하더라도 <u>징역 2년 6월의 형 집행으로 복역한 형기를 감형된 징역 20년의 형기에 통산 不可</u>(대법원 2006.5.29, 2006모135)

가중 주의	제38조【경합범과 처벌례】 ① 2. 각 죄에 대하여 정한 형이 사형, 무기징역, 무기금고 외의 같은 종류의 형인 경우에는 가장 무거운 죄에 대하여 정한 장기 또는 다액(多額)에 그 2분의 1까지 가중하되 각 죄에 대하여 정한 형의 장기 또는 다액을 합산한 형기 또는 액수를 초과할 수 없다. 다만, 과료와 과료, 몰수와 몰수는 병과(併科)할 수 있다. ② 제1항 각 호의 경우에 징역과 금고는 같은 종류의 형으로 보아 징역형으로 처벌한다. [전문개정 2020.12.8.]
	① 경합범의 각 죄에 선택형이 규정되어 있는 경우에는 **먼저 형종을 선택**한 후, **가장 중한 죄에 정한 선택된 형의 장기 또는 다액의 2분의 1까지를 가중**(대법원 1971.02.23, 71도1834) ② 당선무효사유에 해당하는 **선거범과 다른 선거범**이 형법 §38의 경합범(동시적 경합범)일 때 : 경합범으로 처리하므로, 분리하여 형 선고 不可(대법원 2009.1.30, 2008도4986) ≠ **선거범이 아닌 다른 죄와 선거범 사이**에는 따로 형을 선고(공선법 §18③)
병과 주의	제38조【경합범과 처벌례】 ① 3. 각 죄에 대하여 정한 형이 무기징역, 무기금고 이외의 다른 종류의 형인 경우에는 병과한다. [전문개정 2020.12.8.]
	본조는 1죄에 대하여 이종의 형을 병과할 때에도 적용

(2) 사후적 경합범의 처벌

형의 선고	제39조【판결을 받지 아니한 경합범】 ① 경합범 중 판결을 받지 아니한 죄가 있는 때에는 그 죄와 판결이 확정된 죄를 동시에 판결할 경우와 형평을 고려하여 그 죄에 대하여 형을 선고한다. 이 경우 그 형을 감경 또는 면제할 수 있다. 〈2005. 7.29. 개정〉 ② 제39조 제2항을 삭제한다. 〈2005. 7.29. 개정〉
	① 아직 **판결을 받지 아니한 죄가 이미 판결이 확정된 죄와 동시에 판결할 수 없었던 경우**에는 형법 §37 후단의 경합범 관계가 성립할 수 없고 형법 §39①에 따라 동시에 판결할 경우와 형평을 고려하여 형을 선고하거나 그 형을 감경 또는 면제할 수도 없음(대법원 2014.3.27, 2014도469) ② 사후적 경합범은 **임의적 감면**이므로, 특별히 감면이 필요한 경우에만 적용
형의 집행과 경합범	제39조【형의 집행과 경합범】 ③ 경합범에 의한 판결의 선고를 받은 자가 경합범중의 어떤 죄에 대하여 사면 또는 형의 집행이 면제된 때에는 다른 죄에 대하여 다시 형을 정한다. ④ 전 3항의 형의 집행에 있어서는 이미 집행한 형기를 통산한다.

 한줄판례 Summary

사후적 경합범 관련

1. **§39① 본문의 "형평을 고려하여" 판결을 받지 아니한 죄에 대하여 형을 선고한다고 정한 취지**는 판결을 받지 아니한 죄와 판결이 확정된 죄의 두 죄에 형법 §38를 적용하여 산출한 처단형의 범위 내에서 전체형을 정한 다음 그 전체형에서 판결이 확정된 죄에 대한 형을 공제한 나머지를 판결을 받지 아니한 죄에 대한 형으로 선고해야 하는 것도 **아니고**, 두 죄에 대한 선고형의 총합이 두 죄에 대하여 형법 §38를 적용하여 산출한 처단형의 범위 내에 속하도록 형을 선고하는 방법으로 전체형을 정하거나 처단형의 범위를 제한하는 것은 **아님**(대법원 2008.9.11, 2006도8376) [법원9급 14]

2. 형법 제37조 후단 경합범에 대하여 형법 제39조 제1항에 의하여 유기징역형을 감경할 때, **그 형기의 2분의 1 미만으로는 감경할 수 없음**(대법원 2019.4.18, 2017도14609) [경찰채용 20 2차]

3. **아직 판결을 받지 아니한 후행범죄와 재심판결이 확정된 선행범죄 사이**에는 형법 제37조 후단에서 정한 경합범 관계가 성립하지 않음(대법원 2019.6.20, 2018도20698) [경찰간부 22]

Perfect Summary

PART

형벌론

CHAPTER 01 형벌의 의의와 종류

I 서설

형벌의 의의	개 념	국가가 범죄에 대한 법률상의 효과로서 행위자의 책임을 전제로 하여 과하는 법익의 박탈
	구 별	형벌은 책임주의의 적용을 받으나, 보안처분은 재범의 위험성과의 비례성원칙이 적용됨
형벌의 종류 (§41)	생명형	사형
	자유형	징역, 금고, 구류
	명예형	자격상실, 자격정지
	재산형	벌금, 과료, 몰수

II 사형

의 의		① 수형자의 생명을 박탈하는 것을 내용으로 하는 형벌 ② 헌법재판소와 대법원은 합헌(헌재 1996.11.28, 95헌바1; 대법원 1995.1.13, 94도2662)
집행 방법	형 법	교도소 내에서 교수하여 집행(형법 §66) ← 형법에서 집행방법을 규정
	군형법	총살(§3)
범 위	절대적 법정형	**여적죄**(§93 : 사형만 법정형으로 규정)
	상대적 법정형	사형과 자유형이 선택적으로 규정된 범죄로서, 내란죄(§87), 내란목적살인죄(§88), 외환유치죄(§92), 모병이적죄(§94), 시설제공이적죄(§95), 시설파괴이적죄(§96), 간첩죄(§98), 폭발물사용죄(§119), 현주건조물방화치사죄(§164②), 살인죄(§250), 강간살인죄(§301의2), 인질살해죄(§324의4), 강도살인죄(§338), 해상강도살인·치사·강간죄(§340) ※ 사형이 없는 범죄 : 현주건조물등 일수치사죄(§177), 교통방해치사상죄(§188), 먹는 물 혼독치사죄(§194), 강도치사죄(§338)

Ⅲ 자유형

	수형자의 신체적 자유를 박탈하는 것을 내용으로 하는 형벌
징역	제67조【징역】징역은 교정시설에 수용하여 집행하며, 정해진 노역(勞役)에 복무하게 한다. [전문개정 2020.12.8.] 제42조【징역 또는 금고의 기간】징역 또는 금고는 무기 또는 유기로 하고 <u>유기는 1개월 이상 30년 이하</u>로 한다. 단, 유기징역 또는 유기금고에 대하여 <u>형을 가중하는 때에는 50년까지</u>로 한다. 〈개정 2010.4.15.〉 *cf.* 입법예고 : 위 제42조를 제1항으로 하고, 제2항을 다음과 같이 신설한다. ② 무기징역 또는 무기금고는 가석방이 허용되는 무기형과 <u>가석방이 허용되지 아니하는 무기형</u>으로 한다. → 수형자를 교도소 내에 수용하여 정역에 복무하게 하는 것을 내용으로 하는 형벌(§67) → <u>무기징역·무기금고</u>는 종신형이며 그 집행 중에 있는 자가 행상이 양호하여 개전의 정이 현저한 때에는 <u>20년이 경과한 후 가석방 可</u>(§72①)
금고	제68조【금고와 구류】금고와 구류는 교정시설에 수용하여 집행한다. [전문개정 2020.12.8.] → 수형자를 교도소 내에 수용하지만, **정역을 과하지 않는** 자유형(§68) → 수형자의 신청이 있으면 작업을 과할 수도 있음(형집행법 §38)
구류	제46조【구류】구류는 <u>1일 이상 30일 미만</u>으로 한다. → 신청에 의하여 작업을 부과 可(형집행법 §38)

Ⅳ 재산형

	범인으로부터 일정한 재산을 박탈하는 것을 내용으로 하는 형벌
벌금	① 의의 및 형법의 규정 : 범죄인에 대하여 일정한 금액의 지불의무를 강제적으로 부담하게 하는 것을 내용으로 하는 재산형으로서 5만 원 이상(§45)인 경우 제45조【벌금】벌금은 5만 원 이상으로 한다. 다만, 감경하는 경우에는 5만 원 미만으로 할 수 있다. 제69조【벌금과 과료】① 벌금과 과료는 판결확정일로부터 <u>30일 내에 납입</u>하여야 한다. 단 <u>벌금을 선고할 때</u>에는 동시에 그 금액을 완납할 때까지 노역장에 유치할 것을 명할 수 있다. ② 벌금을 납입하지 아니한 자는 <u>1일 이상 3년 이하</u>, 과료를 납입하지 아니한 자는 <u>1일 이상 30일 미만</u>의 기간 노역장에 유치하여 작업에 복무하게 한다. 제70조【노역장 유치】① 벌금이나 과료를 선고할 때에는 이를 <u>납입하지 아니하는 경우의 노역장 유치기간을 정하여 동시에 선고</u>하여야 한다. 〈개정 2020.12.8.〉 ② 선고하는 벌금이 <u>1억원 이상 5억원 미만인 경우에는 300일 이상, 5억원 이상 50억원 미만인 경우에는 500일 이상, 50억원 이상인 경우에는 1천일 이상</u>의 노역장 유치기간을 정하여야 한다. 〈개정 2020.12.8.〉 제71조【유치일수의 공제】벌금이나 과료의 선고를 받은 사람이 그 금액의 일부를 납입한 경우에는 벌금 또는 과료액과 노역장 유치기간의 일수(日數)에 비례하여 납입금액에 해당하는 일수를 뺀다. [전문개정 2020.12.8.] ② 벌금형제도의 개선책(입법론) : 일수벌금형 등

과 료	제47조【과료】과료는 <u>2천 원 이상 5만 원 미만</u>으로 한다.
	§69, §70, §71은 과료에도 적용 ○

제48조【몰수의 대상과 추징】① 범인 외의 자의 소유에 속하지 아니하거나 범죄 후 범인 외의 자가 사정을 알면서 취득한 다음 각 호의 물건은 전부 또는 일부를 <u>몰수할 수 있다.</u>
1. 범죄행위에 제공하였거나 제공하려고 한 물건
2. 범죄행위로 인하여 생겼거나 취득한 물건
3. 제1호 또는 제2호의 대가로 취득한 물건
② 제1항 각 호의 물건을 몰수할 수 없을 때에는 그 가액(價額)을 추징한다.
③ 문서, 도화(圖畵), 전자기록(電磁記錄) 등 특수매체기록 또는 유가증권의 일부가 몰수의 대상이 된 경우에는 그 부분을 폐기한다.
[전문개정 2020.12.8.]

제49조【몰수의 부가성】몰수는 타형에 부가하여 과한다. 단 <u>행위자에게 유죄의 재판을 아니할 때에도</u> 몰수의 요건이 있는 때에는 몰수만을 선고할 수 있다.

몰 수	의 의	범죄의 반복을 방지하거나 범죄로부터 이득을 얻지 못하게 할 목적으로 범죄행위와 관련된 재산을 박탈하여 이를 국고에 귀속시키는 재산형
		[판례] 몰수선고의 효력은 유죄판결을 받은 피고인에 대하여서만 발생하므로 피고인 이외의 제3자는 민사소송으로 국가에 대하여 그 반환을 청구할 수 있다(대법원 1970.3.24, 70다245).
	성 질	① 부가적 형벌설(判) ② 절충설(通) : 형식적으로는 형벌(형법 §48), 실질적으로는 대물적 보안처분
	종 류 - 임의적 몰수	① 몰수나 추징은 원칙적으로 <u>법관의 자유재량</u>에 의하여 결정(判) ② 형법 §48①은 몰수에 관한 일반규정으로서 임의적 몰수 규정
	종 류 - 필요적 몰수	뇌물죄의 뇌물(§134), 아편에 관한 죄의 아편·몰핀이나 그 화합물, 아편흡식기(§206), 배임수재에 의하여 취득한 재물(§357, §357③)은 반드시 몰수 要, 또한 각종 특별형법상 몰수규정은 필요적 몰수를 정한 경우가 많음(<u>뇌/아/배/특</u>)
		예 향정신성의약품을 타인에게 매도한 경우 매도의 대가로 받은 대금 등과 같이 '마약류관리에 관한 법률'에 규정된 범죄행위로 인한 수익금으로서 필요적으로 몰수(대법원 2010.8.26, 2010도7251)
	요 건 - 대물적 요건	① 범죄행위에 제공하였거나 제공하려고 한 물건 : 제공한 물건이란 살인에 사용한 흉기처럼 현실적으로 범죄수행에 사용한 물건이고(여기서 범죄행위의 범위는 넓게), 제공하려고 한 물건은 범죄행위에 사용하려고 준비하였지만 현실적으로는 사용하지 못한 물건(여기서 범죄행위의 범위는 좁게)을 의미 ② 범죄행위로 인하여 생겼거나 취득한 물건 ㉠ 범죄행위로 인하여 생긴 물건 : 통화위조행위로 만들어낸 위조통화, 문서위조행위로 작성한 위조문서처럼 범죄행위 이전에는 없었지만 범죄행위로 인하여 비로소 생겨난 물건 ㉡ 범죄행위로 인하여 취득한 물건 : 절취한 장물이나 도박행위로 인하여 취득한 금품처럼 범행당시 이미 존재했던 것을 범죄행위를 수단으로 하여 범인이 취득한 것

몰 수	요 건	대물적 요건	③ 전 2호의 대가로 취득한 물건 　㉠ 장물을 매각하여 금전을 취득한 경우처럼 전 2호의 물건의 대가 　㉡ but **'피해자에게 반환하여야 할 압수물'은 몰수 ×**(피해자환부, 대법원 　　1969.1.21, 68도1672) [법원승진 14/15]
		대인적 요건	① 범인 이외의 자의 소유에 속하지 아니할 것 　㉠ 몰수 ○ : 범인의 소유, **공범자의 소유**(대법원 1984.5.29, 83도2680), 　　무주물, 법률상 누구의 소유에도 속할 수 없는 금제품(예 아편), 소유 　　자 불명인 물건, 불법원인급여에 해당되어 소유자에게 반환청구권이 　　없는 물건, 소유자가 반환청구권을 포기한 물건 등 　　[판례] 공범자의 소유물도 그 소추 여부를 불문하고 몰수 可(대법원 2006. 　　　11.23, 2006도5586) [국가9급 23] 　㉡ 몰수 × : **피해자 소유**, 다른 사람으로부터 차용한 물건, 국고수표, 　　범행 후 판결선고 전에 범인의 사망에 의하여 그 물건의 소유권이 상 　　속인에게 이전되었을 경우 ② 범죄 후 범인 이외의 자가 사정을 알면서 취득한 물건
	부가성	부가성	(§49 본문 : 몰수는 타형에 부가하여 과한다) ① 불기소처분 시 압수된 물건만을 몰수하는 것 ×(대법원 1992.7.28, 92도 　700; 2008.11.13, 2006도4885) ② **면소판결 시 몰수 不可**(대법원 2007.7.26, 2007도4556)
		예 외	(§49 단서 : 단 …의 때에는 몰수만을 선고할 수 있다) ① 유죄재판을 안하면서 몰수·추징 가능성이 있는 경우는 선고유예(대법원 　1973.12.11, 73도1133) [법원9급 16] ② **주형 선고유예 + 몰수·추징만 선고** ○(§49 단서) ③ **주형 선고유예 + (필요적)몰수·추징 선고유예** ○ ④ **주형 선고유예× + 몰수·추징 선고유예 不可**(대법원 1988.6.21, 88도551)
	상대방		① 현재 물건을 보유하고 있는 자로부터 몰수 　예 **수뢰자가 뇌물을 그대로 보관하였다가 증뢰자에게 반환한 경우 : 증뢰자로부터 몰수· 　추징**(대법원 1984.2.28, 83도2783) [국가9급 17] ② **수뢰자가 뇌물을 소비하고 동일한 액수의 금원을 증뢰자에게 반환한 경우에는 수뢰자 　추징** → 제공된 금전이 그대로 반환된 것이 아니라면 그 후에 같은 액수의 금전이 　반환되었더라도 반환받은 제공자로부터 이를 몰수하거나 그 가액을 추징할 것은 아 　님(대법원 2017.5.17, 2016도11941) [국가7급 13]

🔗 한줄판례 Summary

몰수의 대상－범죄행위에 제공하였거나 제공하려고 한 물건

몰수의 대상 인정

1. 관세법상 무신고수입죄의 미수범이 점유하는 물품(대법원 2001.12.28, 2001도2572)
2. 외국환관리법 소정의 허가 없이 수출한 대상물(토지개발채권을 허가 없이 휴대하여 출국하려다 미수에 그친 경우의 채권)을 같은 법으로 몰수할 수 없으나, 형법 제48조에 의하여 허가 없는 수출미수행위에 제공된 것으로 보아 **몰수 가능**(대법원 2002.9.4, 2000도515)
3. 사기도박에 참여하도록 유인하기 위해서 제시한 **고액의 수표**(대법원 2002.9.24, 2002도3589) [국가9급 17,
법원9급 12, 경찰승진 23]

4. 몰수대상물건이 압수되어 있는가 하는 점 및 적법한 절차에 의하여 압수되었는가 하는 점 → 몰수의 요건 ×(대법원 2003.5.30, 2003도705) [국가9급 15/20/23, 법원9급 16]

5. 대형할인매장에서 수회 상품을 절취하여 자신의 승용차에 싣고 간 경우의 **승용차**(대법원 2006.9.14, 2006도4075) [국가9급 20, 법원9급 12/16/17, 법원승진 12]

6. 형법 제48조 제1항 제1호의 "범죄행위에 제공한 물건"은, 가령 살인행위에 사용한 칼 등 **범죄의 실행행위 자체에 사용한 물건에만 한정되는 것이 아니며**, 실행행위의 착수 전의 행위 또는 실행행위의 종료 후의 행위에 사용한 물건이더라도 그것이 범죄행위의 수행에 실질적으로 기여하였다고 인정되는 한 위 법조 소정의 제공한 물건에 포함(대법원 2006.9.14, 2006도4075) [경찰승진 23]

7. 불법한 사행행위 영업에 사용된 게임기는 기판과 본체가 서로 물리적으로 결합되어야만 비로소 그 기능을 발휘할 수 있는 기계이므로 **본체를 포함한 그 전부**가 범죄행위에 제공된 물건으로서 몰수의 대상(대법원 2006.12.8, 2006도6400) [경찰간부 11]

몰수의 대상 부정

1. 관세법 소정 허위신고죄에 있어서 대상물(대법원 1974.6.11, 74도352)

2. 체포될 당시에 미처 송금하지 못하고 소지하고 있던 자기앞수표·현금(대법원 2008.2.14, 2007도10034) [경찰채용 12, 법원9급 17] → 그 물건이 유죄로 인정되는 당해 범죄행위에 제공하려고 한 물건임이 인정되어야 함(대법원 2008.2.14, 2007도10034) [법원승진 12]

 한줄판례 Summary

몰수의 대상 - 범죄행위로 인하여 생겼거나 취득한 물건

몰수의 대상 인정

1. 유체물에 한하지 않고 **권리 또는 이익도 포함**(대법원 1976.9.28, 75도3607)

2. 멸실 등의 우려가 있어 형사소송법 제132조에 의하여 압수물을 매각한 경우, 그 **대가보관금**(대법원 1996.11.12, 96도2477) [법원9급 12]

3. 음란물유포 인터넷사이트를 운영하면서 정보통신망법위반(음란물유포)죄와 도박개장방조죄에 의하여 취득한 **비트코인**(Bitcoin)(대법원 2018.5.30, 2018도3619) [해경승진 21]

몰수의 대상 부정

1. **외국환을 수출하는 행위의 외국환**(그 행위 자체로 취득한 외국환이 없으므로)(대법원 1979.8.31, 79도1509)

2. 외국환관리법에 의해 **등록하지 않은 미화**(대법원 1982.3.9, 81도2930)

3. **카지노에서 사용되는 '칩'**은 외국환관리법의 대외지급수단에 해당하지 않음(대법원 1998.12.22, 98도2460)

4. 금품의 무상대여를 통하여 위법한 정치자금을 기부받은 경우, **'무상으로 대여받은 금품 그 자체'가 아니라** 위 금융이익 상당액(대법원 2007.3.30, 2006도7241)

5. 부동산 미등기 전매계약에 의하여 **제3자로부터 받은 대금**('미등기'로 인해 취득한 것이 아니므로)(대법원 2007.12.16, 2007도7353)

6. 정보통신망을 통하여 음란한 화상 또는 영상을 배포하고 도박 사이트를 홍보하였다는 범죄행위에 이용한 **웹사이트 매각을 통해 취득한 대가**는 형법 제48조 제1항 제2호, 제2항이 규정한 추징의 대상에 해당하지 않음(**웹사이트는 범죄행위로 생겼거나 취득한 물건에 해당하지 않음**, 대법원 2021.10.14, 2021도7168).

 한줄판례 Summary

몰수의 대인적 요건

몰수의 대인적 요건 인정

1. 무주물 내지 소유자 불명의 물건(대법원 1952.6.26, 4285형상74; 1955.8.26, 4288형상216)

2. 소유가 금지되는 금제품(禁制品)(대법원 1960.3.16, 4292형상858)

3. **압수되었다가 피고인에게 환부된 물건**(대법원 1977.5.24, 76도4001)

4. 소중지된 공범자의 소유물(대법원 1984.5.29, 83도2680)

몰수의 대인적 요건 부정

1. 피고인이 공동피고인에게 **도박자금으로 대여한 금원**의 추징 상대방(**피고인은 아님**)(대법원 1982.9.28, 82도1669)
2. 군PX에서 공무원인 군인이 그 권한에 의하여 작성한 월간 판매실적보고서의 내용에 일부 허위기재된 부분이 있는 경우, **월간판매실적보고서**(해당 육군부대 소유, 1983.6.14, 83도808) [법원9급 12]
3. 국고에 환부해야 할 **국고수표**(대법원 1961.2.24, 4293형상759)
4. 일부 허위기재된 부분이 있는 **공문서**(대법원 1983.6.14, 83도808)
5. **피고인 이외의 자의 소유**에 속하지 아니함에 관하여 심리미진의 상태에서 몰수한 위법이 있는 사례(강도상해 범행에 사용된 자동차가 피고인의 처 명의로 등록)(대법원 1990.10.10, 90도1904)

🔆 퍼써 정리 | 추징(§48②)

① 의의 : 몰수에 갈음하여 그 가액의 납부를 명하는 사법처분
② 대상되는 범죄수익이 특정할 수 없는 경우에는 추징 不可(대법원 2007.6.14, 2007도2451) [국가9급 17]
③ 추징가액산정의 기준 시 : 몰수할 수 없을 때에 추징하여야 할 가액의 산정은 **재판선고 시의 가격을 기준** 원칙(대법원 1991.5.28, 91도352; 2008.10.9, 2008도6944) [국가9급 17, 법원9급 13/15, 법원승진 14]
→ 추징하여야 할 가액은 **몰수의 선고를 받았더라면 잃게 될 이득상당액 초과 不可**(대법원 2017.9.21, 2017도8611) [국가9급 23, 경찰간부 22]
④ 범죄수익박탈적 추징(원칙) : 공동피고인에 대해서는 **개별추징이 원칙, 개별액을 알 수 없으면 평등분할액을 추징**(대법원 1977.3.8, 76도1982)
⑤ 징벌적 추징(예외) : 관세법(대법원 2007.12.28, 2007도8401)·마약법(대법원 1999.7.9, 99도1695; 2010.8.26, 2010도7251) [법원승진 12], (구)외국환관리법(대법원 1998.5.21, 95도2002)·밀항단속법·특경법상 재산국외도피사범(대법원 1995.3.10, 94도1075)에 대한 몰수·추징은 징벌적 몰수·추징이므로 그 범행으로 인하여 이득을 취한 바 없어도 법원은 가액의 추징을 명하며(대법원 2001.12.28, 2001도5158) [법원9급 13], 소유자나 최종소지인뿐만 아니라 동일한 향정신성의약품을 취득한 자들에 대하여 그 **취득한 범위 내에서 가격 전부의 추징**을 명함(공동연대추징 : 대법원 1989.12.8, 89도1920; 2010.8.26, 2010도7251)

🔗 한줄판례 Summary

추징 관련

1. **범인이 피해자로부터 받은 금품을 소비**하고 나서 그에 상당한 금품을 반환하였을 경우나 상호합의에 이르러 고소를 취소한 경우에도 이를 **범인으로부터 추징**(대법원 1983.4.12, 82도812) [경찰간부 11]
2. 피고인이 회사의 기관으로서 한 **외화차용의 경우 피고인에 대한 몰수·추징 可**(대법원 1984.5.29, 82도2609; 1994.2.8, 93도1483) = **법인의 종업원인 피고인**이 그 법인의 업무에 관하여 다른 공범자들과 함께 국외로 도피시킨 법인 소유재산을 **피고인으로부터 추징 可**(대법원 1995.3.10, 94도1075)
3. 징역형의 집행유예와 추징의 선고를 받은 자에 대하여 **징역형에 대하여 특별사면**이 있는 경우 추징에 대하여도 **형선고 효력 상실 X**(대법원 1996.5.14, 96모14)
4. **뇌물로 받은 돈을 은행에 예금**한 경우 그 예금행위는 뇌물의 처분행위에 해당하므로 그 후 수뢰자가 같은 액수의 돈을 증뢰자에게 반환하였다 하더라도 **수뢰자로부터 그 가액 추징**(대법원 1996.10.25, 96도2022) [법원9급 12]
5. 수인이 공동하여 공무원이 취급하는 사건 또는 사무에 관하여 청탁을 한다는 명목으로 받은 금품을 분배한 경우에는 **각자가 실제로 분배받은 금품만 개별적으로 몰수하거나 그 가액을 추징함**(추징의 원칙인 범죄수익만을 박탈하는 제도. 대법원 1996.11.29, 96도2490)

6. 자기앞수표를 뇌물로 받아 소비한 후 액면금 상당을 반환한 경우, **수뢰자로부터 추징**(대법원 1999.1.29, 98도3584)

7. (마약법상 추징은 징벌적 추징이므로 죄를 범한 자가 여러 사람일 때에는 각자에 대해 그 취급한 범위 내에서 가액 전액의 추징을 명하는바) **향정신성의약품을 타인에게 매도한 경우에 있어 매도의 대가로 받은 대금**(대법원 2001.12.28, 2001도5158)

8. 피고인이 범죄행위로 취득한 주식이 판결선고 전에 그 발행회사가 다른 회사에 합병되어 판결 선고시의 주가를 알 수 없을 뿐 아니라 무상증자를 받은 주식과 다시 매입한 주식까지 섞여서 처분되어 그 처분가액을 정확히 알 수 없는 경우, **주식의 시가가 가장 낮을 때를 기준으로 산정한 가액** 추징(대법원 2005.7.15, 2003도4293) [경찰간부 11]

9. 수인이 공모하여 도박개장행위로 이익을 얻은 경우, **실질적으로 귀속된 이익이 없는 사람에 대해서는 추징 不可**(∵ 징벌적 추징이 아니라 범죄수익박탈적 추징이기 때문. 대법원 2007.10.12, 2007도6019)

10. **몰수 또는 추징에 관한 부분만을 불복대상으로 삼아 상소 可**, 이 경우 **상소불가분원칙**에 의해 본안에 관한 판단에까지 상소의 효력이 미쳐서 그 전부가 상소심으로 이심(전부상소, 대법원 2008.11.20, 2008도5596 전원합의체)

11. 피고인이 알선 대가로 수수한 금품에 관하여 **소득신고를 하고 법인세 등 세금을 납부한 경우**, 이를 특가법상 **추징액에서 제외하지 않음**(대법원 2010.3.25, 2009도11660) = 범행 과정에서 지출한 업소 건물의 **임대료**(대법원 2009.5.14, 2009도2223)

12. **금품의 무상대여**를 통하여 위법한 재산상 이익을 취득한 경우 범인이 받은 부정한 이익은 그로 인한 금융이익 상당액이므로 **추징의 대상이 되는 것은 금융이익 상당액**(대법원 2014.5.16, 2014도1547) [경찰간부 17]

13. 마약류관리법에 따른 추징에서 그 소유자나 최종소지인으로부터 마약류 전부 또는 일부를 몰수하였다면 **다른 취급자들에 대하여는 몰수된 마약류의 가액 추징 不可**(대법원 2016.6.9, 2016도4927)

14. 몰수를 선고하기 위해서는 **몰수의 요건이 공소가 제기된 공소사실과 관련되어 있어야** 하고, **공소가 제기되지 않은 별개의 범죄사실을 법원이 인정하여 그에 관하여 몰수·추징 선고 不可**(대법원 2022.11.17, 2022도8662) [국가9급 23]

Ⅴ 명예형

자격상실	제43조【형의 선고와 자격상실】① 사형, 무기징역 또는 무기금고의 판결을 받은 자는 다음에 기재한 자격을 상실한다. 1. 공무원이 되는 자격 2. 공법상의 선거권과 피선거권 3. 법률로 요건을 정한 공법상의 업무에 관한 자격 4. 법인의 이사, 감사 또는 지배인 기타 법인의 업무에 관한 검사역이나 재산관리인이 되는 자격
자격정지	제43조【자격정지】② 유기징역 또는 유기금고의 판결을 받은 자는 그 형의 집행이 종료하거나 면제될 때까지 **전항 제1호 내지 제3호**에 기재된 자격이 정지된다. 다만, 다른 법률에 특별한 규정이 있는 경우에는 그 법률에 따른다. [개정 2016.1.6.] 제44조【자격정지】① 전조에 기재한 자격의 전부 또는 일부에 대한 정지는 **1년 이상 15년 이하**로 한다. ② 유기징역 또는 유기금고에 자격정지를 병과한 때에는 **징역 또는 금고의 집행을 종료하거나 면제된 날로부터 정지기간을 기산**한다. → §43② : 자격의 당연정지 / §44 : 판결의 선고에 의한 자격정지

CHAPTER 02 형의 경중

I 형의 경중의 기준

§50①	제50조【형의 경중】① 형의 경중은 제41조 각 호의 순서에 따른다. 다만, 무기금고와 유기징역은 무기금고를 무거운 것으로 하고 유기금고의 장기가 유기징역의 장기를 초과하는 때에는 유기금고를 무거운 것으로 한다. [전문개정 2020.12.8.] 제41조【형의 종류】 형의 종류는 다음과 같다. 1. 사형 2. 징역 3. 금고 4. 자격상실 5. 자격정지 6. 벌금 7. 구류 8. 과료 9. 몰수
§50②	제50조【형의 경중】② 같은 종류의 형은 장기가 긴 것과 다액이 많은 것을 무거운 것으로 하고 장기 또는 다액이 같은 경우에는 단기가 긴 것과 소액이 많은 것을 무거운 것으로 한다. [전문개정 2020.12.8.] 법정형이 병과형 또는 선택형으로 정해진 경우에는 가장 중한 형을 기준으로 경중을 가림
§50③	제50조【형의 경중】③ 제1항 및 제2항을 제외하고는 죄질과 범정(犯情)을 고려하여 경중을 정한다. [전문개정 2020.12.8.]

II 처단형·선고형의 경중

기 준	§50①·②·③과 동일한 취지에 따라 판단
구체적인 경중의 비교	① 형의 집행유예와 집행면제 : 집행면제가 더 중함 ② 징역형의 선고유예와 벌금형 : 벌금형이 더 중함 ③ 징역과 집행유예 있는 징역 : 징역형의 형기가 보다 장기인 형이 더 중함. 단, 1심에서 징역 2년에 집행유예 3년을 선고한 것에 대해 피고인만 항소한 경우 2심에서 징역 1년만 선고한 것은 불이익변경금지원칙에 위반 ④ 부정기형과 정기형 : 부정기형의 장기와 단기형의 **중간형** 기준(대법원 2020.10.22, 2020도4140 전원합의체)

형의 양정

Ⅰ 의 의

의 의	법정형에 법률상의 가중·감경 또는 정상참작감경을 하여 얻어진 처단형의 범위 내에서 범인과 범행 등에 관련된 제반정황을 고려하여 구체적으로 선고할 형의 종류와 양을 정하는 것(양형)

Ⅱ 형의 양정의 단계

법정형	형법각칙상의 개개의 구성요건에 규정되어 있는 형벌
처단형	법률상 가중·감경 또는 재판상 감경 및 법률상 면제를 행하여 처단의 범위가 구체화된 형벌의 범위
선고형	법원이 처단형의 범위 내에서 구체적으로 형을 양정하여 당해 피고인에게 선고하는 형

Ⅲ 형의 가중·감경·면제

1. 형의 가중 : 법률상 가중

서 설	① 형의 가중은 법률상 가중만 ○, 재판상 가중은 × ② 법률상의 가중이라 하여도 필요적 가중만 ○, 임의적 가중은 ×
일반적 가중사유	모든 범죄에 대하여 일반적으로 형을 가중하는 총칙상 사유로서, ① 특수교사·방조(§34②), ② 누범 가중(§35), ③ 경합범 가중(§38①2.)와 같은 가중사유가 있음
특수적 가중사유	형법각칙의 특별구성요건에 의한 가중사유로서, ① 상습범 가중의 경우와 ② 특수범죄의 가중의 경우가 있음

💡 퍼써 정리 | **상습범 처벌규정**(상/협/체/성/절/사/장/아/도/×)**과 그 형의 정리**

구 분		각조에 정한 형의 2분의 1까지 가중한 경우	가중형을 별도로 규정한 경우
개인적 법익	생명 신체	• 상해 • 폭행	無
	자 유	• 체포 • 감금 • 협박 • 강간등	無
	재 산	• 절도 • 사기 • 공갈	• 강도 • 장물
사회적 법익		• 아편	• 도박

[주의] 국가적 법익에 대한 죄는 상습범 처벌규정 無

💡 퍼써 정리 | **형법상 '특수'범죄의 행위태양 정리**

행위태양	범죄례
단체 또는 다중의 위력을 보이거나 위험한 물건을 휴대하여	• 특수공무방해죄 • 특수상해죄 • 특수폭행죄 • 특수체포·감금죄 • 특수협박죄 • 특수주거침입죄(§320) • 특수강요죄 • 특수공갈죄·특수손괴죄
야간에 (손괴하고 : 특수절도죄) 침입하거나, 흉기를 휴대하거나, 2人 이상이 합동하여	• 특수절도죄(§331) • 특수강도죄(§334)
수용설비 또는 기구를 손괴하거나, 폭행 또는 협박을 가하거나, 2人 이상이 합동하여	• 특수도주죄(§146)
흉기 기타 위험한 물건을 휴대하거나, 2人 이상이 합동하여	• 특수강간죄(성폭법§6①) • 특수강제추행죄(성폭법§6②)

2. 형의 감경

💡 퍼써 정리 | **형의 법률상 감면사유 정리**(심장범석/과불사자/농방/외중예위장)

구 분		필요적	임의적
감 경	총 칙	• 청각 및 언어 장애인 • 종범	• 심신미약자 • 장애미수
	각 칙	–	• 범죄단체의 조직 • 인질강요의 석방 • 약취유인자 석방
감 면	총 칙	중지미수	• 과잉방위 / 피난 / 자구행위 • 불능미수 • 사후적 경합범 • 자수·자복

감면	각 칙	실행착수 전 자수	내란/외환/외국사전/방화/폭발물/통화위조죄의 예비·음모	無
		재판·징계 확정 전 자수·자백	위증·모해위증죄, 허위감정·통역·번역죄, 무고죄	
		친족상도례	장물범과 본범 간에 §328①의 신분관계	
면 제	친족간 특례	① 범인은닉죄(§151②) : 친족, 동거의 가족 ② 증거인멸죄(§155④) : 친족, 동거의 가족		–
	친족 상도례	직계혈족, 배우자, 동거친족, 동거가족 또는 그 배우자 간의 권리행사방해죄, 절도죄, 사기·공갈죄, 횡령·배임죄, 장물죄(재산죄 중 강도, 손괴, 점유강취·강제집행면탈은 제외)		–

💡 퍼써 정리 ǀ 재판상 감경

재판상 감경	의 의	법률상의 특별한 감경사유가 없는 경우에도 법원이 정상에 특히 참작할 만한 사유(§51)가 있는 경우에 재량으로 그 형을 감경하는 것(정상참작감경 : §53)
	내 용	① **법률상 형을 가중감경한 후에도 §55의 범위 내에서 정상참작감경 可**(대법원 1991. 6.11, 91도985) → ∴ 미수범의 임의적 감경사유는 적용하지 않으면서도 정상참작감경 可(대법원 1959.4.24, 4292형상72) ② 형의 정상참작감경은 법률상 감경에 관한 **형법 §55의 범위 내에서만 허용**(대법원 1964.10.28, 64도454) ③ 정상참작감경사유가 수개 있다고 하여 **거듭 감경 不可**(대법원 1964.4.7, 63도410) [법원승진 14] ④ (하나의 죄에 대하여) 징역형과 벌금형을 병과할 때 이를 정상참작감경하는 경우에 **특별한 규정이 없는 한 어느 한 형만을 감경하는 것은 위법** ⑤ **형법 §38①3.에 의하여 징역형과 벌금형을 병과하는 경우**에는 징역형에만 정상참작감경을 하고 벌금형에는 정상참작감경을 하지 않아도 적법(대법원 2006. 3.23, 2006도1076)

3. 형의 면제

의 의	① 범죄가 성립하여 형벌권은 발생하였으나, 일정한 사유로 인하여 형만을 과하지 아니하는 경우 ② 법률상의 면제에 한하며, 재판상의 면제 부정
구 별	① 형면제 : 재판확정 전의 사유에 의함 예 친족상도례(§328①) 등의 인적 처벌조각사유 ② 형집행면제 : 재판확정 후의 사유에 의함 예 재판확정 후의 법률변경(§1③), 형의 시효의 완성(§77), 특별사면, 복권 (재/시/특/복)

4. 자수와 자복

✓ 조문정리

제52조 【자수, 자복】 ① 죄를 지은 후 수사기관에 자수한 경우에는 형을 감경하거나 면제할 수 있다.
② 피해자의 의사에 반하여 처벌할 수 없는 범죄의 경우에는 피해자에게 죄를 자복(自服)하였을 때에도 형을 감경하거나 면제할 수 있다.
[전문개정 2020.12.8.]

자 수	① 범인이 스스로 자기의 범죄사실을 수사기관에 신고하여 소추를 구하는 의사표시 ② **범죄사실을 부인하거나 죄의 뉘우침이 없는 자수**는 그 외형은 자수일지라도 법률상 형의 감경사유가 되는 진정한 자수 ×(대법원 1994.10.14, 94도2130) ③ 소송 이전 단계이면 **범죄사실의 발각 전후를 불문** ④ 임의적 감면
자 복	① 피해자의 의사에 반하여 처벌할 수 없는 범죄(반의사불벌죄)에서 피해자에게 자기의 범죄사실을 고백하는 것(자수의 상대방은 수사기관이나, 자복의 상대방은 피해자) ② 임의적 감면

Ⅳ 형의 감경례

의 의		형의 가중·감경의 정도·방법 및 순서에 관한 준칙
형의 가중 감경 순서	형종 선택	**제54조 【선택형과 정상참작감경】** 한 개의 죄에 정한 형이 여러 종류인 때에는 **먼저 적용할 형을 정하고** 그 형을 감경한다. [전문개정 2020.12.8.]
	경합	**제56조 【가중·감경의 순서】** 형을 가중·감경할 사유가 경합하는 경우에는 다음 각 호의 순서에 따른다. 1. **각칙 조문에 따른 가중**　2. **제34조제2항에 따른 가중**　3. **누범 가중** 4. **법률상 감경**　5. **경합범 가중** 6. **정상참작감경** [전문개정 2020.12.8.]
가중 감경 정도 방법	가중 정도	① 유기징역·유기금고를 가중하는 경우에는 50년까지(§42단서) ② 누범·경합범·특수교사·방조를 가중하는 경우는 별도 규정(§35②, §38①2, §34②)
	감경 정도	① 법률상의 감경 **제55조 【법률상의 감경】** ① 법률상의 감경은 다음과 같다. 〈개정 2010.4.15.〉 　1. 사형을 감경할 때에는 **무기 또는 20년 이상 50년 이하의 징역 또는 금고**로 한다. 　2. 무기징역 또는 무기금고를 감경할 때에는 **10년 이상 50년 이하의 징역 또는 금고**로 한다. 　3. 유기징역 또는 유기금고를 감경할 때에는 그 **형기의 2분의 1**로 한다. 　4. 자격상실을 감경할 때에는 7년 이상의 자격정지로 한다. 　5. 자격정지를 감경할 때에는 그 형기의 2분의 1로 한다.

가중 감경 정도 방법	감경 정도	6. 벌금을 감경할 때에는 그 **다액의 2분의 1**로 한다. 7. 구류를 감경할 때에는 그 장기의 2분의 1로 한다. 8. 과료를 감경할 때에는 그 다액의 2분의 1로 한다.
		② 정상참작감경
		제53조【정상참작감경】범죄의 정상(情狀)에 참작할 만한 사유가 있는 경우에는 그 형을 감경할 수 있다. [전문개정 2020.12.8.]

 한줄판례 Summary

1. **임의적 감경**의 경우에는 감경사유의 존재가 인정되더라도 법관이 형법 제55조 제1항에 따른 법률상 감경을 할 수도 있고 **하지 않을 수도 있다**(대법원 2021.1.21, 2018도54). [법원9급 22]
2. 형법은 형의 가중·감경할 사유가 경합된 때에 그 적용 순서에 관하여, 각칙 조문에 따른 가중, 제34조 제2항에 따른 가중, 누범 가중, 법률상 감경, 경합범 가중, 정상참작감경 순으로 규정하고 있으므로, 법관이 처단형을 결정하는 과정에서 **최종 선고형을 머릿속에 그리면서 임의적 감경 여부를 결정하는 것은 법리적·논리적으로 잘못이 아니다**(대법원 2021.1.21, 2018도54). [법원9급 22]
3. **유기징역형에 대한 법률상 감경을 하면서 형법 제55조 제1항 제3호에서 정한 것과 같이 장기와 단기를 모두 2분의 1로 감경하는 것**이 아닌 장기 또는 단기 중 어느 하나만을 2분의 1로 감경하는 방식이나 2분의 1보다 넓은 범위의 감경을 하는 방식 등은 죄형법정주의 원칙상 허용될 수 없다(대법원 2021.1.21, 2018도54). [법원9급 22]

Ⅴ 양 형

의의 대상	의 의	법정형에 법률상의 가중·감경 또는 정상참작감경을 하여 처단형의 범위 내에서 법원의 재량으로 구체적으로 선고할 형을 정하는 것(자유재량 ; 判例)
	책임 범위	행위자의 책임은 양형의 기초로서(책임주의), 양형은 형벌의 하한과 상한을 책임의 범위에 적합하게 정하고 이 범위 내에서 일반예방과 특별예방을 고려해서 형을 정함(책임범위이론, 通)
양형의 조건		제51조【양형의 조건】형을 정함에 있어서는 다음 사항을 참작하여야 한다. 1. 범인의 연령·성행·지능과 환경 2. 피해자에 대한 관계 3. 범행의 동기·수단과 결과 4. 범행 후의 정황
		→ 양형 시 반드시 참작하여야 할 요인이지만 **예시적**인 성격을 지님

✅ **조문정리**

제57조 【판결선고 전 구금일수의 통산】 ① 판결선고 전의 구금일수는 그 **전부**를 유기징역, 유기금고, 벌금이나, 과료에 관한 유치 또는 구류에 산입한다. 〈개정 2014.12.30.〉

② 전항의 경우에는 구금일수의 1일은 징역, 금고, 벌금이나 과료에 관한 유치 또는 구류의 기간의 1일로 계산한다. 〈개정 2014.12.30.〉

헌재결정	① §57①의 '일부' 부분에 대한 위헌결정(대법원 2009.6.25, 2007헌바25)과 14년 형법개정으로 **전부 산입** [국가7급 12] ② **상소제기 후 상소취하 시까지의 미결구금일수도 형기에 전부 산입**(대법원 2009.12.29, 2008헌가13 헌법불합치결정으로 형소법 §482 개정)
미결구금 일수산입	① 판결선고 전의 구금일수는 그 **전부**를 **유기징역, 유기금고, 벌금·과료 관련 유치, 구류**에 산입 ② 무기형(대법원 1966.1.25, 65도384)은 미결구금일수 산입 대상 × ③ 항소심에서 무기징역형을 선고한 1심판결을 파기하고 **유기징역형을 선고**할 경우에는 1심판결선고 전의 구금일수의 전부 **산입** ○(대법원 1966.1.25, 65도384 ; 1971.9.28, 71도1289) ④ 미결구금일수를 **전혀 산입하지 않거나**(대법원 1994.7.29, 94도1354; 2007.4.13, 2007도943) **구금일수보다 많은 일수를 산입**하는 것(대법원 1994.2.8, 93도2563)도 **위법** → 따라서 실제 구금일수를 초과하여 산입한 판결이 확정된 경우에도 그 초과 부분이 본형에 산입되는 효력이 생기는 것 ×(대법원 2007.7.13, 2007도3448)

🔗 **한줄판례 Summary**

1. 법원은 판결선고 전의 구금일수를 **구속영장이 발부되지 아니한 다른 범죄사실에 관한 죄의 형에 산입할 수 있다**(구속영장의 효력범위에 관하여 미결구금일수 산입에 있어서는 예외적으로 인단위설, 대법원 1996.5.10, 96도800).

2. 판결선고 전 구금일수 전부를 본형에 산입하면서 판결에서 그 산입일수를 명시하지 않고 **단지 그 전부를 산입한다고 표시하는 것이 위법하지 않다**(대법원 1999.4.15, 99도357 전원합의체).

3. 형법 §57에서 정한 것은 미결구금일수의 산입이므로, 비록 정식재판청구권회복결정에 의하여 사건을 공판절차에 의하여 심리하는 경우라 하더라도 법원은 **노역장 유치기간을 미결구금일수로 보아 이를 본형에 산입할 수는 없고, 그 유치기간은 나중에 본형의 집행단계에서 그에 상응하는 벌금형이 집행된 것으로 간주**(대법원 2007.5.10, 2007도2517)

4. '**대한민국 정부와 미합중국 정부 간의 범죄인인도조약**'에 따라 체포된 후 인도절차를 밟기 위한 기간은 형법 §57에 의하여 본형에 **산입될 미결구금일수에 해당 ×**(대법원 2009.5.28, 2009도1446)

2. 판결의 공시

⊘ 조문정리

제58조 【판결의 공시】 ① **피해자의 이익을 위하여 필요**하다고 인정할 때에는 **피해자의 청구**가 있는 경우에 한하여 **피고인의 부담**으로 **판결공시의 취지를 선고할 수 있다.**

② 피고사건에 대하여 **무죄의 판결**을 선고하는 경우에는 **무죄판결공시의 취지를 선고하여야 한다.** 다만, 무죄판결을 받은 피고인이 무죄판결공시 취지의 선고에 동의하지 아니하거나 피고인의 동의를 받을 수 없는 경우에는 그러하지 아니하다. 〈개정 2014.12.30.〉

③ 피고사건에 대하여 **면소의 판결**을 선고하는 경우에는 **면소판결공시의 취지를 선고할 수 있다.** 〈신설 2014.12.30.〉

CHAPTER 04 누 범

I 의 의

✓ 조문정리

제35조【누범】① 금고(禁錮) 이상의 형을 선고받아 그 집행이 종료되거나 면제된 후 3년 내에 금고 이상에 해당하는 죄를 지은 사람은 누범(累犯)으로 처벌한다.

② 누범의 형은 그 죄에 대하여 정한 형의 **장기(長期)의 2배**까지 가중한다.
[전문개정 2020.12.8.]

개 념	금고 이상의 형을 받아 그 집행을 종료하거나 면제를 받은 후 3년 내에 금고 이상에 해당하는 죄를 범한 경우(§35)
상습범과의 구별	① 누범은 법규정상 개념으로서 행위책임에 근거, 상습범은 범죄학상 개념으로서 행위자책임에 근거 ② 누범전과가 없더라도 상습범 인정 可

💡 퍼써 정리 | 누범과 상습범의 비교

구 분	누 범	상습범
판단기준	범죄의 수	상습적 습벽
전과의 존재	전과 要	전과 不要
죄 명	전과의 존재로 족함	동일죄명 또는 동일죄질의 반복요구
죄질의 동일성	不要	要
가중의 근거	행위책임	행위자책임
양자의 경합	양자의 요건이 경합하는 경우 양자의 병과 적용 可(상습범에도 누범가중 可) [법원9급 12]	

II 성립요건

전 범	금고 이상 형의 선고	① 전범 : **금고 이상의 형(선고형, 유기징역·유기금고 이상)**을 받아야 함 ② 성질 : 고의범·과실범 불문 [판례] 특가법상 누범절도(§5의4⑤)를 적용하기 위한 요건으로서 요구되는 과거 전과로서의 징역형에는 '**소년으로서 처벌받은 징역형**'도 포함(대법원 2010.4.29, 2010도973)

전 범	금고 이상 형의 선고	③ 형선고의 유효성 [법원9급 17] 　㉠ **일반사면, 집행유예기간의 경과** : 형선고 효력 상실되므로 **누범전과 ×** 　㉡ **복권** : 형 선고의 효력이 상실되지 아니하는 자격회복에 불과하므로 **누범전과 ○** 　㉢ **재심판결확정** : 누범전과인 확정판결에 대해 재심판결이 확정됨으로써 확정판결은 당연히 효력을 상실하였으므로, 더 이상 **후범은 누범 ×**(대법원 2017. 9.21, 2017도4019) [경찰간부 20]
	형집행 종료/면제	① 집행종료 : 형기가 만료된 경우 ② 집행면제 : 재판확정 후 법률의 변경으로 그 행위가 범죄를 구성하지 아니하는 때(§1③), 형의 시효 완성(§77), 특별사면(사면법 §5) 등의 경우
후 범	형집행 종료/ 면제 후	① 후범 : 후범도 **금고 이상(선고형**, 대법원 1982.7.27, 82도1018)에 해당하는 죄이어야 함 ② 성질 : **고의범·과실범 불문, 같은 죄명이거나 죄질을 같이하는 동종의 범죄일 것 不要** [국가7급 16, 법원승진 10]
	3년 이내 범한 죄	① 누범시효 : 전범의 형의 집행을 종료하거나 면제를 받은 후 3년 이내에 후범이 행하여질 것 要 → **3년 이내에 실행에 착수하면 누범**, 기수에 이르거나 종료할 것은 不要 [국가7급 16] ② 전형의 집행 전·집행 중의 범죄 : ㉠ 위 요건에 해당되지 아니하므로 누범 不可, ㉡ ∴ 집행유예기간 중, **가석방기간 중** [법원승진 10], 전범의 형의 집행 중 내지 집행정지 중에 다시 죄를 범한 경우는 **누범 ×**

Ⅲ 효 과

법정형	그 죄에 정한 형의 **장기의 2배까지 가중(단기는 불가중, 장기는 50년 초과 不可)**
선고형	단기부터 가중된 장기의 범위 내에서 결정하며, **반드시 본래의 법정형을 초과할 것은 不要**
누범이 상상적 경합범인 경우	각 죄에 대하여 먼저 누범가중을 한 후에 가장 중한 죄에 정한 형으로 처벌
감 경	누범에 대하여도 可

Ⅳ 판결선고 후의 누범 발각

⊘ 조문정리

제36조【판결선고 후의 누범발각】판결선고 후 누범인 것이 발각된 때에는 그 선고한 형을 통산하여 다시 형을 정할 수 있다. 단, 선고한 **형의 집행을 종료하거나 그 집행이 면제된 후에는 예외**로 한다.

1. 상습범 중 일부 행위(사기)가 누범기간 내에 이루어진 이상 나머지 행위(사기)가 누범기간 경과 후에 행하여졌더라도 위의 행위 전부가 누범 관계(대법원 1976.1.13, 75도3397) [국가7급 16]

2. 법정형 중 벌금형을 선택한 경우에는 누범 가중 不可(대법원 1982.9.14, 82도1702) [국가7급 16]

3. 누범은 범죄의 유형 불문하고 범죄의 반복적 수행이라는 형식적 요건만 구비하면 인정되는 개념(대법원 2008.12.24, 2006도1427) [국가7급 16]

4. 반복된 음주운전행위에 대해서는 「도로교통법」 제148조의2 제1항 제1호를 적용하고 다시 「형법」 제35조에 의한 누범가중(대법원 2014.7.10, 2014도5868) [경찰채용 21 2차]

5. 누범 가중의 사유가 되는 전과에 적용된 법률조항에 대하여 위헌결정이 있어 재심이 가능하다는 이유만으로는 그 전과의 누범가중사유로서의 법률적 효력에 영향 없음(대법원 2017.3.22, 2016도9032) [국가7급 19]

6. 특가법 제5조의4 제5항 제1호는 형법 제35조(누범) 규정과는 별개로 '형법 제329조부터 제331조까지의 죄(미수범 포함)를 범하여 세 번 이상 징역형을 받은 사람이 그 누범 기간 중에 다시 해당 범죄를 저지른 경우에 형법보다 무거운 법정형으로 처벌한다'는 내용의 새로운 구성요건을 창설한 것으로 해석되므로, 이 사건 법률규정에 정한 형에 다시 형법 제35조의 누범가중한 형기범위 내에서 처단형을 정하여야 함(대법원 2020.5.14, 2019도18947) [경찰채용 21 2차]

CHAPTER 05

집행유예 · 선고유예 · 가석방

I 집행유예

◇ 조문정리

제62조【집행유예의 요건】① 3년 이하의 징역이나 금고 또는 500만원 이하의 벌금의 형을 선고할 경우에 제51조의 사항을 참작하여 그 정상에 참작할 만한 사유가 있는 때에는 1년 이상 5년 이하의 기간 형의 집행을 유예할 수 있다. 다만, 금고 이상의 형을 선고한 판결이 확정된 때부터 그 집행을 종료하거나 면제된 후 3년까지의 기간에 범한 죄에 대하여 형을 선고하는 경우에는 그러하지 아니하다. 〈개정 2005.7.29, 2016.1.6.〉
② 형을 병과할 경우에는 그 형의 일부에 대하여 집행을 유예할 수 있다. [시행일 : 2018.1.7.]

의 의	① 일단 유죄를 인정하여 형을 선고하되 일정한 요건 아래 일정한 기간 동안 그 형의 집행을 유예하고 그것이 취소·실효됨이 없이 유예기간을 경과하면 형의 선고의 효력을 상실케 하는 제도(§62) ② 형집행을 변형하여 사회복귀를 도모하는 특별예방주의의 대표적인 예	
요 건	선고형	① **3년 이하의 징역이나 금고 또는 500만원 이하의 벌금**을 선고하는 경우일 것 ② 형의 일부에 대한 집행유예 　㉠ **형을 병과하는 경우(§62②)에는 형의 일부에 대한 집행유예 ○** 　㉡ **하나의 자유형 중 일부 실형, 나머지 집행유예 ×**(대법원 2007.2.22, 2006도8555) 　　　[국가9급 14, 법원9급 12, 경찰채용 10]
	요 건	① §51의 사항을 참작하여 정상에 참작할 만한 사유가 있을 것 ② 재범의 위험성이 없을 것
	§62① 단서	① 금고 이상의 형을 선고한 판결이 확정된 때부터 그 형집행종료·집행면제 후 3년까지의 기간에 범한 죄에 대하여 형을 선고하는 경우가 아닐 것 ② **집행유예기간 중의 집행유예** : ⓐ **원칙적으로 금지**되나, ⓑ 금고 이상의 형에 대한 집행유예 판결이 확정되기 전에 범한 죄로서 동시에 판결하였더라면 집행유예가 가능하였던 경우에는 **예외적으로 집행유예기간 중의 집행유예 가능**(여죄설, 判) [국가7급 17]
효 과	선 고	① 법원의 판결에 의함(= 선고유예 ≠ 가석방) ② 집행유예기간 : **1년 이상 5년 이하의 범위 안에서 법원이 정함**(≠ 선고유예)
	형선고 효력×	제65조【집행유예의 효과】집행유예의 선고를 받은 후 그 선고의 실효 또는 취소됨이 없이 유예기간을 경과한 때에는 **형의 선고는 효력을 잃는다.** 형선고의 법률적 효과가 없어질 뿐, **형선고가 있었다는 기왕의 사실까지 없어지는 것은 아님**(대법원 2003.12.26, 2003도3768) [법원9급 17] ∴ **집행유예기간 경과 후에는 선고유예 ×**(대법원 2008.1.18, 2007도9405) [국가7급 17]

효과	보안 처분	제62조의2【보호관찰, 사회봉사·수강명령】① 형의 집행을 유예하는 경우에는 보호관찰을 받을 것을 명하거나 사회봉사 또는 수강을 명할 수 있다. ② 제1항의 규정에 의한 보호관찰의 기간은 집행을 유예한 기간으로 한다. 다만, 법원은 유예기간의 범위내에서 보호관찰기간을 정할 수 있다. ③ 사회봉사명령 또는 수강명령은 집행유예기간내에 이를 집행한다. **보호관찰처분, 사회봉사명령, 수강명령 동시 부과 ○**(대법원 1998.4.24, 98도98) [경찰간부 18]
실효 와 취소	실효	제63조【집행유예의 실효】집행유예의 선고를 받은 자가 유예기간 중 고의로 범한 죄로 금고 이상의 실형을 선고받아 그 판결이 확정된 때에는 **집행유예의 선고는 효력을 잃는다.** 〈2005.7. 29. 개정〉 ① 고의범으로서 ② 집행유예 기간 중에 범한 범죄이고 ③ 집행유예가 아닌 금고 이상의 실형의 선고가 내려져 확정되는 경우이어야 함
	취소	제64조【집행유예의 취소】① 집행유예의 선고를 받은 후 제62조 단행의 사유가 발각된 때에는 집행유예의 선고를 **취소한다.** ② 제62조의2의 규정에 의하여 보호관찰이나 사회봉사 또는 수강을 명한 집행유예를 받은 자가 준수사항이나 명령을 위반하고 그 정도가 무거운 때에는 집행유예를 **취소할 수 있다.** ① 필요적 취소 : §62 단행의 사유란 "금고 이상의 형을 선고한 판결이 확정된 때부터~ 범한 죄"임에도 이를 간과한 채 집행유예를 내린 것을 의미하고, 여기서의 **금고 이상의 형에는 실형뿐만 아니라 집행유예가 선고되었던 경우 포함**(대법원 1983.2.5, 83모1) ② 임의적 취소 　㉠ 보호관찰이나 사회봉사 또는 수강을 명한 집행유예를 받은 자가 준수사항이나 명령을 위반한 경우에 그 위반사실이 동시에 범죄행위로 되더라도 **형사절차와는 별도로 법원이 집행유예 취소의 요건에 해당하는가를 심리하여 집행유예 취소 可**(대법원 1999.3.10, 99모33) [경찰채용 23 1차] 　㉡ 보호관찰이나 사회봉사 또는 수강명령은 각각 병과되는 것이므로 **사회봉사 또는 수강명령의 이행 여부는 보호관찰자 준수사항 위반 여부나 그 정도를 평가하는 결정적인 요소가 될 수 없음**(대법원 2010.5.27, 2010모446)

🔗 **한줄판례 Summary**

집행유예 관련

1. 형법 제37조의 경합범 관계에 있는 수죄가 전후에 기소되어 각각 별개의 절차에서 재판을 받게 된 결과 어느 하나의 사건에서 먼저 집행유예가 선고되어 그 형이 확정되었을 경우, '동시에 같은 절차에서 재판을 받아 한꺼번에 집행유예를 선고할 수 있었던 경우와 비교하여 현저히 균형을 잃게 되므로, 이러한 불합리가 생기는 경우에 한하여' 형의 집행유예를 선고받은 경우를 제62조 제1항 단서의 '금고 이상의 형'을 선고받은 경우에 포함하지 않는 것으로 보아 재차의 집행유예가 허용된다(대법원 1989.9.12, 87도2365 전원합의체).

2. 집행유예기간이 경과함으로써 형의 선고가 효력을 잃은 후에는 형법 제62조 단행의 사유가 발각되었다 하더라도 그와 같은 이유로 집행유예를 취소할 수 없고 그대로 유예기간 경과의 효과가 발생한다(대법원 1999. 1.12, 98모151). [법원9급 14, 경찰채용 23 1차]

3. 집행유예의 판결확정 전에 결격사유가 발각된 경우에는 집행유예를 취소할 수 없으며, 이때 판결확정 전에 발각되었다고 함은 검사가 명확하게 그 결격사유를 안 경우만을 말하는 것이 아니라 당연히 그 결격사유를 알 수 있는 객관적 상황이 존재함에도 부주의로 알지 못한 경우도 포함된다(대법원 2001.6.27, 2001모135).
[국가7급 17]

4. 형법 제37조 후단의 경합범 관계에 있는 두 개의 범죄에 대하여 **하나의 판결로 두 개의 자유형을 선고하는 경우**, 그 두 개의 자유형은 각각 별개의 형이므로 형법 제62조 제1항에서 정한 집행유예의 요건에 해당하면 그 각 자유형에 대하여 **각각 집행유예를 선고할 수 있는 것**이고, 또 그 두 개의 징역형중 **하나의 징역형에 대하여는** 실형을 선고하면서 다른 징역형에 대하여 집행유예를 선고하는 것도 우리 형법상 이러한 조치를 금하는 명문의 규정이 없는 이상(제62조 제1항 단서에 위반되지 않는다 – 필자 주) 허용되는 것으로 보아야 할 것이다(대법원 2001.10.12, 2001도3579). [법원9급 12]

5. 형법 제37조 후단의 경합범 관계에 있는 죄에 대해 두 개의 징역형을 선고하면서 하나의 징역형에 대하여만 집행유예를 선고하고 그 **집행유예기간의 시기를 다른 하나의 징역형의 집행종료일로 한 것은 위법**하다(대법원 2002.2.26, 2000도4637).

6. 이전의 **집행유예기간 중에 범한 범죄**에 대하여 공소가 제기된 후 그 범죄에 대한 **재판 도중에 전자의 집행유예기간이 경과한 경우**에는 – 제62조 제1항 단서가 적용되지 않는다고 보아– **집행유예의 선고가 가능**하다(대법원 2007.2.8, 2006도 6196). [법원9급 14]

7. **구 형법을 적용하면 집행유예 결격사유에 해당하지 않지만** 현행 형법을 적용하면 집행유예 결격사유에 해당하는 경우도 있을 수 있으며, 이러한 경우에는 종전 형법을 적용하여 집행유예를 내려주어야 한다(대법원 2008.3.27, 2007도7874).

8. **일정한 금원의 출연을 내용으로 하는 사회봉사명령**은 집행유예에 부가되는 명하는 처분이라는 점에서 허용되지 않으며(대법원 2008.4.24, 2007도8116; 2008.4.11, 2007도8373), 피고인에게 자신의 범죄행위와 관련하여 **어떠한 말이나 글을 공개적으로 발표하도록 명하는 내용의 사회봉사명령**도 양심의 자유나 명예 및 인격에 대한 심각하고 중대한 침해에 해당되므로 허용되지 않는다(대법원 2008.4.11, 2007도8373). [국가7급 17, 경찰채용 12]

9. 보호관찰명령 없이 사회봉사명령·수강명령만 선고하는 경우 **보호관찰대상자에 대한 특별준수사항을 사회봉사명령·수강명령대상자에게 그대로 적용할 수 없고** 마찬가지 이유에서 보호관찰명령 없이 수강명령만 선고한 경우 특별준수사항 위반을 이유로 집행유예를 취소하는 것도 적법하지 않다(대법원 2009.3.30, 2008모1116).

10. 형법 제65조에서 **집행유예기간이 경과하여 '형의 선고가 효력을 잃는' 경우** 그 전과를 특가법 제5조의4 제5항(누범절도)에서 정한 '징역형을 받은 경우'로 볼 수 없다(대법원 2010.9.9, 2010도8021).

11. 근로기준법을 위반한 피고인에 대하여 형의 집행을 유예함과 동시에 집행유예기간 동안 보호관찰을 받을 것을 명하면서 "**보호관찰기간 중 선거에 개입하지 말 것**"이라는 내용의 특별준수사항을 부과한 것은 정당하다(대법원 2010.9.30, 2010도6403).

12. 법원은 특정범죄를 범한 자에 대하여 형의 집행을 유예하면서 보호관찰을 받을 것을 명하는 때에만 위치추적 전자장치 부착을 명할 수 있다. 따라서 원판결 및 제1심판결이 **성폭력범죄를 범한 피고인에게 형의 집행을 유예하면서 보호관찰을 받을 것을 명하지 않은 채 위치추적 전자장치 부착을 명한 것은 법령 위반**으로서 피부착명령청구자에게 불이익한 때에 해당하므로, 형사소송법 제446조 제1호 단서에 의하여 원판결 및 제1심판결 중 부착명령사건 부분을 파기하고 검사의 부착명령 청구를 기각한다(대법원 2011.2.24, 2010오1, 2010전오1 : 성폭력범죄를 범한 피고인에게 형의 집행을 유예하면서 보호관찰을 받을 것을 명하지 않은 채 위치추적 전자장치 부착을 명한 제1심판결에 대해서 '비상상고'가 허용됨).

Ⅱ 선고유예

✓ 조문정리

제59조 【선고유예의 요건】 ① 1년 이하의 징역이나 금고, 자격정지 또는 벌금의 형을 선고할 경우에 제51조의 사항을 고려하여 뉘우치는 정상이 뚜렷할 때에는 그 형의 선고를 유예할 수 있다. 다만, 자격정지 이상의 형을 받은 전과가 있는 사람에 대해서는 예외로 한다.

② 형을 병과할 경우에도 형의 전부 또는 일부에 대하여 선고를 유예할 수 있다.

[전문개정 2020.12.8.]

의 의		법정이 경미한 범죄인에 대하여 일정한 기간 동안 형의 선고를 유예하고 그 유예기간을 경과한 때에는 면소된 것으로 간주하는 특별예방주의에 근거한 제도(§59)
요 건	선고형	① **1년 이하의 징역·금고·자격정지 또는 벌금**의 형을 선고할 경우일 것 ② **주형을 선고유예하는 경우에는 몰수나 추징에 대해서도 선고유예 可**(대법원 1980.3.11, 77도2027) [국가7급 13] ≠ **주형을 선고유예하지 않으면서 부가형만 선고유예 ×**(대법원 1979.4.10, 78도3098) [법원9급 22] ③ **형을 병과할 경우**에는 형의 일부에 대한 선고유예도 可(§59②)
	요 건	① §51의 사항을 고려하여 뉘우치는 정상이 뚜렷할 것(개전의 정상이 현저할 것) ② 재범의 위험성이 없을 것 : 판결선고시 기준으로 판단 ③ **범행을 부인하는 경우**에도 개전의 정상이 현저할 수 있으므로 **선고유예 가능**(대법원 2003.2.20, 2001도6138 전원합의체) [국가9급 16, 국가7급 13, 법원승진 13] ④ 선고유예의 개전의 정상의 현저함은 상고심의 심판대상 ×
	§59① 단서	① **자격정지 이상의 형을 받은 전과가 없을 것** ② (금고 이상의 형에 대한) **집행유예 기간이 경과**하여 형의 선고의 효력이 상실된 자에게는 **선고유예 不可**(대법원 2003.12.26, 2003도3768) [법원승진 11/13] ③ §37 후단 경합범 중 판결을 받지 아니한 죄에 대하여 형을 선고하는 경우 **형법 §37 후단**에 규정된 '금고 이상의 형에 처한 판결이 확정된 죄'의 형도 §59① 단서에서 정한 선고유예의 예외사유인 '**자격정지 이상의 형을 받은 전과**'에 포함(대법원 2010.7.8, 2010도931) [법원승진 13]
효 과	선 고	① 법원의 판결에 의함 ② 선고유예기간 : **법률이 정한 기간으로서 언제나 2년** → 법원이 정함(×), 단축 불허용 ③ 선고방법 : **판결이유에서 형의 종류와 양을 정함** → 벌금형 선고유예 시 노역장유치기간을 정하여 **환형유치처분**까지 해두어야 함(대법원 1988.1.19, 86도2654; 1993.6.11, 92도3437; 2015.1.29, 2014도15120) [법원9급 13/17]
	면소 간주	제60조 【선고유예의 효과】 형의 선고유예를 받은 날로부터 **2년**을 경과한 때에는 **면소된 것으로 간주**한다. [법원9급 17]
	보호 관찰	제59조의2 【보호관찰】 ① 형의 선고를 유예하는 경우에 재범방지를 위하여 지도 및 원호가 필요한 때에는 보호관찰을 받을 것을 명할 수 있다. ② 제1항의 규정에 의한 **보호관찰의 기간은 1년**으로 한다.
실 효		제61조 【선고유예의 실효】 ① 형의 선고유예를 받은 자가 유예기간 중 자격정지이상의 형에 처한 판결이 확정되거나 자격정지이상의 형에 처한 전과가 발견된 때에는 유예된 형을 **선고한다**. ② 제59조의2의 규정에 의하여 보호관찰을 명한 선고유예를 받은 자가 보호관찰 기간 중에 준수사항을 위반하고 그 정도가 무거운 때에는 유예한 형을 **선고할 수 있다**. ① 필요적 실효 　㉠ **선고유예의 판결확정 전**에 자격정지 이상의 전과가 **발견된 경우 선고유예 취소 不可** 　㉡ 판결확정 전에 발견되었다는 의미 : **검사가 명확하게 그 결격사유를 안 경우**만을 말하는 것이 아니라 당연히 그 결격사유를 알 수 있는 객관적 상황이 존재함에도 **부주의로 알지 못한 경우** 포함(대법원 2008.2.14, 2007모845)

실 효	㉢ 선고유예 실효결정에 대한 상소심 진행 중에 **선고유예기간인 2년이 경과한 경우에는 선고유예 실효결정 不可**(대법원 2007.6.28, 2007모348) ㉣ 선고유예가 실효되면 법원은 **유예된 형을 선고**(§61) ㉤ 선고유예 실효결정에 대해 피고인은 즉시항고 제기 可(집행유예취소결정에 대한 즉시항고 준용, 형소법 §335④) ② 임의적 실효 : **보호관찰 위반 정도 무거운 때**(≒ 집행유예의 임의적 취소)

▮ Ⅲ 가석방

⊘ 조문정리

제72조【가석방의 요건】① 징역이나 금고의 집행 중에 있는 사람이 행상(行狀)이 양호하여 뉘우침이 뚜렷한 때에는 무기형은 20년, 유기형은 형기의 3분의 1이 지난 후 행정처분으로 가석방을 할 수 있다.
[전문개정 2020.12.8.]
② 제1항의 경우에 벌금이나 과료가 병과되어 있는 때에는 그 금액을 완납하여야 한다.
[전문개정 2020.12.8.]

cf. 입법예고 : 제72조를 신설하고, 제72조를 제72조의2로 하고 제1항에 단서를 신설한다.
제72조【무기형의 선고와 가석방】피고사건에 대하여 무기형을 선고하는 경우에는 가석방이 허용되는지 여부를 함께 선고하여야 한다.
제72조의2【가석방의 요건】① ~ 다만, 무기형의 경우에는 제72조에 따라 가석방이 허용되는 경우에 한정한다.

의 의		자유형을 집행받고 있는 자가 개전의 정이 현저하다고 인정되는 때에 형기만료 전에 조건부로 수형자를 석방하고 일정한 기간을 경과한 때에는 형의 집행을 종료한 것으로 간주하는 제도 (§72)
요 건	필요 행형기간	징역·금고 집행 중의 자가 **무기형은 '20년', 유기형은 1/3 경과** 후 cf. 소년범에 대한 부정기형 시에는 단기의 3분의1 경과 등(소년법 §65③)
	재범 위험×	① 행상이 양호하여 뉘우침이 뚜렷한 때(개전의 정이 현저할 것) ② 의미 : 수형자에게 잔형을 집행하지 않아도 재범의 위험성이 없는 경우
	벌금등 완납	① 벌금 또는 과료의 병과가 있는 때에는 그 금액을 완납할 것 ② 벌금 및 과료에 관한 노역장유치기간에 산입된 판결선고 전 구금일수는 그에 해당하는 금액이 납입된 것으로 간주(§73②)
효 과	가석방 보호관찰	① 가석방의 기간 : 가석방심사위원회의 신청에 의하여 법무부장관이 할 수 있음(**행정처분**, §72, 형집행법 §122) → 가석방의 기간은 **무기형은 10년, 유기형은 남은 형기로 하되 10년 초과 不可**(§73의2①) ② 필요적 보호관찰 원칙 : 가석방된 자는 가석방 기간 중 **보호관찰을 받는다.** 다만 가석방을 허가한 행정관청이 **필요가 없다고 인정한 때에는 예외**(§73의2②)
	잔형기 경과효	제76조【가석방의 효과】① 가석방의 처분을 받은 후 그 처분이 실효 또는 취소되지 아니하고 가석방기간을 경과한 때에는 **형의 집행을 종료한 것으로 본다.** ② 전 2조의 경우에는 가석방 중의 일수는 형기에 산입하지 아니한다.

	실효	제74조 【가석방의 실효】 가석방 기간 중 **고의로 지은 죄로 금고 이상**의 형을 선고받아 그 판결이 확정된 경우에 가석방 처분은 **효력을 잃는다.** [전문개정 2020.12.8.]
실효와 취소	취소	제75조 【가석방의 취소】 가석방의 처분을 받은 자가 감시에 관한 규칙에 위배하거나, 보호관찰의 준수사항을 위반하고 그 **정도가 무거운** 때에는 가석방처분을 **취소할 수 있다.**
	효과	가석방 중의 일수 → 형기 산입 ×(§76②, 가석방 당시의 잔형기의 형 집행)

퍼써 정리 | 집행유예 · 선고유예 · 가석방의 비교

구 분	집행유예(§62 ~ §65)	선고유예(§59 ~ §61)	가석방(§72 ~ §76)
요 건	① 3년 이하의 징역·금고 또는 500만원 이하의 벌금 선고 시 ② 정상참작사유 ③ 금고 이상 확정 시부터 형집행종료·면제 후 3년까지의 기간에 범한 죄가 아닐 것	① 1년 이하의 징역, 금고, 자격정지, 벌금 선고 시 ② 뉘우치는 빛 뚜렷 ③ 자격정지 이상의 형을 받은 전과가 없을 것	① 무기에서는 20년, 유기에서는 형기의 3분의 1을 경과 ② 행상양호하여 뉘우치는 빛 뚜렷 ③ 벌금 또는 과료의 병과가 있는 때에는 그 금액을 완납할 것
기 간	1년 이상, 5년 이하	2년	무기형은 10년 유기형은 10년 한도 내의 잔형기
결 정	법원의 판결	법원의 판결	행정처분(법무부)
효 과	형선고 효력상실	면소 간주	형집행 종료 간주
보호 관찰등	• 임의적 처분(§62의2①) • 사회봉사, 수강명령도 可 • 집행유예기간(단축 可)	• 임의적 처분(§59의2) • 1년(단축 不可)	• 필요적 처분(§73의2②) • 가석방기간(단축 不可)
실 효	유예기간 중 고의로 범한 죄로 금고 이상의 실형을 선고받아 그 판결이 확정된 때	• 유예기간 중 자격정지 이상의 형에 처한 판결이 확정된 때 (필요적, 고의·과실 불문) • 자격정지 이상의 형에 처한 전과가 발견된 때(필요적) • 보호관찰 준수사항의 무거운 위반(임의적)	가석방 중 금고 이상의 형의 선고를 받아 그 판결이 확정된 때(다만 과실범은 제외)
취 소	• 필요적 취소(§64①) : 요건 ③발각 • 임의적 취소(§64②) : 보호관찰 등 준수사항·명령의 무거운 위반		• 감시규칙 or 보호관찰 준수사항의 무거운 위반(임의적)

CHAPTER 06 형의 시효 · 소멸 · 기간

I 형의 시효

의의	개념	형의 선고를 받은 자가 재판이 확정된 후 그 형의 집행을 받지 아니하고 일정한 기간을 경과하면 형의 집행이 면제되는 것
	공소 시효와 구별	형의 시효가 확정된 형벌권을 소멸시키는 제도임에 비해 공소시효는 미확정의 형벌권인 공소권을 소멸시키는 제도

시효 기간	제78조【형의 시효의 기간】 시효는 형을 선고하는 재판이 확정된 후 그 집행을 받지 아니하고 다음 각 호의 구분에 따른 기간이 지나면 완성된다. 〈개정 2017.12.12, 2020.12.8, 2023.8.8.〉 1. 삭제 〈2023. 8. 8.〉 2. 무기의 징역 또는 금고 : 20년 3. 10년 이상의 징역 또는 금고 : 15년 4. 3년 이상의 징역이나 금고 또는 10년 이상의 자격정지 : 10년 5. 3년 미만의 징역이나 금고 또는 5년 이상의 자격정지 : 7년 6. 5년 미만의 자격정지, 벌금, 몰수 또는 추징 : 5년 7. 구류 또는 과료 : 1년

시효의 효과	제77조【형의 시효의 효과】 형(사형은 제외한다)을 선고받은 자에 대해서는 시효가 완성되면 그 집행이 면제된다. 〈개정 2023.8.8.〉 → 당연히 집행면제의 효과가 발생하며, 별도의 재판 不要

시효의 정지와 중단	시효의 정지	기타 집행할 수 없는 기간 : 천재지변 기타 사변으로 인하여 집행할 수 없는 기간 ○, 도주나 소재불명의 기간 × 제79조【형의 시효의 정지】 ① 시효는 형의 집행의 유예나 정지 또는 가석방 기타 집행할 수 없는 기간은 진행되지 아니한다. ② 시효는 형이 확정된 후 그 형의 집행을 받지 아니한 자가 **형의 집행을 면할 목적으로 국외에 있는 기간 동안은 진행되지 아니한다.** 〈개정 2014.5.14.〉
	시효의 중단	① 사유(§80) 제80조【형의 시효의 중단】 시효는 징역, 금고 및 구류의 경우에는 수형자를 **체포**한 때, 벌금, 과료, 몰수 및 추징의 경우에는 **강제처분을 개시**한 때에 중단된다. [전문개정 2023.8.8.] ② 중단사유 소멸의 효과 : 새로이 시효의 전 기간이 경과되어야 시효가 완성

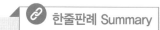한줄판례 Summary

형의 시효 중단 관련

1. 검사의 명령에 의하여 집달리가 벌금형의 집행에 임하였으나 압류대상물건의 평가액이 집행비용에도 미달되어 **집행불능이 된 경우에도 강제처분을 개시한 것**이라고 해석되므로, 벌금형의 시효중단이 된다(대법원 1979.3.29, 78도8; 2009.6.25, 2008모1396).
2. **수형자 본인의 의사와는 무관하게 제3자가 벌금을 납부**한 경우에는 **시효의 중단사유에 포함되지 아니한다**(대법원 2001.8.23, 2001모91).
3. 채권에 대한 강제집행의 방법으로 벌금형을 집행하는 경우에는 **검사의 징수명령서에 기하여 '법원에 채권압류명령을 신청하는 때'에** 강제처분인 집행행위의 개시가 있는 것으로 보아 특별한 사정이 없는 한 그때 시효중단의 효력이 발생한다(대법원 2009.6.25, 2008모1396).

Ⅱ 형의 소멸 · 실효 · 복권

1. 형의 소멸

의 의	유죄판결의 확정에 의하여 발생한 형의 집행권을 소멸시키는 제도
원 인	① 형의 집행의 종료, 형의 집행의 면제, 형의 선고유예·집행유예기간의 경과, 범인의 사망 등 ② 사면 　　㉠ 일반사면(사면법 §3, §8) : 죄를 범한 자에 대하여 미리 죄 또는 형의 종류를 정하여 대통령령으로 행하는 사면 　　　[참고] 사면법 §5①1. 　　　　• 형의 언도를 받은 자 → 언도의 효력 상실 　　　　• 형의 언도를 받지 아니한 자 → 공소권 소멸 　　㉡ 특별사면 : 형선고를 받은 특정인에 대하여 대통령이 하는 사면(동법 §3 제2호, §9). 원칙적으로 형집행이 면제되지만, 특별한 사정이 있을 때에는 형의 언도의 효력상실(사면법 §5①2.) but 형선고의 기성의 효과는 사면으로 인하여 변경 ×(동법 §5②) → 누범의 전범에 해당되는 이유

2. 형의 실효

조문정리

제81조 【형의 실효】 징역 또는 금고의 집행을 종료하거나 집행이 면제된 자가 피해자의 손해를 보상하고 **자격정지 이상의 형을 받음이 없이** 7년을 경과한 때에는 본인 또는 검사의 청구에 의하여 그 재판의 실효를 선고할 수 있다.

의 의	형이 소멸되어도 전과는 남으므로, 전과사실을 말소시켜 수형자의 사회복귀를 용이하게 하는 제도	
종 류	재판상 실효	형의 집행종료 후 7년 이내에 '**집행유예**'의 판결(**징역 또는 금고의 형이 선고된 경우로서 자격정지 이상의 형임**)을 받고 그 기간을 무사히 경과하여 7년을 채우더라도 형법 §81의 '형을 받음이 없이 7년을 경과'하는 때에 해당하지 아니하여 **형의 실효 선고 不可**(대법원 1983.4.2, 83모8; 2010.3.25, 2009도14793)
	당연 실효	수형자가 자격정지 이상의 형을 받음이 없이 형집행종료·면제일로부터 3년을 초과하는 징역·금고는 10년, 3년 이하의 징역·금고는 5년, 벌금은 2년의 기간이 경과된 때에는 형 실효(형실효법 §7)
효 력	① 형의 선고의 법적 효과는 장래에 향하여 소멸(대법원 1974.5.14, 74누2) ② 형이 실효된 경우 특가법 §5의4⑤(누범절도)에서 정한 '징역형을 받은 경우' ×(대법원 2010. 9.9, 2010도8021) ⑤ 형이 실효된 때에는 특가법 §5의4⑥에서 정한 "실형을 선고받은 경우"에 해당 ×(대법원 2015.1.29, 2014도13805).	

3. 형의 복권

⊘ 조문정리

제82조 【복권】 자격정지의 선고를 받은 자가 피해자의 손해를 보상하고 자격정지 이상의 형을 받음이 없이 **정지기간의 2분의 1을 경과**한 때에는 본인 또는 검사의 신청에 의하여 자격의 회복을 선고할 수 있다.

의 의	자격정지의 선고를 받은 자에게 그 기간이 만료되지 않은 경우에도 일정한 조건하에 자격을 회복시켜 줌으로써 사회 복귀를 용이하게 하는 제도
효 력	① 상실·정지된 자격이 회복됨 ② but 형 선고의 효력은 소멸되지 않으므로 전과사실은 **누범가중사유에 해당**(대법원 1981. 4.14, 81도543)

▌ Ⅲ 형의 기간

1. 기간의 계산

⊘ 조문정리

제83조 【기간의 계산】 연(年) 또는 월(月)로 정한 기간은 연 또는 월 단위로 계산한다.
[전문개정 2020.12.8.]

2. 형기의 기산

조문정리

제84조【형기의 기산】① 형기는 <u>판결이 확정된 날</u>로부터 기산한다.
② 징역, 금고, 구류와 유치에 있어서는 구속되지 아니한 일수는 형기에 산입되지 아니한다.

제85조【형의 집행과 시효기간의 초일】형의 집행과 시효기간의 초일은 시간을 계산함이 없이 1일로 산정한다.
제86조【석방일】석방은 <u>형기만료일</u>에 하여야 한다.

퍼써 정리 | 형의 종류에 따른 형기, 법률상 감경의 정도

종류(9종)		형 기	법률상 감경
사 형		無	무기 또는 20년 이상 50년 이하
징 역	무 기	無(입법예고 : 가석방 없는 무기징역)	10년 이상 50년 이하의 징역
	유 기	1개월 이상 30년 이하(가중 시 50년까지)	그 형기의 2분의 1
금 고	무 기	無 (입법예고 : 가석방 없는 무기징역)	10년 이상 50년 이하의 금고
	유 기	1개월 이상 30년 이하(가중 시 50년까지)	그 형기의 2분의 1
자격상실		사형·무기징역·무기금고의 판결을 받으면 당연히 상실	7년 이상의 자격정지
자격정지		1년 이상 15년 이하	그 형기의 2분의 1
벌 금		5만원 이상(납입하지 않으면 1일 이상 3년 이하 노역장에 유치)	그 다액·소액의 2분의 1
구 류		1일 이상 30일 미만	그 장기의 2분의 1
과 료		2천원 이상 5만원 미만(납입하지 않으면 1일 이상 30일 미만 노역장에 유치)	그 다액의 2분의 1
몰 수		無	無

CHAPTER 07 보안처분

I 의 의

의 의	행위자의 사회복귀 등을 위해 내리는 형벌을 대체하거나 보완하기 위한 예방적 성질의 목적적 조치

II 형벌과 보안처분의 관계

이원주의	① 형벌과 보안처분은 본질적으로 다르다는 입장(도의적 책임론) ② 우리 법제의 '원칙'적 입장이라 할 수 있으나 다만 이중처벌의 위험성이 지적됨
일원주의	① 형벌 또는 보안처분은 결국 동일한 성질을 가진다는 입장(사회적 책임론) ② 우리 법제에는 존재하지 않는 입장
대체주의	① 형벌은 책임의 정도에 따라 언제나 선고되며, 다만 그 집행단계에서 보안처분의 집행에 의하여 대체되거나 보안처분이 끝난 후에 집행하는 주의 ② 치료감호법상 치료감호가 여기에 속함

III 보안처분의 지도원리

비례성의 원칙	보안처분은 행위자의 범행, 예기되는 범행의 의미와 그 발생위험의 정도 등을 종합적으로 고려하여 꼭 필요한 정도에 제한되어야 한다는 원칙
사법적 통제와 인권보장	① 선고기관 : 보안처분은 법익의 박탈·제한을 내용으로 한다는 점에서 형벌과 동질적이므로, 법원에 의해서 행해져야 함 ② 보안처분법정주의 : 형벌에 있어서의 죄형법정주의의 원칙은 보안처분에서도 존중되어야 함

Ⅳ 보안처분의 종류

대인적 보안처분	치료감호처분(치료감호법§2), 보호관찰(치료감호법·형법·보호관찰법·소년법·성폭법 등) 등
대물적 보안처분	몰수, 영업소 폐쇄, 법인의 해산 등

Ⅴ 현행법상의 대표적인 보안처분

형법상 보안처분	집행유예 시의 보호관찰과 사회봉사·수강명령(§62의2) 선고유예 시의 보호관찰(§59의2) 가석방 시의 보호관찰(§73의2②)

치료감호법상
보안처분
	① 치료감호
	   ㉠ 요건 : 심신장애(최장 15년) 또는 약물중독(최장 2년) 상태 등에서 범죄행위를 한 자 또는 정신성적 장애 성폭력범죄자(최장 15년)로서 금고 이상의 형에 해당하는 죄를 위와 같은 원인에 의하여 범하고 재범의 위험성이 있고 치료감호시설에서의 치료가 필요하다고 인정되는 자를 치료감호시설에 수용하여 치료하는 보안처분(치료감호법 §2, §16)
	   ㉡ 판단기준시점 : 치료감호 요건 해당 판단은 판결선고시 기준(대법원 1996.4.23, 96감도21)
	   ㉢ 독립청구 : 검사는 공소제기 없이 치료감호청구만을 요구 可(독립청구, 치료감호법 §7)
	   ㉣ 대체주의 : 치료감호와 형이 병과된 경우에는 치료감호를 먼저 집행, 치료감호의 집행기간은 형기 산입(치료감호법 §18)
	② 보호관찰 : 치료감호가 가종료되거나 치료위탁된 피치료감호자를 감호시설 외에서의 치료를 위하여 법정대리인 등에게 치료를 위탁하는 때 그를 지도·감독하는 보안처분(3년, 치료감호법 §32)

MEMO